PROCEDIMENTO SUMÁRIO NO PROCESSO CIVIL

3ª Edição
Revista e Atualizada

EDITORA AFILIADA

Visite nossos *sites* na Internet
www.jurua.com.br e
www.editorialjurua.com
e-mail: *editora@jurua.com.br*

ISBN: 978-85-362-4344-3

JURUÁ EDITORA

Brasil – Av. Munhoz da Rocha, 143 – Juvevê – Fone: (41) 4009-3900
Fax: (41) 3252-1311 – CEP: 80.030-475 – Curitiba – Paraná – Brasil
Europa – **Escritório:** Av. da República, 47 – 9º Dtº – 1050-188 – Lisboa – Portugal
Loja: Rua General Torres, 1.220 – Lojas 15 e 16 – Centro Comercial D'Ouro – 4400-096 – Vila Nova de Gaia/Porto – Portugal

Editor: José Ernani de Carvalho Pacheco

	Alvim, J. E. Carreira.
A475	Procedimento sumário no processo civil./ J. E. Carreira Alvim./ 3ª edição./ Curitiba: Juruá, 2013. 198p.

1. Procedimento sumário. 2. Processo civil.
I. Título.

CDD 347(22.ed.)
CDU 347

J. E. Carreira Alvim

Doutor em Direito pela UFMG; Professor de Direito Processual Civil da Faculdade Nacional de Direito da UFRJ; ex-Desembargador federal do Tribunal Regional Federal da 2ª Região; Membro do Instituto Brasileiro de Direito Processual (IBDP).
carreira.alvim@yahoo.com.br

PROCEDIMENTO SUMÁRIO NO PROCESSO CIVIL

3ª Edição
Revista e Atualizada

Curitiba
Juruá Editora
2013

*A Antônio Carlos Amorim e Terezinha,
dois estimados amigos, que fazem
da amizade um estilo de vida.*

O Autor

APRESENTAÇÃO

Com a promulgação da Lei 9.245, de 26.12.1995, alterou-se o Capítulo III (Do Procedimento Sumaríssimo), do Título VII (Do Processo e do Procedimento), do Livro I (Do Processo de Conhecimento), do CDC complementando a reforma já operada pelo art. 272, segundo o qual o procedimento comum é ordinário ou **sumário**.

Essa Lei reduziu também o elenco das causas referidas no inc. II do art. 275, que, pela sua natureza, sujeitam-se ao novo procedimento sumário, porquanto muitas das anteriores compreendem-se no âmbito do art. 461 do Código, que disciplina as ações que têm por objeto o cumprimento de obrigação de fazer ou não fazer. Foi mantido o conteúdo do parágrafo único do mesmo artigo, excluindo do procedimento sumário as ações relativas ao estado e à capacidade das pessoas.

Foi mantida a concentração dos atos processuais na audiência, dando a lei ênfase especial à conciliação das partes, criando para esse fim a figura do conciliador, inexistente nas disposições alteradas. Em vez de uma, foram admitidas duas audiências (de conciliação e de instrução e julgamento), exatamente para permitir ao juiz a realização de várias audiências num mesmo dia, diferindo a instrução da causa com prova oral para uma segunda oportunidade, por ser a fase que mais compromete a celeridade.

As partes devem comparecer pessoalmente à primeira audiência, podendo fazer-se representar por preposto com poderes para transigir, facilitando a conciliação.

Prestigiando o princípio da oralidade e a rapidez na solução da lide, impõe-se ao juiz a decisão, na própria audiência, sobre a impugnação ao valor da causa ou a controvérsia sobre a natureza da demanda, determinando, se for o caso, a conversão do procedimento em ordinário. Essa conversão também terá lugar quando houver necessidade de prova *técnica de maior complexidade, deixando a lei, a cargo da doutrina e da jurisprudência, a definição desses limites.*

No novo sistema, sobreleva o interesse do réu nessa impugnação, por conta das limitações impostas ao procedimento sumário, que não admite ação declaratória incidental, nem a intervenção de terceiros, salvo a assistência, o recurso de terceiro prejudicado e a intervenção fundada em contrato de seguro.

Como antes, continua proibida a reconvenção, podendo o réu, na contestação, formular pedido em seu favor, desde que fundado nos mesmos fatos referidos na inicial. Trata-se de pedido contraposto, tendo sempre lugar quando as partes sejam titulares de interesses (e também de pedidos) fundados no mesmo fato.

A contestação deve ser apresentada na audiência, através de defesa escrita ou oral, acompanhada de documentos e rol de testemunhas. A novidade fica por conta da prova pericial, devendo o réu, se requerer perícia, formular seus quesitos desde logo, facultada a indicação de assistente técnico. O perito tem o prazo de quinze dias para a apresentação do laudo.

Se não for caso de extinção do processo, nem de julgamento antecipado da lide, terá lugar a audiência de instrução e julgamento designada para data próxima, não excedente de trinta dias, salvo se houver determinação de perícia.

Consagra-se também o moderno método de documentação dos atos processuais, mediante taquigrafia, estenotipia ou outro idôneo, só havendo transcrição se for determinada pelo juiz. Onde esse método não for possível, admite-se sejam os depoimentos reduzidos a termo, do qual constará apenas o essencial.

Com o propósito de não retardar o julgamento da lide, as decisões sobre matéria probatória ou proferidas em audiência são impugnáveis através de agravo retido (oral), cujo conhecimento se dará por ocasião do julgamento da apelação.

São mantidos os debates orais, devendo a sentença ser proferida na própria audiência, ou no prazo de dez dias.

Como se vê, não houve apenas uma mera mudança de denominação do procedimento, de sumaríssimo para sumário, tendo a reforma revitalizado o rito, com o propósito de se alcançar mais facilmente a conciliação das partes, e, não sendo esta possível, uma solução mais rápida do conflito.

Por fim, procurei adequar esta obra aos preceitos alterados pela Lei 10.444/02, que, além de ter elevado para sessenta salários mínimos a alçada das causas sujeitas ao rito sumário (art. 275, I), modificou também o art. 273, § 3º, acrescentando-lhe mais dois parágrafos (§§ 6º e 7º), bem assim o art. 461, além de ter acrescentado o art. 461-A. Tudo isso a exigir uma atualização.

Estes comentários têm o propósito de elucidar o procedimento sumário, em face das minirreformas processuais (Leis 10.352/01, 10.358/01, 10.444/02, 12.122/09 e 12.322/10).

O Autor

SUMÁRIO

CAPÍTULO I

1.1 Objetivos da Reforma 15
1.2 Processo e Procedimento – Procedimento Sumário 16
1.3 Princípios Informativos do Procedimento Sumário 18
1.4 Características do Procedimento Sumário – Oralidade 23
1.5 Ainda a Oralidade – Identidade Física do Juiz 26

CAPÍTULO II

2.1 Novo Perfil do Procedimento Sumário 29
2.2 Estrutura do Procedimento Sumário 31
2.3 Causas Sumárias pelo Valor 33
2.4 Causas Sumárias pela Matéria 34

CAPÍTULO III

3.1 Arrendamento Rural e Parceria Agrícola 35
3.2 Cobrança de Quantias Devidas ao Condomínio 37
3.3 Ressarcimento por Danos em Prédio Urbano ou Rústico 39
3.4 Ressarcimento por Danos Causados por Acidente de Veículo de Via Terrestre 41
3.5 Cobrança de Seguro por Danos Causados por Acidente de Veículo de Via Terrestre 42
3.6 Cobrança de Honorários de Profissionais Liberais 43
3.7 Revogação de Doação 44
3.8 Demais Casos Previstos em Lei 46
3.9 Ações Relativas ao Estado e à Capacidade das Pessoas – Derrogação do Rito Sumário 47

CAPÍTULO IV

4.1	Concentração Máxima de Atos Processuais – Audiência de Conciliação	51
4.2	Oralidade – Vantagens da Audiência de Conciliação	53
4.3	Petição Inicial – Requisitos	54
4.4	Ainda os Requisitos da Petição Inicial	55
4.5	Espécies de Pedido	57
4.6	Requisitos do Mandado de Citação	58

CAPÍTULO V

5.1	Audiência de Conciliação – Prazo de Comparecimento	61
5.2	Ação contra a Fazenda Pública – Prazo em Dobro para Defesa	64
5.3	Ainda a Audiência de Conciliação – Citação e Intimação	64

CAPÍTULO VI

6.1	Conciliador – Natureza Jurídica	67
6.2	Revelia – Consequências	68
6.3	Delegado da Parte – Preposto	70

CAPÍTULO VII

7.1	Valor da Causa	73
7.2	Estimativa do Valor da Causa – Correção de Valor da Causa *Ex Officio*	74
7.3	Impugnação ao Valor da Causa no Procedimento Sumário	79

CAPÍTULO VIII

8.1	Rito Sumário e Interesse do Autor no Ordinário	81
8.2	Rito Sumário e Interesse do Réu no Ordinário	83
8.3	Conversão do Rito Sumário em Ordinário	84
8.4	Disponibilidade do Rito	87
8.5	Opção de Rito – Jurisprudência	89
8.6	Ainda a Conversão do Rito – Complexidade da Prova Técnica	90

CAPÍTULO IX

9.1	Resposta do Réu	93
9.2	Rito Sumário – Pedido Contraposto	94
9.3	Defesa do Réu – Fato Impeditivo, Modificativo e Extintivo	96
9.4	Julgamento Conforme o Estado do Processo	97

CAPÍTULO X

10.1	Segunda Audiência – Instrução e Julgamento	103
10.2	Documentação dos Atos Processuais	104
10.3	Estenotipia – Conceito	105
10.4	Novos Métodos de Documentação	105
10.5	Atos Estenotipados – Formalização	107
10.6	Sentença Estenotipada	107
10.7	Estenotipia e Recurso	108
10.8	Contagem do Prazo Recursal	109
10.9	Sentença Verbal em Audiência – Intimação	109
10.10	Gravação do Ato Processual – Segredo de Justiça	111

CAPÍTULO XI

11.1	Incidentes Processuais e Intervenção de Terceiros	113
11.2	Assistência – Litisconsórcio	117
11.3	Recurso de Terceiro Prejudicado	120
11.4	Intervenção Fundada em Contrato de Seguro	122
11.5	Procedimento Sumário – Perícia – Inspeção Judicial	123
11.6	Recursos no Procedimento Sumário	123

CAPÍTULO XII

12.1	Saneamento Progressivo no Procedimento Sumário	125
12.2	Audiência de Instrução e Julgamento – Sentença	127
12.3	Disposições Revogadas – Harmonização Necessária	129

CAPÍTULO XIII

13.1	Procedimento Sumário – Exceções	131
13.2	Exceção de Incompetência do Juízo	133
13.3	Exceção de Impedimento do Juiz	134
13.4	Exceção de Suspeição do Juiz	137
13.5	Exceção de Impedimento e Suspeição do Ministério Público, dos Serventuários e Oficiais de Justiça	137

CAPÍTULO XIV

14.1	Código de Processo Civil e Lei dos Juizados Especiais	141
14.2	Causas de Reduzido Valor Econômico e Causas Cíveis de Menor Complexidade	143
14.3	Procedimento Sumário e Juizado Especial Cível – Competência	144
14.4	Ainda a Competência – Direito de Opção do Autor – Alçada	147

14.5   Procedimento Sumário e Especial – Semelhanças e Diferenças 149

CAPÍTULO XV

15.1   Processo de Conhecimento e Tutela de Urgência 151
15.2   Verossimilhança da Alegação 153
15.3   Juízo de Delibação e Verossimilhança 156
15.4   Probabilidade e Verossimilhança na Antecipação de Tutela 158
15.5   Tutela Antecipada no Procedimento Sumário 159
15.6   Prova Inequívoca na Tutela Antecipada 161
15.7   Momento da Antecipação da Tutela no Procedimento Sumário 164
15.8   Outras Condições da Tutela Antecipada 166
15.9   Fundado Receio de Dano Irreparável ou de Difícil Reparação 166
15.10 Abuso de Direito de Defesa ou Manifesto Propósito Protelatório do Réu 168
15.11 Pressuposto Negativo da Tutela Antecipada – Perigo de Irreversibilidade 169
15.12 Efetivação da Tutela Antecipada – Caução Possível e Não Obrigatória 170
15.13 Natureza da Responsabilidade na Tutela Antecipada 173
15.14 Revogação ou Modificação do Provimento Antecipado 174
15.15 Antecipação de Tutela e Julgamento do Processo 175
15.16 Antecipação Parcial da Tutela – Pedidos Cumulados 175
15.17 Sincretismo Processual nas Tutelas de Urgência 176
15.18 Tutela Antecipada *Antes* da Sentença e Tutela Antecipada *na* Sentença 178
15.19 Limites entre a Tutela Antecipatória e a Tutela Cautelar 182
15.20 Tutela Antecipada, Tutela Específica e Tutela Cautelar no Procedimento Sumário 184

REFERÊNCIAS 187

ÍNDICE ALFABÉTICO 191

CAPÍTULO I

*Sumário: **1.1.** Objetivos da reforma. **1.2.** Processo e procedimento – Procedimento sumário. **1.3.** Princípios informativos do procedimento sumário. **1.4.** Características do procedimento sumário – Oralidade. **1.5.** Ainda a oralidade – Identidade física do juiz.*

1.1 OBJETIVOS DA REFORMA

Toda a reforma processual foi direcionada no sentido de simplificar o processo civil, permitindo o fornecimento mais célere da prestação jurisdicional. A esse objetivo não fugiu a Lei 9.245/95, que deu nova redação aos arts. 275 a 281 do Código de Processo Civil, elevando ao grau máximo a concentração dos atos processuais, com a predominância da oralidade e recorribilidade limitada das decisões interlocutórias, imprimindo-lhe um rito sumário. Foi promulgada também a Lei 10.444/02, alterando os arts. 275 e 280.

Com a alteração do art. 272, o procedimento sumaríssimo já fora convertido em sumário, expressão mais adaptada ao atual ordenamento jurídico, pois o termo "sumaríssimo" era mera decorrência do disposto no parágrafo único do art. 112 da Emenda Constitucional 1, de 1969, que a ele se referia.

A Exposição de Motivos que acompanhou o projeto do Código de Processo Civil assim justificava o rito:

> *A Constituição vigente estabelece que "para as causas ou litígios, que a lei definirá, poderão ser instituídos processo e julgamento de rito sumaríssimo, observados os critérios de descentralização, de economia e de comodidade das partes". (art. 112, parágrafo único)*

Desaparecida a terminologia constitucional, a partir da Emenda Constitucional 7, de 1977, não tinha mais sentido manter, no processo civil, o procedimento sumaríssimo, sem que existisse nele o sumário. Nos termos do novo art. 272, "o procedimento comum é ordinário ou *sumário*", estatuindo o seu parágrafo único que "*O procedimento especial e o procedimento sumário regem-se pelas disposições que lhes são próprias, aplicando-lhes, subsidiariamente, as disposições gerais do procedimento ordinário*".

As minirreformas vêm harmonizar os arts. 275 a 281 com o disposto nos arts. 272 e 609, referindo-se o Código apenas ao procedimento *sumário*, que veio a ocupar o lugar do sumaríssimo.

Nada impede que, no rumo da simplificação, venha a ser adotado, no futuro, um procedimento *ainda mais concentrado*, sob a denominação de sumaríssimo, completando-se o círculo do procedimento comum: ordinário, sumário e sumaríssimo[1].

1.2 PROCESSO E PROCEDIMENTO – PROCEDIMENTO SUMÁRIO

A palavra "processo" tem, no sentido vulgar, o significado de "*continuação de uma série de operações variadas, vinculadas pela unidade de fim: fala-se de processo cirúrgico, processo químico e assim sucessivamente*"[2].

No campo da ciência do direito, o *processo* é, grosso modo, "uma operação através da qual se obtém a composição da lide" (Carnelutti)[3], ou, em vista do seu escopo, "*o conjunto de atos destinados à formação de comandos (ou imperativos) jurídicos, cujo caráter consiste na colaboração para tal fim de pessoas interessadas com uma ou mais pessoas desinteressadas*" (Carnelutti)[4].

Afinal, o processo não é um ato isolado ou vários atos praticados a talante dos sujeitos envolvidos nessa operação, mas um *conjunto* de

---

[1] Como sucede com o Código de Processo Civil português. No Brasil, os procedimentos dos Juizados Especiais Cíveis e Criminais são apontados como exemplo de rito sumaríssimo.

[2] REDENTI, Enrico. **Profili pratici di diritto processuale civile**, n. 84; CALAMANDREI, Piero. **Instituciones del derecho procesal civil**. Buenos Aires: EJEA, 1973. v. 1, p. 317.

[3] CARNELUTTI, Francesco. **Sistema del diritto processuale civile**. Padova: Cedam, 1936. v. 1, p. 44.

[4] CARNELUTTI, Francesco. **Instituciones del proceso civil**. Buenos Aires: 1973. v. 1, p. 21-22.

atos harmônicos, coordenados, subordinados a uma disciplina que resulta da lei. Se o processo se realiza para a aplicação (jurisdicional) da lei, ele próprio é regulado pela lei[5].

Chiovenda[6] vê o processo como um "*complexo de atos coordenados, tendentes à atuação da vontade da lei (acerca de um bem que se pretende garantido por ela), por parte dos órgãos da jurisdição ordinária*".

Posta de lado a divergência quanto à função que o processo desempenha na ordem jurídica, basta entender-se como "justa composição da lide" (Carnelutti) a resolução da lide de acordo com a lei – a lei dá a medida do justo –, cuja atuação o processo produz (Chiovenda), para se concluir que uma posição não exclui a outra.

Conjunto ou complexo de atos, não se pode desconhecer que toda essa atividade se desenvolve *jurisdicionalmente*, já que o Estado-juiz se serve de um *processo* para dizer o direito (a vontade da lei). O conceito de jurisdição é inseparável da noção de processo; aliás, o processo é o instrumento da jurisdição. E mais: esses atos se ligam uns aos outros exatamente para garantir a harmonia do conjunto, e, como quem pratica atos no processo são os sujeitos processuais (juiz e partes), a lei lhes reconhece poderes, direitos, faculdades, mas também os correspondentes deveres, obrigações, sujeições e ônus.

Visto *por fora*, o processo se apresenta aos alhos do observador como um conjunto ou complexo de atos que se desenvolvem preordenadamente, mas visto *por dentro* vê-se que ele constitui uma relação jurídica processual (nexo, vínculo) que interliga os sujeitos, impondo a todos a atuação que, por fim, resultará na resolução do conflito pela atuação da vontade da lei (positiva ou negativa), conforme exista ou não o direito (material) a ser tutelado.

O processo é esse conjunto ou complexo de atos praticados pelos sujeitos processuais, segundo uma disciplina imposta pela lei (processual), para, assegurada a unidade do conjunto e o fim a que está coordenado, obter-se a solução (jurisdicional) da lide, mediante a atuação da lei (material).

Razão assistia a João Mendes Júnior[7], quando dizia que o processo é *uma direção no movimento*.

---

[5] Correta a afirmação de Amaral Santos: o processo torna-se objeto do próprio processo.

[6] CHIOVENDA, Giuseppe. **Instituições de direito processual civil**. São Paulo: Saraiva, 1969. v. 1, p. 37; **Principios de derecho procesal civil**. Madrid: Réus, t. I, p. 98.

[7] MENDES DE ALMEIDA JÚNIOR, João. **Direito judiciário brasileiro**. 2. ed. Rio de Janeiro/São Paulo: Livraria Freitas Bastos S/A, 1960. p. 298. O processo é algo *mutante*, direcionado a um fim.

O *procedimento* é o *modus operandi* do processo. Aqueles atos (processuais) considerados no seu conjunto não se desenvolvem do mesmo modo em todas as hipóteses. Dependendo do tipo de tutela assegurada pelo Estado, haverá um conjunto específico de atos tendentes a assegurar *jurisdicionalmente* a pretensão (material) – neste sentido, fala-se em processo de conhecimento, processo cautelar e processo de execução –, que se desdobram consoante determinado rito, ou seja, conforme um *procedimento* que pode ser *comum* (ordinário, *sumário*), *especial* e outras formas procedimentais adequadas a garantir o atingimento do escopo do processo, como o *cautelar* e o de *execução*.

À medida que se adota determinado tipo de processo (de conhecimento, cautelar ou de execução), haverá necessariamente o correlativo procedimento (comum ou especial) destinado a dar-lhe corpo.

Razão, mais uma vez, assistia ao grande João Mendes Júnior[8], quando dizia que o procedimento é "o modo de mover e a forma em que é movido o ato".

Em suma, o procedimento indica o aspecto exterior do fenômeno processual.

O *procedimento sumário* é espécie do gênero procedimento comum, caracterizado pela oralidade e dominado pela concentração dos atos processuais na audiência, com o propósito de imprimir-lhe maior celeridade[9].

1.3 PRINCÍPIOS INFORMATIVOS DO PROCEDIMENTO[10] SUMÁRIO

Quanto à forma de que se revestem, os atos do procedimento se desenvolvem através da palavra falada ou escrita, pelo que se fala em sistema oral (verbal) ou escrito.

---

[8] MENDES DE ALMEIDA JÚNIOR, João. *Op. cit.*, p. 298.

[9] Para Athos Gusmão Carneiro, caracteriza-se o procedimento comum sumário, pela maior ênfase no princípio da *concentração*, com vista à economia de atos processuais e à celeridade na composição da lide. CARNEIRO, Athos Gusmão. **Audiência de instrução e julgamento e audiências preliminares**. 7. ed. Rio de Janeiro: Forense, 1995. p. 128.

[10] Os princípios informativos do procedimento não se identificam com os princípios informativos do processo. Os princípios informativos do processo são os seguintes: **a)** Lógico – o legislador deve usar formas tais que propiciem uma melhor apuração da verdade; **b)** Jurídico – deve-se dar às partes, no processo, iguais oportunidades; **c)** Po-

Ao tempo das *legis actiones*, o sistema era inteiramente oral, como o era também no antigo processo germânico. No Brasil, o sistema anterior ao CPC de 1939 era inteiramente escrito. Para *Lopes da Costa*, também o sistema desse Código era igualmente escrito, embora muitos lhe contestassem a afirmação.

Atualmente, reconhece a doutrina que não existe procedimento oral na sua forma mais pura, adotando-se um procedimento misto, uma combinação do oral e do escrito.

No entanto, fala-se ainda hoje em *procedimento oral*, como nos direitos alemão, austríaco e húngaro, mas essa expressão tem outro sentido.

No procedimento *oral*, existe uma predominância quantitativa de atos escritos, porém, em combinação com a palavra falada, "*como expressão dos atos relevantes e decisivos na formação da convicção do juiz*".

Nesse sentido, são também os ensinamentos de Chiovenda[11], para quem, nos momentos capitais do procedimento, predomina a palavra oral.

A oralidade moderna representa um complexo de ideias e caracteres que se traduzem em vários *princípios* intimamente ligados entre si, que lhe dão aspecto particular.

Os princípios informativos do procedimento oral são: **a)** imediação (ou imediatidade); **b)** identidade física do juiz; **c)** concentração; **d)** unidade da audiência; e **e)** irrecorribilidade das interlocutórias[12].

a) Princípio da imediação[13] – Também conhecido como princípio da *imediatidade*, significa que o juiz que vai proferir a sentença deve estar

---

lítico – na elaboração de um sistema processual, deve haver o menor sacrifício possível da liberdade individual; **d)** Econômico – o processo deve ser construído com o menor dispêndio possível de tempo e dinheiro. CARREIRA ALVIM, J. E. **Elementos de teoria geral do processo**. 2. ed. Rio de Janeiro: Forense, 1993. p. 273-274.

[11] Para Chiovenda, oralidade significa que as deduções das partes devem normalmente fazer-se à viva voz, na audiência, isto é, no momento e lugar em que o juiz se senta para ouvir as partes e dirigir a marcha da causa. Enfim, aquele processo informado pelos princípios da imediação, da identidade física do juiz, da concentração e da irrecorribilidade dos despachos interlocutórios.

[12] No direito brasileiro, os princípios informativos da oralidade sofrem inúmeras restrições que, ao entanto, não chegam a descaracterizá-lo.

[13] O princípio da imediação ou imediatidade consiste em que o juiz deva "*assistir à produção das provas donde tirar sua convicção, isto é, entrar em relação direta com as testemunhas, peritos e objetos do juízo, de modo a colher de tudo uma impressão imediata e pessoal*". MORATO, Francisco. A oralidade. **Revista Forense** 74/141; *apud* CARNEIRO, Athos Gusmão. **Audiência de instrução e julgamento e audiências preliminares**. 7. ed. Rio de Janeiro: Forense, 1995. p. 23.

em contato com as partes e com as provas, sem intermediários. Traduz a relação do juiz com as partes e com as provas.

Esse princípio adquire relevância tratando-se de prova testemunhal (*lato sensu*), porque o juiz colhe importantes elementos de convicção do contato imediato com a fonte probatória, para valorar a credibilidade do testemunho. Assim, o juiz saberá, pelas reações do depoente, se está dizendo a verdade ou mentindo, pela presteza com que respondeu a uma indagação ou se vacilou na resposta.

A imediação não tem significado algum quando se trata de prova documental.

O Código de Processo Civil agasalhou tal princípio[14], determinando que o juiz proceda direta e pessoalmente à colheita das provas (art. 446, II)[15], ouvindo os peritos (art. 435, *caput*)[16], inquirindo testemunhas (art. 416, *caput*)[17] e as partes (art. 344, *caput*)[18], diretamente, inspecionando pessoas, coisas ou locais (arts. 440 e 442)[19].

b) Princípio da identidade física do juiz – Este princípio traduz-se na exigência de que o juiz seja o mesmo do começo ao fim da causa. O juiz que preside a instrução, ou seja, que colhe a prova, deve proferir a sentença. Haverá casos em que essa identidade não poderá ser observada, como nas hipóteses de convocação, licenciamento, afastamento por qualquer motivo, promoção ou aposentadoria do juiz, casos em que caberá ao seu sucessor a prolação da sentença; não tendo presidido a

---

[14] MORATO, Francisco; *apud* CARNEIRO. *Op. cit.*, p. 24.
[15] "*Art. 446. Compete ao juiz em especial: II – proceder direta e pessoalmente à colheita das provas; (...)*".
[16] "*Art. 435. A parte, que desejar esclarecimento do perito e do assistente técnico, requererá ao juiz que mande intimá-lo (sic) a comparecer à audiência, formulando desde logo as perguntas, sob forma de quesitos. (...)*".
[17] "*Art. 416. O juiz interrogará a testemunha sobre os fatos articulados, cabendo, primeiro à parte, que a arrolou, e depois à parte contrária, formular perguntas tendentes a esclarecer ou completar o depoimento. (...)*".
[18] "*Art. 344. A parte será interrogada na forma prescrita para a inquirição de testemunhas. (...)*".
[19] "*Art. 440. O juiz, de ofício ou a requerimento da parte, pode, em qualquer fase do processo, inspecionar pessoas ou coisas, a fim de se esclarecer sobre fato, que interesse à decisão da causa*". "*Art. 442. O juiz irá ao local, onde se encontre a pessoa ou coisa, quando: I – julgar necessário para a melhor verificação ou interpretação dos fatos que deva observar; II – a coisa não puder ser apresentada em juízo, sem consideráveis despesas ou graves dificuldades; III – determinar a reconstituição dos fatos. **Parágrafo único**. As partes têm sempre direito a assistir à inspeção, prestando esclarecimentos e fazendo observações que reputem de interesse para a causa*".

instrução, o novo juiz poderá, se não se sentir habilitado a sentenciar, determinar a repetição da prova já produzida (art. 132)[20].

O princípio da identidade física do juiz é atenuado[21] quando se trata da colheita de prova fora da jurisdição da causa, quando toda a prova testemunhal poderá ser colhida por diferentes juízes, através de carta precatória. Pode uma testemunha ser ouvida em Minas Gerais, outra, em São Paulo, outra, no Distrito Federal; e a sentença vir a ser proferida pelo juiz do Rio de Janeiro, onde tem curso a demanda. Nesse passo, a lei cedeu a imperativos de ordem prática, pela impossibilidade de se poder conduzir todas as testemunhas à presença do juiz da causa.

c) Princípio da concentração – Para Chiovenda, esta é a principal (e mais importante) característica do procedimento oral.

No dizer de Francisco Morato, tal princípio consiste em apertar o feito num período breve de tempo, reduzindo-o a uma audiência ou a poucas audiências a curtos intervalos; concentrar as atividades processuais de modo que o juiz, colhendo as provas, ouvindo as alegações finais, decida sob as impressões ainda frescas na sua memória. Não se sentindo, no entanto, em condições de sentenciar na audiência, pode fazê-lo dentro de certo prazo legal[22].

Da mesma forma, quando não puder concluir a audiência no mesmo dia, em face do grande número de testemunhas, poderá marcar nova data para continuação, sempre que possível próxima da anterior; quanto mais depressa, melhor.

Nisto consiste o princípio da concentração: atividade probatória, discussão da causa e decisão, tudo numa única audiência, ou em mais de uma sessão, mas próximas umas das outras.

---

[20] "*Art. 132. O juiz, titular ou substituto, que concluir a audiência, julgará a lide, salvo se estiver convocado, licenciado, afastado por qualquer motivo, promovido ou aposentado, casos em que passará os autos a seu sucessor. **Parágrafo único.** Em qualquer hipótese, o juiz que proferir a sentença, se entender necessário, poderá mandar repetir as provas já produzidas*".

[21] Anota Athos Gusmão Carneiro que: "*O legislador (a Lei 8.637/93 não teve origem em projeto sugerido pela Comissão de juristas que estuda a reforma do CPC), não desejando romper de todo com o princípio doutrinário da imediação, manteve em tese a aplicação da decorrente regra da identidade física relativamente ao juiz que concluir a* **instrução em audiência**; *mas simultaneamente, por certo tendo em vista conveniências de ordem prática, estabeleceu tantos casos de afastamento da regra que se poderia, quiçá, dizer que esta terá permanecido no Código mais como uma homenagem à preconizada 'oralidade' processual*". CARNEIRO, Athos Gusmão. *Op. cit.*, p. 37.

[22] O prazo não é o mesmo para todos os casos, pois depende do tipo de procedimento.

d) Princípio da unidade da audiência – Este princípio significa que a audiência, tônica do procedimento oral, é sempre una e contínua, ainda que se desdobre em mais de uma etapa.

A característica fundamental da audiência é "ser una e contínua" –, doutrina Ernane Fidélis dos Santos, citado por Athos Gusmão Carneiro[23] –, o que quer dizer que, desde que haja o seu início, embora possa ser prorrogada para dia próximo, ela é vista em sua unidade, e as fases que forem sendo vencidas não se repetem.

Dispõe o art. 455 que a audiência é uma e contínua[24]. Não sendo possível concluir, num só dia, a instrução, o debate e o julgamento, o juiz marcará o seu prosseguimento para dia próximo.

Mesmo que o juiz suspenda a audiência e designe nova data para o seu prosseguimento, não se cuida de uma segunda, ou terceira, ou quarta audiência de instrução do processo, mas de *uma só e mesma audiência*, embora realizada por etapas, fragmentada no tempo[25].

e) Irrecorribilidade das interlocutórias – Este princípio objetiva imprimir celeridade ao procedimento, pelo que torna irrecorríveis as (decisões) interlocutórias, sem prejuízo da sua apreciação pelo tribunal, se a causa subir em grau de apelação. Esta é uma das mais importantes características do procedimento oral.

No processo civil brasileiro, ao contrário do direito italiano, a regra é a *recorribilidade*, dispondo o art. 522 do Código que *"das decisões interlocutórias caberá agravo, no prazo de 10 (dez) dias, na forma retida, salvo quando se tratar de decisão suscetível de causar à parte lesão grave e de difícil reparação, bem como nos casos de inadmissão da apelação e nos relativos aos efeitos em que a apelação é recebida, quando será admitida a sua interposição por instrumento"*.

A partir da reforma, manifesta-se uma tendência no sentido de afastar a *recorribilidade* dessas decisões através do agravo de instrumento, admitindo-a, preponderantemente, por meio do agravo retido. Nesse sentido, o § 3º do novo art. 523, estabelecendo que *"Das decisões interlocutórias proferidas na audiência de instrução e julgamento caberá agravo na forma retida, devendo ser interposto oral e imediatamente, bem como*

---

[23] SANTOS, Ernane Fidélis dos. **Comentários ao Código de Processo Civil**. Rio de Janeiro: Forense, 1980. v. III, n. 265. *Apud* CARNEIRO, Athos Gusmão. *Op. cit.*, p. 42.

[24] "*Art. 455. A audiência, é una e contínua. Não sendo possível concluir, num só dia, a instrução, o debate e o julgamento, o juiz marcará o seu prosseguimento para dia próximo*".

[25] SANTOS, Ernane Fidélis dos; *apud* CARNEIRO, Athos Gusmão. *Op. cit.*, p. 42.

*constar do respectivo termo (art. 457, **caput**)[26], nele expostas sucintamente as razões do agravante*", dando um importante passo para a supressão total, no futuro, de qualquer recurso, inclusive do agravo retido; salvo quanto às interlocutórias de mérito, que veiculam tutela antecipada ou específica, ou interlocutórias condutoras de medidas liminares cautelares.

Esses princípios, que são informativos do procedimento comum, dominam tanto o procedimento ordinário quanto o *sumário*, sendo que, depois da reforma, a atividade processual desenvolvida na audiência (audiência preliminar: art. 331)[27] coloriu ainda mais o próprio rito ordinário com as cores da oralidade.

1.4 CARACTERÍSTICAS DO PROCEDIMENTO SUMÁRIO – ORALIDADE

Em doutrina, o procedimento sumário[28] é aquele que *"só se observam os atos substanciais, sendo dispensadas as demais formalidades do rito ordinário, e encurtando-se a sua marcha pela redução dos termos, prazos e dilações do processo (procedimento) ordinário"* (Aureliano de Gusmão).

O procedimento sumaríssimo é aquele *"em que se procede de plano, pela verdade sabida, com a máxima brevidade de tempo e quase*

---

[26] "*Art. 457. O escrivão lavrará, sob ditado do juiz, termo que conterá, em resumo, o ocorrido na audiência, bem como, por extenso, os despachos e a sentença, se esta for proferida no ato*".

[27] "*Art. 331. Se não ocorrer qualquer das hipóteses previstas nas seções precedentes, e versar a causa sobre direitos que admitam transação, o juiz designará audiência preliminar, a realizar-se no prazo de 30 (trinta) dias, para a qual serão as partes intimadas a comparecer, podendo fazer-se representar por procurador ou preposto, com poderes para transigir. § 1º Obtida a conciliação, será reduzida a termo e homologada por sentença. § 2º Se, por qualquer motivo, não for obtida a conciliação, o juiz fixará os pontos controvertidos, decidirá as questões processuais pendentes e determinará as provas a serem produzidas, designando audiência de instrução e julgamento, se necessário. § 3º Se o direito em litígio não admitir transação, ou se as circunstâncias da causa evidenciarem ser improvável sua obtenção, o juiz poderá, desde logo, sanear o processo e ordenar a produção da prova, nos termos do § 2º*".

[28] O Código de Processo Civil português distingue os processos (procedimento) ordinário, sumário e sumaríssimo em função do valor. Se o valor da causa exceder a alçada da Relação, empregar-se-á o processo ordinário; se não a exceder, empregar-se-á o processo sumário, exceto se não ultrapassar a metade do valor fixado para a alçada do tribunal de comarca e a ação se destinar ao cumprimento de obrigações pecuniárias, à indenização por dano e à entrega de coisas móveis, porque nesses casos o processo (procedimento) adequado é o sumaríssimo (artigo 462º).

sem formalidades, guardando-se apenas o que é essencial em todo o juízo" (Aureliano de Gusmão)[29].

No caso brasileiro, a alteração da denominação do procedimento, de sumaríssimo para sumário, resultou de questão de ordem técnica.

No procedimento sumário há uma visível simplificação dos atos processuais, com uma apreciável aceleração do ritmo do procedimento[30]. Ao contrário do procedimento ordinário, os princípios dominantes no sumário são os da oralidade, notadamente os da imediatidade e da concentração[31].

Toda a atividade processual, posterior ao ajuizamento da demanda, converge para a audiência de conciliação (primeira audiência), à qual devem comparecer as partes, pessoalmente ou representadas por preposto; onde tem lugar a proposta de conciliação; a resposta do réu, inclusive a dedução de eventual pedido contraposto ao deduzido pelo autor; a manifestação do autor sobre esse pedido; a impugnação ao valor da causa; a controvérsia sobre a natureza da demanda e requerimento de perícia, com quesitação e indicação de assistente técnico; diferindo para a audiência de instrução e julgamento (segunda audiência) apenas a produção de prova oral – se não for caso de extinção do processo ou de julgamento antecipado da lide – e a sentença da causa, se o juiz se sentir em condições de proferi-la.

Destarte, o juiz é posto em contado imediato com as partes e suas alegações (imediatidade), constituindo a palavra oral o principal suporte das suas pretensões e o elo de ligação entre os sujeitos do processo (oralidade *stricto sensu*), o que é facilitado pela prática dos principais atos processuais na audiência (concentração).

O alto grau de concentração da atividade processual não admite a impugnação das decisões orais senão através de agravo retido, inadmitindo-se a modalidade por instrumento. O novo rito sumário, *sistematizado* em função da *oralidade*, não chegou a consagrar de vez a irrecorribilidade das decisões interlocutórias.

---

[29] CARNEIRO, Athos Gusmão. *Op. cit.*, p. 136.
[30] VARELA, Antunes; BEZERRA, J. Miguel; NORA, Sampaio e. **Manual de processo civil**. 2. ed. Coimbra: Coimbra, 1985. p. 736.
[31] Registrava Jacy de Assis que o procedimento estatuído no art. 685 do CPC de 1939, para os processos acessórios, era mais simples e menos complicado: despachada a petição inicial, feitas as citações necessárias e, no prazo de 48 horas, contestado ou não o pedido, o juiz procederia a uma instrução sumária, facultando às partes a produção de provas, dentro de um tríduo, e decidia, em seguida, de acordo com o seu livre convencimento, sem que esta faculdade o eximisse do dever de motivar a decisão, indicando as provas e as razões em que ela se fundava. ASSIS, Jacy de. **Comentários ao Código de Processo Civil**. Rio de Janeiro: Forense, t. II, p. 43.

O procedimento *sumário* aproxima-se, assim, do adotado pelos Juizados Especiais, orientado pela[32] oralidade, simplicidade, informalidade, economia processual e celeridade (art. 2º da Lei 9.099/95)[33]. Aliás, foi essa similitude de ritos que animou o legislador a facultar ao autor a opção pelo procedimento desta lei (art. 3º, § 3º)[34], tratando-se de causas enumeradas no art. 275, II[35], do Código de Processo Civil (procedimento sumário).

De certa forma, esse procedimento aproxima-se, também, quanto à concentração dos atos processuais, da audiência preliminar[36], de que trata o art. 331, § 1º[37], onde tem lugar a proposta de conciliação, a fixação de pontos controvertidos, a decisão de questões processuais pendentes, a determinação das provas a produzir e a designação da audiência de instrução e julgamento.

---

[32] Maurício Antônio Ribeiro Lopes, na linha dos ensinamentos de Celso Antônio Bandeira de Mello, distingue o "princípio", que é "o mandamento nuclear de um sistema, verdadeiro alicerce dele", do "critério" que, ao invés, é "apenas uma referência básica para comparação". Um tem fundamento constitucional; o outro é regra ordinária. RIBEIRO LOPES, Maurício Antônio. **Lei dos Juizados Especiais Cíveis e Criminais**. São Paulo: Revista dos Tribunais, 1995. p. 16-17. A meu ver, a Lei dos Juizados Especiais não foi muito técnica na formulação da regra inserta no art. 2º, misturando princípios (oralidade, economia processual) com critérios (simplicidade, informalidade e celeridade).

[33] "*Art. 2º. O processo orientar-se-á pelos critérios da oralidade, simplicidade, informalidade, economia processual e celeridade, buscando, sempre que possível, a conciliação ou a transação*".

[34] "*Art. 3º. (...) § 3º A opção pelo procedimento previsto nesta Lei importará em renúncia ao crédito excedente ao limite estabelecido neste artigo, excetuada a hipótese de conciliação*".

[35] "*Art. 275. Observar-se-á o procedimento sumário: (...) II – nas causas, qualquer que seja o valor: a) de arrendamento rural e de parceria agrícola; b) de cobrança ao condômino de quaisquer quantias devidas ao condomínio; c) de ressarcimento por danos em prédio urbano ou rústico; d) de ressarcimento por danos causados em acidente de veículo de via terrestre; e) de cobrança de seguro, relativamente aos danos causados em acidente de veículo, ressalvados os casos de processo de execução; f) de cobrança de honorários dos profissionais liberais, ressalvado o disposto em legislação especial; g) que versem sobre revogação de doação; h) nos demais casos previstos em lei. **Parágrafo único.** Este procedimento não será observado nas ações relativas ao estado e à capacidade das pessoas*".

[36] Essa audiência tem antecedentes na audiência preliminar dos Códigos de Processo Civil alemão e austríaco; na audiência prévia das *summons for directions* do direito inglês; do *pre-trial* norte-americano. TUCCI, Rogério Lauria. *Apud* CARNEIRO, Athos Gusmão. *Op. cit.*, p. 138.

[37] "*Art. 331. (...) § 1º Obtida a conciliação, será reduzida a termo e homologada por sentença. (...)*".

Varela, Bezerra e Nora[38] assim justificam a orientação do CPC português na adoção do processo (procedimento) sumário:

> *O menor valor das ações sujeitas ao processo sumário faz avultar o interesse dos litigantes numa justiça mais pronta e menos dispendiosa, ainda que para esse efeito se haja de sacrificar um pouco das garantias de defesa das partes e de maior acerto nas decisões.*
>
> *A maior prontidão e eficiência da ação judicial, que o reduzido valor dos interesses em litígio reclama, têm um custo natural, que é a diminuição das garantias de uma rigorosa averiguação dos fatos e de uma amadurecida reflexão sobre a interpretação e aplicação do direito.*

No mesmo sentido, Ernani Pacheco[39], para quem o procedimento sumário, se caracteriza pelo menor número de atos a ser praticados em juízo, do que resulta uma menor complexidade, permitindo-se que as causas possam ser processadas e decididas em um reduzido espaço de tempo e com o mínimo de despesas.

Para Wellington Pimentel[40], o procedimento sumário, modalidade de procedimento comum, caracteriza-se pela simplificação dos atos, mas, sobretudo, pelos princípios da oralidade, imediação, da identidade física do juiz e da concentração que nele surgem exacerbados.

1.5 AINDA A ORALIDADE – IDENTIDADE FÍSICA DO JUIZ

A identidade física do juiz, um dos princípios informativos da oralidade, vem assegurada pelo art. 281, nos termos do qual *"finda a instrução e os debates orais, o juiz proferirá sentença na própria audiência ou no prazo de dez (10) dias"*.

No entanto, se o juiz não tiver sentenciado na audiência nem no prazo legal e sobrevier uma das circunstâncias previstas no art. 132 – convocado, licenciado, afastado por qualquer motivo, promovido ou aposentado –, deve passar os autos ao seu sucessor, que, se entender necessário, pode mandar repetir as provas já produzidas. As hipóteses de *convo-*

---

[38] VARELA, A. Antunes; *et alii*. *Op. cit.*, p. 736.
[39] PACHECO, José Ernani de Carvalho. **Procedimento sumaríssimo**. Curitiba: Juruá, 1993. p. 60.
[40] PIMENTEL, Wellington Moreira. **Comentários ao Código de Processo Civil**. São Paulo: Revista dos Tribunais, 1975. v. 3, p. 57.

cação e *licenciamento* foram bem lembradas pelo legislador, pois inúmeros processos jaziam nos escaninhos dos foros, com audiência encerrada, à espera do retorno do juiz. Nesses casos, não incide o princípio da identidade física do juiz.

Antes da reforma, esse princípio era aparentemente mais elástico, devendo o juiz que iniciasse a audiência concluir a instrução e julgar a lide, salvo as hipóteses nele referidas; agora, apenas o juiz que *concluir audiência*[41] julgará a lide. Tanto antes quanto depois dessa alteração, sempre se facultou a outro juiz repetir, se entendesse necessário, as provas já produzidas.

A divergência pretoriana sobre a extensão do termo "iniciar a instrução" levou o ex-Tribunal Federal de Recursos a expedir a Súmula 262, assentando que: "*Não se vincula ao processo o juiz que não colheu prova em audiência*". Registraram-se, no entanto, diversos julgados em sentido contrário (*RT* 481/138, 494/158, 495/92; *RF* 258/276)[42].

O dissenso entre o que "fazia" ou "não fazia" parte da instrução refletia-se na exegese a respeito, bastando ver as diversas observações feitas por Theotonio Negrão em notas ao art. 132[43].

Na verdade, o que queria dizer o preceito alterado era que o juiz que iniciasse a audiência, concluindo a instrução, deveria julgar a lide; se iniciada, mas não concluída, os autos passavam ao sucessor, que deveria concluí-la, mandando repetir, se necessário, as provas produzidas. A tanto, servia a última parte do antigo preceito.

Em sede doutrinária, ensinava Celso Agrícola Barbi[44] ainda com base na redação antiga, que a regra aplicava-se ao titular e ao substituto, mas a expressão "iniciar a audiência" devia ser entendida em harmonia com a finalidade do instituto, isto é, só se aplicaria a regra se o juiz houvesse colhido depoimento pessoal, ou de testemunhas, ou se ouvira os

---

[41] Será em princípio competente para sentenciar o juiz que, na última etapa da audiência, tomar um derradeiro depoimento, ainda que a maior parte da prova oral haja sido prestada em etapas anteriores perante outro magistrado. CARNEIRO, Athos Gusmão. *Op. cit.*, p. 37.
[42] NEGRÃO, Theotonio. **Código de Processo Civil**. 21. ed. São Paulo: Saraiva, p. 119.
[43] "*Art. 132. O juiz, titular ou substituto, que concluir a audiência julgará a lide, salvo se estiver convocado, licenciado, afastado por qualquer motivo, promovido ou aposentado, casos em que passará os autos ao seu sucessor. **Parágrafo único.** Em qualquer hipótese, o juiz que proferir a sentença, se entender necessário, poderá mandar repetir as provas já produzidas*".
[44] BARBI, Celso Agrícola. **Comentários ao Código de Processo Civil**. Rio de Janeiro: Forense, 1994. v. 1, p. 328.

esclarecimentos verbais do perito. Se, iniciada a audiência, não houvesse conciliação entre as partes, mas a colheita daquele tipo de prova não se iniciara, não haveria razão para o juiz ficar vinculado à causa[45].

Após a alteração, somente fica vinculado ao processo o juiz que *concluir a audiência*, quer dizer, o que *concluir* a instrução do feito, com a colheita da prova (oral) em audiência; *não aquele que presidiu parte, apenas, da instrução*[46].

O termo "concluir a audiência", na nova lei, tem o sentido de "concluir a instrução" da lei anterior, afinando-se a doutrina e a jurisprudência prevalentes.

---

[45] *Ibidem*.
[46] Nesse sentido, Conflito de Competência 94.05.30420-8 – TRF-5.

CAPÍTULO II

Sumário: 2.1. *Novo perfil do procedimento sumário.* **2.2.** *Estrutura do procedimento sumário.* **2.3.** *Causas sumárias pelo valor.* **2.4.** *Causas sumárias pela matéria.*

2.1 NOVO PERFIL DO PROCEDIMENTO SUMÁRIO

A Lei 9.245/95 alterou grandemente o perfil do procedimento sumário, imprimindo ao art. 275 a redação abaixo, à exceção do inc. I que nela figura com a redação imposta pela Lei 10.444/02 e a alínea **g** do inc. II cuja redação foi dada pela Lei 12.122/09.

> *Art. 275. Observar-se-á o procedimento sumário:*
>
> *I – nas causas, cujo valor não exceda a 60 (sessenta) vezes o valor do salário mínimo;*
>
> *II – nas causas, qualquer que seja o valor:*
>
> *a) de arrendamento rural e de parceria agrícola;*
>
> *b) de cobrança ao condômino de quaisquer quantias devidas ao condomínio;*
>
> *c) de ressarcimento por danos em prédio urbano ou rústico;*
>
> *d) de ressarcimento por danos causados em acidente de veículo de via terrestre;*
>
> *e) de cobrança de seguro, relativamente aos danos causados em acidente de veículo, ressalvados os casos de processo de execução;*
>
> *f) de cobrança de honorários dos profissionais liberais, ressalvado o disposto em legislação especial;*
>
> *g) que versem sobre revogação de doação;*
>
> *h) nos demais casos previstos em lei.*
>
> **Parágrafo único.** *Este procedimento não será observado nas ações relativas ao estado e à capacidade das pessoas.*

As alterações introduzidas no Capítulo III (Do Procedimento Sumário), do Título VII (Do Processo e do Procedimento), do Livro I (Do Processo de Conhecimento), foram reflexos das modificações de outros dispositivos, mormente o referente às obrigações de fazer e não fazer, muitas das quais contempladas no antigo art. 275, agora objeto do art. 461[47], como as previstas nas alíneas **f** (de eleição de cabecel), **g** (que tiverem por objeto o cumprimento de leis e posturas municipais quanto à distância entre prédios, plantio de árvores, construção e conservação de tapumes e paredes divisórias)[48], **j** (do proprietário ou inquilino de um prédio para impedir, sob cominação de multa, que o dono ou inquilino do prédio vizinho faça dele uso nocivo à segurança, sossego ou saúde dos que naquele habitam) e **l** (do proprietário do prédio encravado para lhe ser permitida a passagem pelo prédio vizinho, ou para restabelecimento da servidão de caminho, perdida por culpa sua).

Por outro lado, foram incluídos no procedimento sumário outras ações, como as previstas nas novas alíneas **b** (cobrança ao condômino de quaisquer quantias devidas ao condomínio), e **e** (de cobrança de seguro, relativamente a danos causados em acidente de veículo, ressalvados os casos de processo de execução), tendo a hipótese da alínea **d** sido limitada ao acidente de veículo de *via terrestre*.

Algumas hipóteses, antes compreendidas nas antigas alíneas **a** (que versem sobre o domínio de coisas móveis e de semoventes), **h** (oriundas de comissão mercantil, condução e transporte, depósito de mercadorias, gestão de negócios, comodato, mandato e edição) e **i** (cobrança de quantia devida, a título de retribuição ou indenização, a depositário e leiloeiro), compreendem-se agora no procedimento ordinário[49].

A hipótese da alínea **a** (que versem sobre a posse de coisas móveis e de semoventes) será objeto de ação possessória mobiliária[50], de rito especial, ou ação reivindicatória mobiliária, de rito ordinário.

---

[47] "*Art. 461. Na ação que tenha por objeto o cumprimento de obrigação de fazer ou não fazer, o juiz concederá a tutela específica da obrigação ou, se procedente o pedido, determinará providências que assegurem o resultado prático equivalente ao do adimplemento. (...)*".

[48] Se não for caso de nunciação de obra nova (art. 934, III).

[49] Salvo se tiverem por base título executivo extrajudicial (art. 585).

[50] As ações relativas à posse de coisas móveis e semoventes volveram ao âmbito dos arts. 920 a 933; as ações sobre o domínio desses mesmos bens recaíram no procedimento ordinário. A solução foi a melhor, não deixando dúvida sobre o cabimento dos interditos possessórios nesses casos. Em doutrina, Humberto Theodoro Júnior distinguia entre as ações de força nova (turbação ou esbulho de menos de ano e dia) e de força velha (violação da posse de mais de ano e dia), mandando observar para as pri-

2.2 ESTRUTURA DO PROCEDIMENTO SUMÁRIO

Observa Amaral Santos[51] que, na Exposição de Motivos do Projeto de Código de Processo Civil, registrou o Ministro Alfredo Buzaid:

A virtude do procedimento sumaríssimo (atual sumário) está em que ele se desenvolve **simpliciter et de plano sine strepitu**[52]. *O que governa é a simplificação de atos, de modo que as demandas sejam processadas e decididas em curto espaço de tempo.*

Doutrina Barbosa Moreira[53] que não cabe, a rigor, cogitar de fases diferenciadas no procedimento sumário. Na disciplina legal, o escopo de celeridade reflete-se na extrema concentração, de tal maneira que a atividade postulatória e instrutória se interpenetram. Aliás, tanto uma quanto outra devem exercer-se, em grande parte, já na própria audiência de instrução e julgamento, podendo passar-se, ato contínuo, à decisão (arts. 277 a 280). E conclui: inexiste no procedimento sumário, fase de saneamento. A atividade saneadora exerce-se difusamente ao longo de todo o itinerário processual.

Acentua, ainda, Barbosa Moreira[54] que o Código não disciplina de modo exaustivo o procedimento sumário, em todos os seus pormenores. Limita-se, em geral, nos arts. 276 e seguintes, a fixar os traços *peculiares* a esse rito, no primeiro grau de jurisdição; quanto ao mais, entende-se, à vista do disposto no art. 272, parágrafo único, que se aplicam subsidiariamente as regras do procedimento ordinário, algumas das quais, entretanto, vêm repetidas, em parte, no capítulo atinente ao sumário.

Embora escritas antes da reforma dos arts. 275 a 281, essas considerações do citado jurista têm inteira atualidade.

A atual estrutura do procedimento sumário é, na verdade, menos concentrada do que o antigo procedimento sumaríssimo. Antigamente, a audiência era uma só, quando tinha lugar a conciliação das partes, apresentação de defesa, arguição e resolução de incidentes processuais, produção de provas e sentença (antigo art. 278 a art. 281). Após a reforma, o juiz

---

meiras o rito especial regulado pelos arts. 920 a 933, só se aplicando a alínea **a** do art. 275 (redação antiga) às segundas.

[51] SANTOS, Moacyr Amaral. **Primeiras linhas de direito processual civil**. São Paulo: Saraiva, 1985. v. 2, p. 99.
[52] "Simplesmente e de plano, sem estrépito".
[53] BARBOSA MOREIRA, José Carlos. **Novo processo civil brasileiro**. 17. ed. Rio de Janeiro: Forense, 1995. p. 7.
[54] BARBOSA MOREIRA, José Carlos. *Op. cit.*, p. 122.

designa uma audiência de conciliação (art. 277), onde tem lugar a tentativa de conciliação, a resposta do réu, a arguição e resolução dos incidentes processuais e, se houver necessidade de prova oral, uma audiência de instrução e julgamento (art. 278, § 2º). Em vez de uma, há duas audiências.

Para quem fala em reforma, simplificação e celeridade, essa dualidade de audiência merece uma explicação.

O objetivo da reforma foi o de criar as condições para a realização de várias audiências num mesmo dia, o que se obtém limitando-as à conciliação e, no máximo, à atividade postulatória, deixando para uma segunda oportunidade a verdadeira instrução da causa, esta sim, demorada, dependendo da complexidade da prova a ser produzida. Tendo a experiência dado certo em outros países, confiou o legislador em que, nessas audiências de conciliação, a capacidade de persuasão do juiz, que, no procedimento sumário, pode ser auxiliado por um conciliador[55], produza os melhores resultados. Muitos acordos serão celebrados num só dia, permitindo-se às partes chegar à autocomposição, com a intermediação do juiz ou do conciliador, aliviando assim a carga de processos.

A respeito, anota Athos Gusmão Carneiro[56], sobre os trabalhos da Comissão de Reforma:

> *Objetou-se contra "mais uma" audiência, a obstruir as pautas já congestionadas. Mais valeu, no entanto, o argumento de que uma audiência prefacial, efetuada em pauta 'preferencial' (prazo de trinta dias), embora aparentemente vindo de encontro ao princípio da concentração, possibilitará, todavia, intentar-se, desde logo a conciliação, sanear o processo, receber a resposta do réu e permitir o julgamento conforme o estado do processo, com sua extinção (art. 329) ou com o julgamento antecipado da lide (art. 330).*
>
> *Far-se-á a perícia, e a audiência de instrução e julgamento será efetuada (se necessária prova oral) somente se ultrapassada esta fase processual.*
>
> *Diante da lamentável realidade do rito dito "sumaríssimo", constatada nos vinte anos de sua aplicação, com audiências adiadas, frustradas, realizadas em várias etapas, conturbadas por incidentes processuais, diante disso quer parecer válida a adoção de um novo sistema, cujo sucesso, como sempre, dependerá de sua aceitação e **efetiva aplicação** pelos operadores do processo.*

---

[55] Os critérios de escolha desse conciliador ficaram a critério da legislação local, quer por lei em sentido formal, quer por normas regulamentares baixadas pelas Corregedorias de Justiça. CARNEIRO, Athos Gusmão. *Op. cit.*, p. 141.

[56] CARNEIRO, Athos Gusmão. *Op. cit.*, p. 138.

2.3 CAUSAS SUMÁRIAS PELO VALOR

O inc. I do art. 275 foi alterado pela Lei 10.444/02, estabelecendo que "*nas causas cujo valor não exceda a 60 (sessenta) vezes o valor do salário mínimo*"[57] o rito será sumário.

O valor da causa nessa hipótese é determinante do rito, cabendo ao autor estimá-lo na petição inicial, segundo as regras dos arts. 258 a 260[58]. Portanto, o valor a considerar é o fixado ao tempo da propositura da ação[59], consoante o salário mínimo então em vigor, sendo irrelevantes as alterações subsequentes (art. 87)[60].

Nada impede que o autor fixe esse valor em múltiplos de salário mínimo – dez salários mínimos, vinte salários mínimos – em vez de estimá-lo em quantia fixa[61], prática essa já consagrada pela jurisprudência.

---

[57] O parâmetro da determinação da competência é sempre o salário mínimo, como tal conceituado no art. 76 da CLT e baixado por Decreto do Poder Executivo, que não sofreu qualquer interferência da Lei 6.205, de 29.04.1975. Essa lei determinou que os valores monetários fixados com base no salário mínimo não serão considerados para quaisquer fins de direito (art. 1º). Como o objetivo dessa lei foi desatrelar o salário mínimo da atualização monetária, nem de longe afeta o disposto no art. 275, I, do CPC. Nesse sentido, a jurisprudência, assentando que continua em vigor a vinculação do texto ao salário mínimo e não ao valor de referência. *RT* 609/182, 610/191; *RJTJESP* 77/286, 102/254; *JTA* 74/363, 92/168; NEGRÃO, Theotonio. *Op. cit.*, p. 261.

[58] "*Art. 258. A toda causa será atribuído um valor certo, ainda que não tenha conteúdo econômico imediato*". "*Art. 259. O valor da causa constará sempre da petição inicial e será: I – na ação de cobrança de dívida, a soma do principal, da pena e dos juros vencidos até a propositura da ação; II – havendo cumulação de pedidos, a quantia correspondente à soma dos valores de todos eles; III – sendo alternativos os pedidos, o de maior valor; IV – se houver também pedido subsidiário, o valor do pedido principal; V – quando o litígio tiver por objeto a existência, validade, cumprimento, modificação ou rescisão de negócio jurídico, o valor do contrato; VI – na ação de alimentos, a soma de 12 (doze) prestações mensais, pedidas pelo autor; VII – na ação de divisão, de demarcação e de reivindicação, a estimativa oficial para lançamento do imposto*". "*Art. 260. Quando se pedirem prestações vencidas e vincendas, tomar-se-á em consideração o valor de umas e outras. O valor das prestações vincendas será igual a uma prestação anual, se a obrigação for por tempo indeterminado, ou por tempo superior a 1 (um) ano; se, por tempo inferior, será igual à soma das prestações*".

[59] *RP* 1/209, em. 133.

[60] "*Art. 87. Determina-se a competência no momento em que a ação é proposta. São irrelevantes as modificações do estado de fato ou de direito ocorridas posteriormente, salvo quando suprimirem o órgão judiciário ou alterarem a competência em razão da matéria ou da hierarquia*".

[61] CALMON DE PASSOS, José Joaquim. **Comentários ao Código de Processo Civil**. Rio de Janeiro: Forense. v. 3, p. 21.

2.4 CAUSAS SUMÁRIAS PELA MATÉRIA

Enquanto o inc. I do art. 275 contempla as causas pelo valor estimado, o inc. II as considera pelo seu objeto.

São as seguintes as novas ações que passam a observar o procedimento sumário:

a) de arrendamento rural e de parceria agrícola;

b) de cobrança ao condômino de quaisquer quantias devidas ao condomínio;

c) de ressarcimento por danos em prédio urbano ou rústico;

d) de ressarcimento por danos causados por acidente de veículo de via terrestre;

e) de cobrança de seguro, relativamente aos danos causados em acidente de veículo, ressalvados os casos de processo de execução;

f) de cobrança de honorários dos profissionais liberais, ressalvado o disposto em legislação especial;

g) que versem sobre revogação de doação;

h) nos demais casos previstos em lei.

CAPÍTULO III

Sumário: 3.1. Arrendamento rural e parceria agrícola. 3.2. Cobrança de quantias devidas ao condomínio. 3.3. Ressarcimento por danos em prédio urbano ou rústico. 3.4. Ressarcimento por danos causados por acidente de veículo de via terrestre. 3.5. Cobrança de seguro por danos causados por acidente de veículo de via terrestre. 3.6. Cobrança de honorários de profissionais liberais. 3.7. Revogação de doação. 3.8. Demais casos previstos em lei. 3.9. Ações relativas ao estado e à capacidade das pessoas – Derrogação do rito sumário.

3.1 ARRENDAMENTO RURAL E PARCERIA AGRÍCOLA

A hipótese contemplada na nova alínea **a**, relativa a *arrendamento rural e parceria agrícola*, após a Lei 9.245/95 não sofreu alteração na substância, senão simples mudança topográfica; antigamente era prevista na alínea **b**.

O art. 275, II, **a**, do Código compreende o arrendamento rural[62] e a parceria agrícola[63], que são formas de exploração da propriedade rural[64], caracterizando ambos um verdadeiro contrato de direito privado, que pode ser celebrado por escrito ou verbal. Compreendem-se igualmente no contexto desse artigo os contratos de parceria agroindustrial e extrativa[65]. Dada a sua natureza, não se sujeitam às restrições do art.

---

[62] O arrendamento rural vem disciplinado no art. 95 da Lei 4.504/64 (Estatuto da Terra).

[63] A parceria agrícola vem disciplinada no art. 96 da Lei 4.504/64 (Estatuto da Terra).

[64] Quis o legislador dizer: causas que versem sobre esses contratos. PIMENTEL, Wellington Moreira. **Comentários ao Código de Processo Civil**. São Paulo: Revista dos Tribunais, 1975. p. 68.

[65] As parcerias pecuária, agroindustrial e extrativa vêm disciplinadas igualmente no art. 96 da Lei 4.504/64 (Estatuto da Terra).

401[66], admitindo a prova exclusivamente testemunhal, qualquer que seja o valor do contrato.

O arrendamento rural é o contrato agrário pelo qual uma pessoa se obriga a ceder a outra, por tempo determinado ou não, o uso específico de imóvel rural, de parte ou partes do mesmo, incluindo, ou não, outros bens, benfeitorias e/ou facilidades, com o objetivo de nele ser exercida atividade de exploração agrícola, pecuária, agroindustrial, extrativa ou mista, mediante certa retribuição ou aluguel, observados os limites percentuais da lei[67].

Aquele que cede o imóvel rural ou o aluga chama-se arrendador[68], aquele (pessoa ou conjunto familiar, representado pelo seu chefe) que recebe ou toma o imóvel por aluguel chama-se arrendatário[69].

A hipótese compreende ainda o subarrendamento rural, que é o contrato pelo qual o arrendatário transfere a outrem, no todo ou em parte, os direitos e obrigações do seu contrato de arrendamento[70].

A parceria rural é o contrato agrário pelo qual uma pessoa se obriga a ceder a outra, por tempo determinado ou não, o uso específico de imóvel rural, de parte ou partes do mesmo, incluindo, ou não, benfeitorias, outros bens e, ou facilidades, com o objetivo de nela ser exercida atividade de exploração agrícola, pecuária, agroindustrial, extrativa, vegetal ou mista; e, ou lhe entrega animais para cria, recria, invernagem, engorda ou extração de matérias-primas de origem animal, mediante partilha de riscos do caso fortuito e da força maior do empreendimento rural, e dos frutos, produtos ou lucros havidos nas proporções que estipularem, observados os limites percentuais da lei[71]. As partes, no contrato de parceria, denominam-se parceiro-outorgante – o cedente, proprietário ou não, que entrega os bens em parceria – e parceiro-outorgado –, a pessoa, ou o conjunto familiar, representado por seu chefe, que os recebe para fins de parceria agrícola[72], pecuária[73], agroindustrial[74], extrativa[75] e mista[76].

---

[66] "*Art. 401. A prova exclusivamente testemunhal só se admite nos contratos cujo valor não exceda o décuplo do maior salário mínimo vigente no país ao tempo em que foram celebrados*". Hoje, o salário mínimo é unificado.

[67] Decreto 59.566, de 14.11.1966 (art. 3º), que regulamentou a Lei 4.504, de 30.11.1964 (Estatuto da Terra).

[68] *Idem*, art. 3º, § 2º.

[69] *Idem*, art. 3º, § 2º.

[70] *Idem*, art. 3º, § 1º.

[71] *Idem*, art. 4º.

[72] A parceria agrícola tem por objeto a cessão de uso de imóvel rural, de parte ou partes do mesmo, com a finalidade de nele ser exercida atividade de produção vegetal.

Todas as causas entre arrendadores (ou arrendantes)[77] e arrendatários, subarrendadores (ou subarrendantes) e subarrendatários[78], e entre parceiros e subparceiros, tendo por objeto contratos de arrendamento ou parceria, devem seguir o rito sumário (art. 275, II, **a**).

Para Calmon de Passos, as causas de arrendamento rural são os litígios entre proprietários e arrendatários rurais que tenham por objeto ou decorram de contrato de arrendamento. Esses litígios podem dizer respeito à duração do contrato, sua validade, existência ou inexistência; à interpretação de suas condições; à sua rescindibilidade; enfim à infringência de princípios cogentes, que são muitos, hoje, postos como limite à liberdade de contratar, com vistas à proteção do economicamente mais fraco, no caso o arrendatário (art. 95 do Estatuto da Terra)[79].

3.2 COBRANÇA DE QUANTIAS DEVIDAS AO CONDOMÍNIO

Nos termos do art. 275, II, **b** a cobrança de quaisquer quantias devidas pelo condômino ao condomínio[80] deve obedecer ao rito sumário.

A alínea **b** do inc. II do art. 275 veio substituir a antiga alínea **c** desse mesmo inciso e artigo (responsabilidade pelo pagamento de impostos, taxas, contribuições, despesas e administração de prédio em condomínio), que muita dúvida provocou, tanto na doutrina quanto na jurisprudência. Embora a norma anterior aludisse a *prédio em condomínio*,

---

[73] A parceria pecuária tem por objeto a cessão de animais para cria, recria, invernagem ou engorda.
[74] A parceria agroindustrial tem por objeto a cessão de imóvel rural, de parte ou partes do mesmo, e/ou maquinaria e implementos, com a finalidade de ser exercida atividade de transformação, de produto agrícola, pecuária ou florestal.
[75] A parceria extrativa tem por objeto a cessão de uso de imóvel rural, de parte ou partes do mesmo, e/ou animais de qualquer espécie, com a finalidade de ser exercida atividade extrativa de produto agrícola, animal ou florestal.
[76] A parceria mista tem por objeto mais de uma modalidade de parceria.
[77] Calmon de Passos prefere falar em "arrendante"; a Lei 4.504/64 fala em "proprietário"; o Decreto 59.566/66 fala em "arrendador" (art. 3°, § 2°).
[78] O subarrendamento só é permitido se houver expresso consentimento do arrendador ou proprietário (art. 95, VI, do Estatuto da Terra).
[79] CALMON DE PASSOS, J. J. *Op. cit.*, p. 41.
[80] Pouco importa que se trate de condomínio irregular ou de fato – *RT* 660/132. NEGRÃO, Theotonio. *Op. cit.*, nota 24a ao art. 275, p. 262.

compreendia tanto o condomínio forçado (edifícios de apartamentos) quanto as formas de condomínio voluntário[81].

Escrevendo antes da reforma, afirmou Humberto Theodoro Júnior[82] que o (antigo) procedimento sumaríssimo (atual sumário) aplicava-se às ações sobre gastos condominiais *apenas* quando se tivesse que *apurar a responsabilidade por eles*, o que ocorria quando não houvesse prévia convenção entre os condôminos ou quando as despesas a ratear fossem extraordinárias. Quando a cobrança se limitava às cotas previstas no orçamento aprovado pela convenção dos condôminos, nos termos da Lei 4.591/64 (Lei de condomínios e incorporações) e da Lei 4.864/65 (Lei de estímulos à construção civil), o caso era de *execução forçada*, pois o condomínio já contava com título executivo[83], nos termos do art. 585, V[84].

Diversamente pensava Calmon de Passos[85], para quem a convenção fixava os critérios para a cobrança, mas não o *quantum* devido, não se podendo dizer que o orçamento aprovado pela assembleia fosse contrato e nem a convenção explicável como contrato. Para esse processualista, o inc. V do art. 585 compreendia apenas a parcela relativa aos encargos de condomínio pactuada como devida pelo locatário de apartamento, juntamente com os aluguéis, para fins de execução; assim, o contrato seria o contrato escrito de locação, no qual se previu também a responsabilidade pelo ressarcimento, ao locador, do que venha a pagar como condômino[86].

Em doutrina – observa Sálvio de Figueiredo Teixeira[87] –, sustentam não construir o crédito do condomínio, decorrente de despesa regularmente aprovada em assembleia, título executivo extrajudicial: Sahione Fadel, Severino Muniz, Calmon de Passos e Barbosa Moreira[88];

---

[81] CALMON DE PASSOS, J. J. *Op. cit.*, p. 51.
[82] THEODORO JÚNIOR, Humberto. **Curso de direito processual civil**. 11. ed. Rio de Janeiro: Forense, 1993. v. I, p. 337.
[83] *Ibidem*, p. 337.
[84] "*Art. 585. São títulos executivos extrajudiciais: (...) V – o crédito, documentalmente comprovado, decorrente de aluguel de imóvel, bem como de encargos acessórios, tais como taxas e despesas de condomínio; (...)*". No original, a referência é ao inc. IV do art. 585, correspondente ao atual inc. V deste artigo.
[85] CALMON DE PASSOS, J. J. *Op. cit.*, p. 55.
[86] *Idem*, p. 56.
[87] TEIXEIRA, Sálvio de Figueiredo. **Código de Processo Civil anotado**. 4. ed. São Paulo: Saraiva, 1992. p. 171.
[88] BARBOSA MOREIRA, José Carlos. **Comentários ao Código de Processo Civil**. Rio de Janeiro: Forense, 1994. v. 5, p. 447.

e em sentido contrário, desde que a despesa esteja prevista em orçamento aprovado pela convenção dos condôminos: Theodoro Júnior, Mendonça Lima, Wellington Pimentel e Pontes de Miranda.

No plano doutrinário, sequer há consenso sobre a subsistência do art. 12, § 2^{o89}, da Lei 4.591/64, sustentando Humberto Theodoro Júnior que sim, tanto que faz referência a esse diploma legal, e Calmon de Passos que não. Na jurisprudência, também se lavra divergência, ora entendendo-se que o preceito está revogado[90], ora que continua em vigor[91].

Em sede pretoriana, a harmonia entre os dois preceitos se obtinha da seguinte forma: **a)** se era o condômino locador quem, fundado em contrato escrito, cobrava ao locatário as despesas de condomínio, aplicava-se o art. 585, V; **b)** se era o síndico quem cobrava ao condômino essas despesas, era cabível o procedimento do art. 275, II, **b**[92].

Como a nova alínea **b** do inc. II do art. 275 *identifica* tanto o sujeito ativo (o condomínio), que é o titular do crédito, quanto o sujeito passivo (o condômino), que é o titular do débito, não subsiste mais dúvida de que compreende toda e qualquer quantia devida ao condomínio, que não tenha por base um título executivo extrajudicial (art. 585, V).

3.3 RESSARCIMENTO POR DANOS EM PRÉDIO URBANO OU RÚSTICO

Processa-se pelo rito sumário a ação de ressarcimento por danos em prédio urbano ou rústico (art. 275, II, c), o que já acontecia na vigência da legislação anterior.

No sentido jurídico, a expressão "prédio" (do latim *praedium*) nomeia todo *bem imóvel* construído ou não construído, plantado ou não plantado, urbano ou rural. Compreende *o solo*, qual seja, a área sobre a qual se podem pôr edifícios ou plantações – *as partes integrantes do solo* –, isto é, tudo o que se incorpora permanentemente ao solo de modo que

---

[89] "*Art. 12. (...) § 2º Cabe ao síndico arrecadar as contribuições competindo-lhe promover, por via executiva, a cobrança judicial das quotas atrasadas. (...)*".
[90] RT 366/354; RF 209/462.
[91] RT 583/198; RTJAMG 20/252.
[92] "*Art. 275. Observar-se-á o procedimento sumário: (...) II – nas causas, qualquer que seja o valor: b) de cobrança ao condômino de quaisquer quantias devidas ao condomínio; (...)*". RT 494/112, 494/215, 594/116; NEGRÃO, Theotonio. *Op. cit.*, nota 25 ao art. 275.

se não possa retirar sem destruição, modificação, fratura ou dano, ou for intencionalmente nele empregado na sua exploração industrial, aformoseamento ou comodidade; *pertença* é o que, sem ser parte, permanece a ajudar a coisa, havendo entre ambas uma relação de dependência ou acessoriedade; as *acessões* são as que resultam da união de uma coisa acessória a outra principal, pertencentes a proprietários distintos, como são a construção de obras e plantações[93] (Cód. Civil, art. 1.248, V)[94].

No sentido vulgar, o vocábulo "prédio" significa edifício apartamentos ou casa.

Os danos que ensejam o ressarcimento, pela via sumária, são os decorrentes da má utilização do imóvel (*lato sensu*), seja em decorrência de contrato celebrado entre as partes (locação, sublocação, comodato, cessão de uso etc.), seja de ato ilícito ou antijurídico, civil ou penal[95].

Nas zonas rurais, as hipóteses mais frequentes são as invasões de terras por animais, ou queimadas, quando o fogo atinge o imóvel vizinho; nas zonas urbanas, os maiores danos são causados por detritos jogados nos telhados e partes comuns; nos imóveis cedidos para locação, comodato, cessão[96], os estragos mais comuns são decorrentes da sua má utilização.

Estabelece o parágrafo único do art. 57 da Lei 9.099/95 (Juizados Especiais Cíveis), que: "*Valerá como título extrajudicial o acordo celebrado pelas partes, por instrumento escrito, referendado pelo órgão competente do Ministério Público*". O art. 74 dessa mesma lei dispõe que: "*A composição dos danos civis será reduzida a escrito e, homologada pelo juiz mediante sentença irrecorrível, terá eficácia de título a ser executado no juízo civil competente*".

Ambas as normas afastam a incidência do rito sumário de cognição; mas aplica-se o art. 475-F, segundo o qual "*na liquidação por artigos, observar-se-á, no que couber, o procedimento comum (art. 272)*".

---

[93] CALMON DE PASSOS, J. J. *Op. cit.*, p. 58-59. As demais modalidades de acessão, segundo o Código Civil, se dão pela formação de ilhas, por aluvião, por avulsão e por abandono de álveo (art. 1.248, I a IV).

[94] "*Art. 1.248. A acessão pode dar-se: (...) V – por plantações ou construções*".

[95] No mesmo sentido, Wellington Pimentel, para quem a alínea compreende as ações que objetivem o ressarcimento de danos produzidos em prédio urbano ou rústico, independentemente do fato ou ato que lhe deram causa. PIMENTEL, Wellington Moreira. *Op. cit.*, p. 73.

[96] As hipóteses de ressarcimento de dano causado em função do contrato de arrendamento recaem na alínea **c** do inc. II do art. 275, e não na alínea **a** desse mesmo dispositivo.

Para Wellington Pimentel[97], a aplicação desta alínea será, em regra, decorrente de conflitos de vizinhança, o que parece ter sido a vontade do legislador que, nesse passo, disse mais do que queria.

3.4 RESSARCIMENTO POR DANOS CAUSADOS POR ACIDENTE DE VEÍCULO DE VIA TERRESTRE

A nova alínea **d** do inc. II do art. 275 substituiu a expressão "reparação de dano" por "ressarcimento por danos" e restringiu-os ao acidente de veículo *de via terrestre*. Antes da reforma, o art. 275, II, **e**, incluía no âmbito do antigo procedimento sumaríssimo a "de reparação de dano causado em acidente de veículos"; atualmente, contempla apenas a *"de ressarcimento por danos causados por acidente de veículos de via terrestre"*.

Acidente (do latim, *accidens*) traduz o que é acidental ou não usual, compreendendo todo acontecimento danoso, voluntário ou involuntário, doloso ou culposo. Para Calmon de Passos[98], *acidente* é o que advém fortuitamente, inesperadamente, sem ser previsto; é o acontecimento infeliz: o desastre, na definição vernácula.

Veículo de via terrestre significa todo meio de locomoção ou transporte, motorizado ou não, movido por força mecânica – como o trem, o automóvel, o ônibus –, ou por força física (humana ou animal) – como a bicicleta, a carroça, a charrete, carro de boi –, cujo movimento se dê sobre a terra[99]. Restaram fora do alcance da norma os danos provocados por acidentes aéreos ou marítimos[100], geralmente sujeitos a legislação especial e que, se não previsto outro procedimento, recaem no ordinário.

E o acidente provocado por um barco, em terra firme, no seu trajeto do galpão para o mar ou vice-versa, ou por um ultraleve, no solo, no seu trajeto do hangar para a cabeceira da pista ou desta para o hangar? Estaria compreendido na alínea **d** do inc. II do art. 275?

---

[97] PIMENTEL, Wellington Moreira. *Op. cit.*, p. 73.
[98] CALMON DE PASSOS, J. J. *Op. cit.*, p. 61.
[99] Na vigência da legislação anterior, foi considerada veículo a empilhadeira motorizada que provocou acidente no interior de uma indústria. PAULA, Alexandre de. **Luz**, III, n. 5.496. *Apud* MILHOMENS, Jônatas. **Do procedimento sumaríssimo**, Rio de Janeiro: Forense, 1986. p. 103. A jurisprudência considerou também aplicável o art. 275, II, **e** (redação anterior), num caso de acidente de elevador, em que, por defeito nas ligações elétricas da porta, causara a queda de pessoa no vão livre. *ADCOAS*, 1977, n. 53.742. *Apud* MILHOMENS, Jônatas. *Op. cit.*, p. 102.
[100] Melhor diria, os aquáticos em geral (ocorridos em rios, lagos, lagoas, mares e oceanos), porquanto os marítimos são específicos dos ocorridos no mar.

Se bem que nem o barco nem o ultraleve sejam considerados *veículos de via terrestre*, creio que o ressarcimento do dano, nesses casos, pode ser postulado pela via sumária. Equiparam-se, para os fins legais, os acidentes causados por veículo de via terrestre e os causados por veículos marítimos ou aéreos em terra firme, nas hipóteses *retro*[101].

Os danos a que se refere o texto são tanto os materiais quanto os pessoais, compreendendo também os danos morais. Esses danos podem ter sido causados à coisa, ou serem pessoais, ou em coisa e pessoa. Em qualquer hipótese, a ação seguirá o procedimento sumário[102].

A lei não distingue, também, entre pedido fundado em culpa contratual ou extracontratual. O pedido pode compreender, além das perdas e danos, os lucros cessantes, pois "dano" está no texto no sentido amplo[103], de ressarcimento completo.

A incidência dos arts. 57, parágrafo único[104] e 74[105], da Lei 9.099/95 (Juizados Especiais Cíveis estaduais), afasta o rito sumário. Aplica-se, no entanto, o art. 475-F[106], que alude a procedimento comum, incluindo o sumário.

3.5 COBRANÇA DE SEGURO POR DANOS CAUSADOS POR ACIDENTE DE VEÍCULO DE VIA TERRESTRE

A alínea **e** do inc. II do art. 275 contempla, no âmbito do procedimento sumário, a ação de cobrança de seguro, relativamente aos danos causados por acidente *de veículo*, ressalvados os casos de processo de execução. A hipótese não tinha similar na legislação anterior.

---

[101] Não inseriu a lei no contexto do procedimento sumário os acidentes provocados por surfistas ou por praticantes de asa delta ou parapente, de que resultem lesões físicas a terceiros. A solução caberá à jurisprudência.

[102] PIMENTEL, Wellington Moreira. *Op. cit.*, p. 74.

[103] *Ibidem*, p. 74.

[104] "*Art. 57.* (...). *Parágrafo único. Valerá como título extrajudicial o acordo celebrado pelas partes, por instrumento escrito, referendado pelo órgão competente do Ministério Público*".

[105] "*Art. 74. A composição dos danos civis será reduzida a escrito e, homologada pelo Juiz mediante sentença irrecorrível, terá eficácia de título a ser executado no juízo civil competente*".

[106] "*Art. 475-F. Na liquidação por artigos, observar-se-á, no que couber, o procedimento comum (art. 272)*". Essa disposição admite a aplicação tanto do procedimento sumário quanto do ordinário, dependendo do valor da causa.

Os contratos de seguro de vida são títulos executivos extrajudiciais, nos termos do art. 585, III.

Como a alínea **d** restringiu-se a *veículo de via terrestre*, e a da alínea **e** não impôs tal limitação, referindo-se simplesmente a *acidente de veículo*, por certo pretendeu a lei estender o alcance da expressão "veículo", de modo a compreender o seguro relativamente a danos causados por *qualquer meio de locomoção ou transporte* (por terra, água ou ar).

3.6 COBRANÇA DE HONORÁRIOS DE PROFISSIONAIS LIBERAIS

Nos termos da alínea **f** do inc. II do art. 275, cabe a ação de cobrança pelo rito sumário relativamente a honorários dos profissionais liberais, ressalvado o disposto em legislação especial.

Profissionais liberais são os advogados, médicos, dentistas, engenheiros, professores e outros técnicos, de nível superior, ou de nível médio. São liberais, no sentido de que estão vinculados a um empregador em função de um contrato de trabalho[107].

A hipótese não é nova, tendo havido uma simples mudança topográfica, com pequeníssima alteração redacional.

O objetivo da inserção da ação de cobrança de honorários dos profissionais liberais no procedimento sumário foi conceder uma tutela rápida às pretensões fundadas em tais direitos[108].

Se os honorários forem devidos em função de prestação de serviços contratada por escrito, terá o exequente direito a ação de execução, desde que o documento atenda às exigências do art. 585, II – a escritura pública ou outro documento público assinado pelo devedor; o documento particular assinado pelo devedor e por duas testemunhas; o instrumento de transação referendado pelo Ministério Público, pela Defensoria Pública ou pelos advogados dos transatores[109]; –, recaindo na ação monitória[110] se, apesar da prova escrita, o documento não tiver eficácia executiva.

---

[107] MILHOMENS, Jônatas. **Do procedimento sumaríssimo**. Rio de Janeiro: Forense, 1986. p. 136.

[108] CALMON DE PASSOS, J. J. *Op. cit.*, p. 110.

[109] Segundo o art. 57, parágrafo único, da Lei 9.099/95, valerá como título executivo extrajudicial o acordo celebrado pelas partes, por instrumento escrito, referendado pelo órgão competente do Ministério Público.

[110] Nos termos do art. 1.102-A, a ação monitória compete a quem pretender, com base em prova escrita sem eficácia de título executivo, pagamento de soma em dinheiro.

A cobrança pela via sumária só alcança os profissionais liberais que não tiverem contratado seus serviços por escrito, com fixação de quantia certa devida pelo beneficiário dos mesmos[111]; ou aqueles que, tendo-os contratado, não contiver o documento os requisitos de liquidez e certeza da quantia devida, requisitos esses essenciais mesmo em sede monitória.

A Lei 8.906/94 (Estatuto da Advocacia), conferiu ao contrato escrito celebrado pelo advogado com seu cliente a natureza de título executivo (art. 24)[112], podendo ser executado nos mesmos autos da ação em que tenha atuado, se assim lhe convier (art. 24, § 1º)[113]. Nos termos do art. 585, VIII, do Código de Processo Civil, são títulos executivos extrajudiciais "*todos os demais títulos, a que, por disposição expressa, a lei*[114] *atribuir força executiva*".

Para Calmon de Passos[115], a ressalva ao disposto na legislação especial deve ser entendida como norma processual que preveja procedimento outro para tais ações, mas a referência é ociosa, porquanto a lei especial, dispondo em contrário, ab-rogaria, no particular, o dispositivo, independentemente de qualquer referência expressa na alínea.

3.7 REVOGAÇÃO DE DOAÇÃO

A revogação da doação vem disciplinada pelos arts. 555 a 564 do Código Civil[116], e, antes da reforma obedecia ao procedimento ordinário, passando, agora, a adotar o rito sumário.

---

[111] CALMON DE PASSOS, J. J. *Op. cit.*, p. 111.

[112] "*Art. 24. A decisão judicial que fixar ou arbitrar honorários e o contrato escrito que os estipular são títulos executivos e constituem crédito privilegiado na falência, concordata, concurso de credores, insolvência civil e liquidação extrajudicial. (...)*".

[113] "*Art. 24. (...). § 1º A execução dos honorários pode ser promovida nos mesmos autos da ação em que tenha atuado o advogado, se assim lhe convier. (...)*".

[114] "A lei" e não a convenção das partes. REsp. 23.424-8-SP. NEGRÃO, Theotonio. *Op. cit.*, nota 39-A ao art. 585, p. 462.

[115] CALMON DE PASSOS, J. J. *Op. cit.*, p. 112-113.

[116] "*Art. 555. A doação pode ser revogada por ingratidão do donatário, ou por inexecução do encargo.*
Art. 556. Não se pode renunciar antecipadamente o direito de revogar a liberalidade por ingratidão do donatário.
Art. 557. Podem ser revogadas por ingratidão as doações: I – se o donatário atentou contra a vida do doador ou cometeu crime de homicídio doloso contra ele; II – se

O Código passa sempre a impressão de que o procedimento sumário é mais célere do que o ordinário, mas, na prática, não é assim, por depender ele de espaço na pauta de audiência, na medida em que a defesa e a instrução probatória se fazem oralmente, e, havendo, no geral, duas audiências, sendo uma para tentativa de conciliação e *apresentação de defesa* (art. 278, *caput*)[117] e outra para a instrução e julgamento (art. 278, § 2º)[118], tal procedimento acaba sendo mais *ordinarizado* do que o próprio ordinário.

Destarte, a inserção das causas que versem sobre a revogação de doação na alínea **g** do inc. II do art. 275, dando-lhe o rito sumário, é mais uma daquelas demagogias do legislador, que deveria ter coisa mais importante com que se preocupar no plano legislativo.

---

cometeu contra ele ofensa física; III – se o injuriou gravemente ou o caluniou; IV – se, podendo ministrá-los, recusou ao doador os alimentos de que este necessitava.
Art. 558. Pode ocorrer também a revogação quando o ofendido, nos casos do artigo anterior, for o cônjuge, ascendente, descendente, ainda que adotivo, ou irmão do doador.
Art. 559. A revogação por qualquer desses motivos deverá ser pleiteada dentro de um ano, a contar de quando chegue ao conhecimento do doador o fato que a autorizar, e de ter sido o donatário o seu autor.
Art. 560. O direito de revogar a doação não se transmite aos herdeiros do doador, nem prejudica os do donatário. Mas aqueles podem prosseguir na ação iniciada pelo doador, continuando-a contra os herdeiros do donatário, se este falecer depois de ajuizada a lide.
Art. 561. No caso de homicídio doloso do doador, a ação caberá aos seus herdeiros, exceto se aquele houver perdoado.
Art. 562. A doação onerosa pode ser revogada por inexecução do encargo, se o donatário incorrer em mora. Não havendo prazo para o cumprimento, o doador poderá notificar judicialmente o donatário, assinando-lhe prazo razoável para que cumpra a obrigação assumida.
Art. 563. A revogação por ingratidão não prejudica os direitos adquiridos por terceiros, nem obriga o donatário a restituir os frutos percebidos antes da citação válida; mas sujeita-o a pagar os posteriores, e, quando não possa restituir em espécie as coisas doadas, a indenizá-la pelo meio termo do seu valor.
Art. 564. Não se revogam por ingratidão: I – as doações puramente remuneratórias; II – as oneradas com encargo já cumprido; III – as que se fizerem em cumprimento de obrigação natural; IV – as feitas para determinado casamento".

[117] "*Art. 278. Não obtida a conciliação, oferecerá o réu, na própria audiência, resposta escrita ou oral, acompanhada de documentos e rol de testemunhas e, se requerer perícia, formulará seus quesitos desde logo, podendo indicar assistente técnico. (...)*"

[118] "*Art. 278 (...). § 2º Havendo necessidade de produção de prova oral e não ocorrendo qualquer das hipóteses previstas nos arts. 329 e 330, I e II, será designada audiência de instrução e julgamento para data próxima, não excedente de trinta dias, salvo se houver determinação de perícia".*

3.8 DEMAIS CASOS PREVISTOS EM LEI

O novo art. 275 acrescentou ao inc. II uma alínea **h**, estabelecendo o procedimento sumário "nos demais casos previstos em lei", que no texto anterior constituía a alínea **g** desse mesmo inciso.

Essa é uma verdadeira norma em branco, que complementa o disposto no art. 585, VIII, do Código, que trata como título executivo extrajudicial "*todos os demais títulos, a que, por disposição expressa, a lei atribuir força executiva*".

Também aqui cabe a mesma observação feita por Calmon de Passos, quanto à ressalva constante da parte final da alínea **f**, do inc. II, do art. 275, pois, em todos os demais casos em que a lei prever o procedimento sumário, será esse observado por força da lei mesma, independentemente da previsão constante dessa alínea.

A regra, no entanto, tem sua utilidade se se considerar que diversas ações, não expressamente elencadas no inc. II do art. 275, seguem o procedimento sumário, como se vê da seguinte relação feita por Barbosa Moreira[119]: as retificações de erros de grafia no registro civil de pessoas naturais, nos casos do art. 110, § 3º, da Lei 6.015/73; as ações relativas a danos pessoais causados por veículos e cobertos pelo seguro obrigatório de que trata a Lei 6.194/74, nos termos do respectivo art. 10; ação de acidente do trabalho, conforme o art. 19, II, da Lei 6.367/76; a ação de discriminação de terras devolutas, por força do art. 20 da Lei 6.383/76; a ação de usucapião especial de imóvel rural, de acordo com o art. 5º, *caput*, da Lei 6.969/81; a ação revisional de aluguel, nos termos do art. 68 da Lei 8.245/91. Nessa relação, inclui o jurista a ação de adjudicação compulsória de imóvel, à qual a Lei 6.014/73, no art. 1º, dando nova redação ao art. 16 do Decreto-Lei 58/37, expressamente atribui o rito sumário[120].

A meu ver, a adjudicação compulsória melhor se situa no âmbito do art. 461[121], que trata da ação que tem por objeto o cumprimento de

---

[119] BARBOSA MOREIRA, José Carlos. *Op. cit.*, p. 119.
[120] *Ibidem*.
[121] O art. 1.218, inc. I, dispõe que continuam em vigor, até serem incorporados nas leis especiais, os procedimentos regulados pelo Decreto-Lei 1.608/39 (Código de Processo Civil) concernentes, dentre outros, "ao loteamento e venda de imóveis a prestações" (arts. 345 a 349). Como a Lei 6.014/73, dando nova redação ao *caput* do art. 16 do Decreto-Lei 58/37, determinou que a adjudicação compulsória tomaria o rito sumaríssimo, entendeu-se cumprida a "incorporação" referida pelo art. 1.218 do Código. Com a reforma, algumas das hipóteses anteriormente previstas nas alíneas **f** (eleição de cabecel); **g** (que tiverem por objeto o cumprimento de leis e posturas municipais quanto à

obrigação de fazer, sendo a mais típica dessas obrigações a de quem se compromete a outorgar, e não outorga, a escritura definitiva de um imóvel. A hipótese comporta, inclusive, a tutela específica da obrigação, podendo a vontade do compromitente ser suprida pela própria sentença do juiz.

3.9 AÇÕES RELATIVAS AO ESTADO E À CAPACIDADE DAS PESSOAS – DERROGAÇÃO DO RITO SUMÁRIO

Prescreve o *parágrafo único* do art. 275 que, no particular, não sofreu qualquer alteração, que "*este procedimento não será observado nas ações relativas ao estado e à capacidade das pessoas*".

A inserção dessa regra no contexto deste artigo teve o objetivo de excluir do procedimento sumário tais causas, ainda que o autor lhes atribua valor compatível com esse rito (por exemplo, inferior a sessenta salários mínimos) e o réu não ofereça impugnação. Esta é uma das hipóteses em que o juiz, ausente eventual impugnação ao valor da causa, deve determinar a conversão do rito para especial ou ordinário, dependendo do caso concreto[122].

Realmente, tornou o legislador tais ações, que, pela sua própria natureza, exigem amplo debate, incompatível com o procedimento sumário[123], mas cuidou de consegui-lo, afastando qualquer possibilidade de as partes, em função do valor estimado para a demanda, colimarem tal objetivo; e disse-o expressamente.

Aliás, nem poderia ser de outra forma, se se considerar que, nos termos do art. 92, II, somente o juiz de direito tem competência para processar e julgar tais ações, impedindo sejam julgadas por juízes de categoria inferior, ou juízes não togados – como, por exemplo, os juízes leigos

---

distância entre prédios, plantio de árvores, construção e conservação de tapumes e paredes divisórias; se a hipótese não for caso de nunciação de obra nova); **j** (do proprietário ou inquilino de um prédio para impedir, sob cominação de multa, que o dono ou inquilino do prédio vizinho faça dele uso nocivo à segurança, ao sossego ou à saúde dos que naquele habitam); e **l** (do proprietário do prédio encravado, para lhe ser permitida a passagem pelo prédio vizinho, ou para restabelecimento da "servidão de caminho", perdida por culpa sua), passaram ao âmbito do art. 461. Trata-se de obrigações de fazer, não mais compreendidas no elenco do art. 275, II.

[122] A outra hipótese é a conversão de rito em razão da complexidade da prova técnica.
[123] PACHECO, José Ernani de Carvalho. **Procedimento sumaríssimo**. 5. ed. Curitiba: 1993. p. 59.

dos Juizados Especiais Cíveis (art. 3º, parágrafo único, da Lei 9.099/95) –, e, ainda, por juízes temporários e sem as garantias de vitaliciedade, inamovibilidade e irredutibilidade de vencimentos, assegurando-lhes a via mais ampla do procedimento ordinário[124]. Lembra Wellington Pimentel[125] que também as ações relativas à nacionalidade, ainda que de simples opção de cidadania, escapam ao rito do art. 275.

O que são as ações relativas ao estado e à capacidade das pessoas?

Doutrina Calmon de Passos[126] que os sujeitos ocupam uma posição (jurídica) no meio social, posição essa que a teoria geral denomina de *estado* da pessoa. E esse situar-se do sujeito na sociedade, com vistas à sua qualificação jurídica, é visualizado quer em relação à sociedade política em que ele se situa (o *estado político*), quer em relação ao grupo familiar em que se insere (o *estado familiar*), quer relativamente às suas condições pessoais (o *estado individual*). No estado político, situam-se as condições de nacional e estrangeiro; no familiar, a de cônjuge ou de parente; e no individual, o de homem ou mulher (sexo), menor ou maior (idade), sano ou insano (saúde mental).

Todas as causas que tenham por objeto essas especiais condições do sujeito, são *causas relativas ao estado das pessoas.*

Registra Calmon de Passos[127] que as mais frequentes são as pertinentes ao estado familiar: ação para pedir posse em nome do nascituro, emancipação, levantamento de impedimentos matrimoniais, suprimento de consentimento para casamento, separação judicial, divórcio, anulação ou nulidade de casamento, investigação de paternidade, contestação de maternidade ou paternidade, impugnação de reconhecimento de filho, reclamatória de filho, suspensão ou destituição de pátrio poder, nulidade, anulação, ou revogação de adoção.

O sujeito de direito tem aptidão para desempenhar um papel jurídico na sociedade, e essa aptidão, considerada em abstrato, é o que se denomina de *paternidade*. A personalidade encontra uma medida concreta em face de determinado ordenamento jurídico, fazendo surgir a *capacidade de direito*. Destarte, a capacidade nada mais é do que a medida ou extensão da aptidão que constitui a personalidade[128].

---

[124] PIMENTEL, Wellington Moreira. *Op. cit.*, p. 104.
[125] *Ibidem*.
[126] CALMON DE PASSOS, J. J. *Op. cit.*, p. 116.
[127] *Ibidem*.
[128] *Idem*, p. 114.

A capacidade de direito diz respeito à aquisição do direito, também conhecida como capacidade de gozo.

Outra é a *capacidade de exercício*, que é a aptidão de exercitar os direitos de que são titulares, conhecida também como capacidade de fato.

Quando se está diante de uma especial capacidade de exercício, não em face de todos os direitos do titular, mas de um determinado direito, por força de determinada e particular situação jurídica, emerge a *legitimação*. É a hipótese do ascendente que pode alienar a quem quiser o bem imóvel de que seja proprietário, mas, se quiser aliená-lo a um descendente, deverá obter a aquiescência dos demais descendentes[129]. Do contrário, faltar-lhe-á legitimação.

Portanto, a capacidade compreende tanto a capacidade de adquirir direitos (capacidade de gozo) quanto a capacidade de exercê-los, em termos genéricos (capacidade de exercício), ou em termos específicos (legitimação).

Todas as causas que tenham por objeto a definição da existência ou inexistência dessas formas de capacidade, são *causas relativas à capacidade das pessoas*[130].

Registra Calmon de Passos[131] que, no tocante à capacidade, a mais frequente é a ação de interdição.

Em todas essas hipóteses, se não obedecerem a um rito especial previsto em lei, devem ser processadas pelo rito ordinário, não se lhes aplicando, qualquer que seja o valor estimado, o rito sumário.

---

[129] *Idem*, p. 115.
[130] *Ibidem*.
[131] *Idem*, p. 116.

CAPÍTULO IV

*Sumário: **4.1.** Concentração máxima de atos processuais – Audiência de conciliação. **4.2.** Oralidade – Vantagens da audiência de conciliação. **4.3.** Petição inicial – Requisitos. **4.4.** Ainda os requisitos da petição inicial. **4.5.** Espécies de pedido. **4.6.** Requisitos do mandado de citação.*

4.1 CONCENTRAÇÃO MÁXIMA DE ATOS PROCESSUAIS – AUDIÊNCIA DE CONCILIAÇÃO

Registra Barbosa Moreira[132] que, ao moldar o procedimento sumário, teve o legislador em vista o escopo primordial da celeridade, pelo que simplificou o rito, imprimindo-lhe maior grau de concentração.

Nos termos do art. 277[133], parte inicial, o juiz designará a audiência de conciliação, a ser realizada no prazo de trinta dias; nela terá lugar a tentativa de conciliação das partes; as partes devem comparecer pessoalmente ou representadas por preposto com poderes para transigir;

---

[132] BARBOSA MOREIRA, José Carlos. *Op. cit.*, p. 121.
[133] *"**Art. 277.** O juiz designará a audiência de conciliação a ser realizada no prazo de trinta dias, citando-se o réu com a antecedência mínima de dez dias e sob advertência prevista no § 2º deste artigo, determinando o comparecimento das partes. Sendo ré a Fazenda Pública, os prazos contar-se-ão em dobro. § 1º A conciliação será reduzida a termo e homologada por sentença, podendo o juiz ser auxiliado por conciliador. § 2º Deixando injustificadamente o réu de comparecer à audiência, reputar-se-ão verdadeiros os fatos alegados na petição inicial (art. 319), salvo se o contrário resultar da prova dos autos, proferindo o juiz, desde logo, a sentença. § 3º As partes comparecerão pessoalmente à audiência, podendo fazer-se representar por preposto com poderes para transigir. § 4º O juiz, na audiência, decidirá de plano a impugnação ao valor da causa ou a controvérsia sobre a natureza da demanda, determinando, se for o caso, a conversão do procedimento sumário em ordinário. § 5º A conversão também ocorrerá quando houver necessidade de prova técnica de maior complexidade".*

obtida a conciliação, será homologada por sentença; o réu oferecerá resposta escrita ou oral, acompanhada de documentos, quesitação e indicação de assistente técnico; o juiz decidirá, de plano, a impugnação ao valor da causa, a controvérsia sobre a natureza da demanda e a conversão do procedimento de sumário em ordinário; havendo necessidade de provas, o juiz designará audiência de instrução e julgamento. Embora não o diga, expressamente, a lei, qualquer questão processual, conhecível *ex officio* pelo juiz ou levantada pelo réu, na resposta, deverá ser resolvida nessa oportunidade.

Apesar de denominada "de conciliação", trata-se, na verdade, de uma audiência nos moldes da *audiência preliminar* de que trata o art. 331[134], pois nela se concentra a maior parte dos atos processuais que compõem o procedimento sumário[135], só restando para a segunda audiência a produção da prova oral e técnica, que será, então, a de instrução e julgamento.

Aliás, o conteúdo do art. 277 retrata um rito *em parte* similar ao previsto no art. 331, nos termos do qual o juiz designará audiência de conciliação, a realizar-se no prazo máximo de trinta dias; a essa audiência deverão comparecer as partes ou seus procuradores, habilitados a transigir; obtida a conciliação, será homologada por sentença; o juiz fixará os pontos controvertidos e decidirá as questões processuais; enfim, determinará as provas a serem produzidas.

O que distingue, basicamente, o rito sumário do rito ordinário é que, neste, a defesa é apresentada necessariamente por escrito, no prazo para resposta, enquanto naquele, ela é apresentada por escrito ou oralmente, por ocasião da audiência. No mais, afora a celeridade, característi-

---

[134] "*Art. 331. Se não ocorrer qualquer das hipóteses previstas nas seções precedentes, e versar a causa sobre direitos que admitam transação, o juiz designará audiência preliminar, a realizar-se no prazo de 30 (trinta) dias, para a qual serão as partes intimadas a comparecer, podendo fazer-se representar por procurador ou preposto, com poderes para transigir. § 1º Obtida a conciliação, será reduzida a termo e homologada por sentença. § 2º Se, por qualquer motivo, não for obtida a conciliação, o juiz fixará os pontos controvertidos, decidirá as questões processuais pendentes e determinará as provas a serem produzidas, designando audiência de instrução e julgamento, se necessário. § 3º Se o direito em litígio não admitir transação, ou se as circunstâncias da causa evidenciarem ser improvável sua obtenção, o juiz poderá, desde logo, sanear o processo e ordenar a produção da prova, nos termos do § 2º*".

[135] Registra Athos Gusmão Carneiro que a atividade de saneamento do processo, com a análise dos pressupostos processuais e condições de viabilidade da ação, será *exercida sempre que possível na audiência preliminar, e com a mesma amplitude em que se exerce na fase de saneamento em procedimento ordinário.* CARNEIRO, Athos Gusmão. *Op. cit.*, p. 143.

ca do procedimento sumário, a *concentração* de atos processuais dá a tônica tanto num como noutro procedimento, fazendo da oralidade o princípio neles dominante.

Procedimento análogo ao sumário é adotado igualmente pelos Juizados Especiais, onde tem lugar a proposta de conciliação das partes, apresentação de resposta escrita ou oral do réu, pedido contraposto ao do autor[136], arguição oral de questões sobre o valor da causa e outras cuja decisão possa influir no rito, sendo ambos informados pelos mesmos princípios processuais, notadamente, o da oralidade.

4.2 ORALIDADE – VANTAGENS DA AUDIÊNCIA DE CONCILIAÇÃO

Ao introduzir a audiência preliminar, nos arts. 277 e 331 do Código, a reforma trouxe inovação de grande alcance prático, que imprimirá maior celeridade ao feito, tornando mais rápida a prestação jurisdicional. A maior inovação, porém, se deu no âmbito do procedimento ordinário, porquanto, no antigo sumaríssimo (hoje *sumário*), a tônica sempre foi a oralidade, com propósito concentrante e simplificador.

Ao comentar o art. 331, observa Cândido Dinamarco[137] que essa audiência, enquanto *palco da conciliação*, é um moderno instrumento de diálogo entre o juiz e as partes, na tentativa de eliminação dos conflitos, no que tem razão, porquanto a sua ausência fazia do processo um repositório de petições ou requerimentos, jazendo na penumbra os verdadeiros motivos do litígio, que uma simples folha de papel não aceita.

A morosidade do procedimento judicial, que é uma das determinantes (não a única) da lentidão da justiça, tem criado tal desconfiança nos pretórios, que faz com que os ordenamentos jurídicos prestigiem, cada vez mais, técnicas expeditas de composição dos conflitos, na forma sumária.

Três vantagens seriam bastante para demonstrar o acerto dessa orientação: **a)** prestigia-se a conciliação das partes, apaziguando o espírito dos contendores, e criando condições para a autocomposição; **b)** concentram-se, num único momento, a conciliação e o saneamento do pro-

---

[136] A Lei 9.099/95 proíbe expressamente a reconvenção, mas dispõe ser lícito ao réu, na contestação, formular pedido em seu favor, nos limites do art. 3º desta Lei, desde que fundado nos mesmos fatos que constituem objeto da demanda.

[137] DINAMARCO, Cândido Rangel. **A reforma do Código de Processo Civil**. São Paulo: Malheiros, 1995. p. 114-115.

cesso, dando às partes a oportunidade de suscitar questões, resolvendo-as desde logo; **c**) a instrução ganha corpo, na medida em que só se realizarão os atos estritamente necessários ao deslinde da controvérsia.

Observa Barbosa Moreira[138] que, no procedimento sumário, atenua-se a nitidez da divisão em fases: parte da atividade postulatória (defesa do réu) realiza-se no mesmo ato (audiência) em que já se pode chegar à decisão da causa (art. 281)[139], e não se depara uma fase de instrução clara e diferenciada.

4.3 PETIÇÃO INICIAL – REQUISITOS

O antigo art. 276 estabelecia que o autor deveria expor os fatos e os fundamentos jurídicos, o pedido e a indicação das provas, oferecendo desde logo o rol de testemunhas e documentos.

Nos termos do novo art. 276, na petição inicial, o autor apresentará o rol de testemunhas e, se requerer perícia, formulará quesitos, podendo indicar assistente técnico; o que não significa que não deva expor também os fatos e os fundamentos jurídicos do pedido e o pedido com as suas especificações (art. 282, III e IV)[140], além dos elencados nos demais incisos do art. 282[141] (I, II, V e VII)[142].

Na verdade, o conteúdo da petição inicial sobre o procedimento ordinário já vem disposto no art. 282, pelo que não havia necessidade de repeti-los no art. 276[143], senão naquilo que era *específico* do procedimento sumário, qual seja, a apresentação, desde logo, do rol de testemunhas, quesitação e indicação de assistente técnico. Como o art. 283 já

---

[138] BARBOSA MOREIRA, José Carlos. *Op. cit.*, p. 121.
[139] "*Art. 281. Findos a instrução e os debates orais, o juiz proferirá sentença na própria audiência ou no prazo de dez dias*".
[140] "*Art. 282. A petição inicial indicará: (...) III – o fato e os fundamentos jurídicos do pedido; IV – o pedido, com as suas especificações; (...)*".
[141] No mesmo sentido, Barbosa Moreira, para quem a inicial deve satisfazer os requisitos dos arts. 282 e 283, sendo indispensável, além da exposição dos fatos e dos fundamentos jurídicos do pedido, a formulação do pedido e a indicação de provas, também os nomes e a qualificação das partes, a indicação do valor da causa e o requerimento de citação do réu. BARBOSA MOREIRA, José Carlos. *Op. cit.*, p. 122.
[142] "*Art. 282. A petição inicial indicará: I – o juiz ou tribunal, a que é dirigida; II – os nomes, prenomes, estado civil, profissão, domicílio e residência do autor e do réu; (...) V – o valor da causa; (...) VII – o requerimento para a citação do réu*".
[143] "*Art. 276. Na petição inicial, o autor apresentará o rol de testemunhas e, se requerer perícia, formulará quesitos, podendo indicar assistente técnico*".

dispõe também que a petição inicial será instruída com os documentos indispensáveis à propositura da ação, não era necessário dizer, como dizia o antigo art. 276, que devia vir acompanhada de documentos.

Aplica-se igualmente ao processo sumário o disposto no art. 284, de modo que se o juiz verificar que a petição inicial não preenche os requisitos dos arts. 282 e 283, ou que apresenta defeitos e irregularidades capazes de dificultar a resolução de mérito, determinará que o autor a emende ou a complete, no prazo de dez dias. Se o autor não cumprir a diligência, o juiz indeferirá a petição inicial (art. 284, parágrafo único).

4.4 AINDA OS REQUISITOS DA PETIÇÃO INICIAL

Nos termos do art. 276 combinado com o art. 282, aplicável ao procedimento sumário, a petição inicial indicará: I – o juiz, a que é dirigida; II – os nomes, prenomes, estado civil, profissão e residência do autor e do réu; III – o fato e os fundamentos jurídicos do pedido; IV – o pedido, com as suas especificações; V – o valor da causa; VI – o rol de testemunhas, e, se requerer perícia, a quesitação e indicação de assistente técnico, se for o caso; VII – o requerimento para a citação do réu.

Os requisitos dos incs. I e II do art. 282 objetivam identificar os sujeitos processuais, ou seja, o juiz e as partes. Todo pedido formulado em juízo deve indicar o órgão jurisdicional a que se dirige, a pessoa de quem pede e em face de quem é pedido; além, evidentemente, do seu conteúdo.

O juiz é o titular da jurisdição, investido do poder de resolver a lide e dotado de competência para fazê-lo. A competência é a "medida da jurisdição"[144].

As partes[145] são aquele que pede em juízo a tutela para a sua pretensão (o autor) e aquele em face de quem essa tutela é pedida (o réu), embora, num mesmo processo, possam litigar mais de um autor contra mais de um réu, dando lugar à formação de um litisconsórcio.

---

[144] Atribui-se costumeiramente a Mortara esta definição, mas o próprio Mortara a atribui a Pisanelli, nesta passagem: "(...) *nella relazione Pisanelli si legge, quasi a dimostrare la correlazione dei due nomi, non essere la competenza che la misura della giurisdizione*" (...) no relatório Pisanelli se lê, quase a demonstrar a correlação dos dois nomes, não ser a competência senão a medida da jurisdição. MORTARA, Ludovico. **Manuale della procedura civile**. 8. ed. Torino: Torinese, 1915. p. 106.

[145] Parte é aquele que pede em seu próprio nome, ou em cujo nome é pedida a atuação de uma vontade de lei, e aquele em face de quem essa atuação é pedida (Chiovenda).

Também o réu pode pedir a tutela para o seu direito, em *pedido contraposto*, quando formula pedido em seu favor, fundado nos mesmos fatos referidos na inicial, como admite o procedimento sumário (art. 278, § 1º)[146], caso em que, no fundo, tem-se uma verdadeira *endorreconvenção*.

Se houver litisconsórcio, a petição inicial deve identificar todos os autores (se ativo) e/ou todos os réus (se passivo) e/ou uns e outros (se misto), não bastando a simples menção a "José da Silva e outros, conforme instrumentos procuratórios adunados à inicial", prática muito constante no foro; se bem, que a jurisprudência tem tolerado essa forma atípica de identificar as partes, mormente quando elevado o número de litisconsortes.

Na petição inicial, deve o autor expor de forma clara *o fato*, ou seja, a causa remota do pedido, como também os *fundamentos jurídicos* que o embasam, ou seja, a *causa próxima* do pedido, já que adotou o nosso ordenamento jurídico a teoria da substanciação (dos Códigos de Processo Civil alemão e austríaco), em oposição à teoria da individuação. De acordo com a primeira, devem ser expostas as causas próxima e remota; de acordo com a segunda, basta a exposição da causa próxima[147]. Nos fundamentos jurídicos do pedido está a causa de pedir (*causa petendi*).

Numa ação de ressarcimento por danos causados por acidente de veículo de via terrestre (art. 275, II, **d**), deve o autor expor o fato (causa remota), isto é, o acidente provocado pelo réu, e os fundamentos jurídicos[148] do pedido (causa próxima), isto é, dano causado ao autor, por não ter o réu conduzido-o ileso ao seu destino.

Deve o autor formular também o pedido com as suas especificações.

O pedido (*petitum*) é aquilo que se pede em juízo e que constitui o núcleo da pretensão. No pedido *lato sensu*, identificam-se: **a**) um pedido imediato; e **b**) um pedido mediato.

Pedido imediato é aquilo que, imediatamente, se pede, consistente numa providência jurisdicional (de conhecimento, de execução, cautelar), capaz de satisfazer a pretensão. Pedido mediato é o bem da vida

---

[146] "*Art. 278. (...). § 1º É lícito ao réu, na contestação, formular pedido em seu favor, desde que fundado nos mesmos fatos referidos na inicial. (...)*".

[147] CARREIRA ALVIM. J. E. **Elementos de teoria geral do processo**. 4. ed. Rio de Janeiro: Forense, 1995. p. 164.

[148] Não confundir "fundamento jurídico" do pedido com a indicação de preceito legal (artigo de lei) que ampara a pretensão; aquele deve ser declinado pelo autor, sob pena de inépcia da petição inicial; este é do conhecimento do juiz (*Iura novit curia*).

(material ou imaterial, econômico ou moral) que se pretende ver tutelado pela providência jurisdicional[149].

Assim, numa ação de ressarcimento por danos causados por acidente de veículo de via terrestre (art. 275, II, **d**), deve o autor pedir a condenação do réu (pedido imediato) a ressarcir-lhe os prejuízos x (pedido mediato).

A estimação do valor da causa tem especial relevância, enquanto requisito da petição inicial, pois dele depende a determinação do rito (sumário ou ordinário).

4.5   ESPÉCIES DE PEDIDO

Prescreve o art. 286, aplicável ao procedimento sumário, que "o pedido deve ser certo e determinado". A certeza e a determinação devem ser tanto do pedido imediato quanto do pedido mediato.

Ensina Calmon de Passos[150] que, nas ações declaratórias, precisando-se que o objeto imediato é a simples declaração – que basta para assegurar o bem da vida pretendido –, tem-se igualmente por certo e determinado o pedido mediato. Nas ações constitutivas, deve-se deixar expresso que se pretende a criação, modificação ou extinção de uma relação ou situação jurídica, ou de um estado, precisando-se também o bem da vida perseguido: o divórcio, a anulação do contrato etc. Nas ações condenatórias, deve-se expressar que se pretende uma prestação do réu, consistente numa obrigação de dar, fazer ou não fazer, tornando também certo e determinado o bem da vida que lhe forma o conteúdo: uma quantia em dinheiro, um bem imóvel determinado, a construção de uma casa especificada.

Se o pedido não atende a esses requisitos, deve o juiz determinar que o autor emende ou complete a petição inicial, em dez dias, por apresentar defeito capaz de dificultar (ou impossibilitar) a resolução do mérito (art. 284); se o autor não cumprir a diligência, o juiz indeferirá a petição inicial (art. 284, parágrafo único).

Excepcionalmente, admite o Código possa constituir objeto da ação pedido *genérico*, como tal entendido o pedido relativamente inde-

---

[149] Objeto imediato do pedido é a providência jurisdicional solicitada (exemplo: a condenação do réu); objeto mediato é o bem que o autor pretende conseguir por meio dessa providência (exemplo: ao pagamento da importância de "x"). O objeto imediato (de um pedido) é sempre único e determinado; não sendo assim o mediato.

[150] CALMON DE PASSOS, J. J. *Op. cit.*, p. 157.

terminado. Pedido relativamente indeterminado é aquele indeterminado quanto ao objeto imediato, mas determinado quanto ao objeto mediato. Em outros termos, o pedido deve ser certo *na debeatur*, podendo ser incerto *quantum debeatur*. O que é devido, doutrina Calmon de Passos[151], não pode ser indeterminado – estaríamos diante de pedido incerto –, mas, o *quantum* devido, pode não ser desde logo determinado, embora determinável. A esta modalidade, o Código chama de pedido genérico.

É lícito formular pedido genérico, nas seguintes hipóteses (art. 286):

I – nas ações universais[152], quando não puder o autor individuar na petição os bens demandados (ex.: petição de herança, quando não se conhece o montante dos bens);

II – quando impossível determinar, de modo definitivo, as consequências do ato ou do fato ilícito (ex.: acidente de trânsito, quando não se conhece a extensão dos danos);

III – quando a determinação do valor da condenação depender de ato que deva ser praticado pelo réu (exemplo: prestação de contas propostas por quem tenha direito de exigi-las).

4.6 REQUISITOS DO MANDADO DE CITAÇÃO

Determina o art. 277 que, designada a audiência de conciliação, procede-se à citação do réu, com a antecedência mínima de dez dias da data marcada para a sua realização[153], devendo constar do mandado a advertência expressa de que, deixando injustificadamente de comparecer,

---

[151] CALMON DE PASSOS, J. J. *Op. cit.*, p. 157-158.

[152] O Código Civil distingue a universalidade de fato e a universalidade de direito como espécies de bens coletivos. Universalidade de fato é a pluralidade de bens singulares que, pertinentes à mesma pessoa, têm destinação unitária. Já a universalidade de direito é o complexo de relações jurídicas de uma pessoa, dotadas de valor econômico. O patrimônio constitui a universalidade de direito por excelência. Universalidade de fato é um rebanho, os livros de uma biblioteca, uma coleção de quadros etc. CALMON DE PASSOS. *Op. cit.*, p. 158.

[153] "*Art. 241. Começa a correr o prazo: I – quando a citação ou intimação for pelo correio, da data de juntada aos autos do aviso de recebimento; II – quando a citação ou intimação for por oficial de justiça, da data de juntada aos autos do mandado cumprido; III – quando houver vários réus, da data de juntada aos autos do último aviso de recebimento ou mandado citatório cumprido; IV – quando o ato se realizar em cumprimento de carta de ordem, precatória ou rogatória, da data de sua juntada aos autos devidamente cumprida; V – quando a citação for por edital, finda a dilação assinada pelo juiz*".

reputar-se-ão verdadeiros os fatos alegados na petição inicial (art. 319), salvo se o contrário resultar da prova dos autos (art. 277, § 2º)[154].

Exige o art. 285 conste do mandado que, não sendo contestada a ação se presumirão aceitos pelo réu, como verdadeiros, os fatos *articulados* pelo autor. Esse vocábulo "articulados" não tem sentido algum no nosso direito, em que a petição inicial, a defesa e demais atos do processo são deduzidos de forma *expositiva*[155] e não através de *"articulação"*[156].

Tem-no, porém, para o direito português, onde *"os articulados são peças em que as partes expõem os fundamentos da ação e da defesa e formulam os pedidos correspondentes"* (artigo 151º, n. 1). No direito processual luso, *"quer nas ações, quer nos seus incidentes, quer nos procedimentos cautelares, é obrigatória a **dedução por artigos** dos fatos suscetíveis de serem levados à especificação ou ao questionário"* (artigo 151º, n. 2). Mais consentâneas com a técnica do Código brasileiro são os vocábulos "alegados", "afirmados", "deduzidos" etc.

Apesar da omissão legal, a advertência do art. 277, § 2º, deve constar igualmente do edital e da cópia da petição inicial[157] que serve de citação (Calmon de Passos)[158], quando realizada por via postal.

Em doutrina, Calmon de Passos[159] sustenta que a eventual omissão dessa providência importa nulidade da citação, mas admite seja sanada pelo comparecimento do réu, inclusive se apresentou defesa, ainda que parcial. Trata-se, portanto, de nulidade relativa.

Na jurisprudência, a matéria não tem recebido solução uniforme, entendendo-se ora que a omissão dessa advertência importa em nulidade (*RT* 473/191, 481/133, 482/168, 486/108; *RP* 4/379)[160], ora que não importa, apenas não se aplicando a presunção de veracidade (*RT* 496/119,

---

[154] "*Art. 277. (...). § 2º Deixando injustificadamente o réu de comparecer à audiência, reputar-se-ão verdadeiros os fatos alegados na petição inicial (art. 319), salvo se o contrário resultar da prova dos autos, proferindo o juiz, desde logo, a sentença. (...)*".

[155] Nada impede o seja, também, de forma versificada, como tem acontecido vez ou outra, com a tolerância dos pretórios.

[156] Os articulados, antes que uma técnica, é uma verdadeira arte, sendo os fatos e o direito expostos em parágrafos distintos e interligados através de conjunções, preposições, advérbios, além da pontuação normal a todo escrito. Nada tem a ver com artigos de lei, como se poderia supor.

[157] Não é necessário conste do próprio corpo da inicial, bastando seja feita no verso da mesma ou em papel à parte, quando feita por via postal.

[158] CALMON DE PASSOS. *Op. cit.*, p. 153.

[159] *Idem*, p. 154-155.

[160] NEGRÃO, Theotonio. *Op. cit.*, nota 3a ao art. 285, p. 270.

537/128)[161]. Mais pragmático foi o Supremo Tribunal Federal, assentando que o defeito é inócuo quando o citando é o Estado, representado por procurador, que não ignora esse efeito da revelia, consignado no art. 319 do Código (*RTJ* 97/869)[162]. Essa exegese pode ser estendida também a qualquer pessoa de direito público.

---

[161] O Superior Tribunal de Justiça decidiu que: "*A omissão, no mandado citatório, da advertência prevista no art. 225, II, do CPC, não torna nula a própria citação, efetuada na pessoa dos citandos com a aposição do ciente e entrega de contrafé, mas sim apenas impede que se produza o efeito, previsto no art. 285, de que no caso de revelia se presumem aceitos pelo réu, como verdadeiros, os fatos articulados pelo autor*" (REsp. 10.137-MG).

[162] TEIXEIRA, Sálvio de Figueiredo. *Op. cit.*, p. 134.

CAPÍTULO V

Sumário: 5.1. Audiência de conciliação – Prazo de comparecimento. **5.2.** Ação contra a Fazenda Pública – Prazo em dobro para defesa. **5.3.** Ainda a audiência de conciliação – Citação e intimação.

5.1 AUDIÊNCIA DE CONCILIAÇÃO – PRAZO DE COMPARECIMENTO

No procedimento sumário, o réu é citado, não para responder em determinado prazo à pretensão do autor, como sucede no ordinário, mas para *comparecer* à audiência de conciliação[163], sendo que da sua ausência injustificada podem resultar importantes consequências processuais, com inevitáveis repercussões na pretensão de índole material, dentre elas a revelia.

Ensina Calmon de Passos[164] que a citação, no procedimento sumário, só se considera feita, para fins de contagem do prazo para defesa (e prazo para defesa são os dez dias exigidos no art. 277, *caput*)[165], atendidas as regras do art. 241[166], vale dizer: somente depois de juntado aos

---

[163] BARBOSA MOREIRA, José Carlos. *Op. cit.*, p. 124.
[164] CALMON DE PASSOS, J. J. *Op. cit.*, p. 121. No texto, o art. 241 do Código está com a nova redação dada pela Lei 8.710/93.
[165] *"Art. 277. O juiz designará a audiência de conciliação a ser realizada no prazo de trinta dias, citando-se o réu com a antecedência mínima de dez dias e sob advertência prevista no § 2º deste artigo, determinando o comparecimento das partes. Sendo ré a Fazenda Pública, os prazos contar-se-ão em dobro. (...)"*.
[166] *"Art. 241. Começa a correr o prazo: I – quando a citação ou intimação for pelo correio, da data de juntada aos autos do aviso de recebimento; II – quando a citação ou intimação for por oficial de justiça, da data de juntada aos autos do mandado cumprido; III – quando houver vários réus, da data de juntada aos autos do último aviso de recebimento ou mandado citatório cumprido; IV – quando o ato se realizar em cumprimento de carta de ordem, precatória ou rogatória, da data de sua juntada*

autos o aviso de recebimento (art. 241, I); ou o mandado cumprido (art. 241, II); ou o último aviso de recebimento ou mandado cumprido, se houver vários réus (art. 241, III); ou a carta de ordem, precatória (art. 241, IV); ou depois de finda a dilação assinada pelo juiz, para a citação edital (art. 241, V), é que terá início o curso do prazo mínimo de dez dias para a realização da audiência.

Também para Barbosa Moreira[167], fixa-se o termo inicial desse prazo segundo as regras atinentes ao *dies a quo* do prazo para responder no procedimento ordinário (art. 241, I a V, combinado com o art. 240[168]).

Outro não é o entendimento de Sálvio de Figueiredo Teixeira, para quem o prazo de dez dias somente se conta após a juntada do mandado ou da precatória aos autos[169].

Esse entendimento tinha algum respaldo em sede pretoriana, entendendo-se que o prazo mínimo de dez dias, para a realização da audiência, devia ser contado a partir da *juntada* aos autos do mandado de citação devidamente cumprido, consoante a previsão do inc. II, do art. 241[170].

No entanto, a jurisprudência majoritária pendia no sentido contrário, contando o prazo a partir da citação, e não da juntada do mandado de citação aos autos[171], nem da juntada da precatória devidamente cumprida[172].

Essa orientação tinha sentido, em face da distinta finalidade da juntada do mandado no procedimento ordinário e no (antigo) sumaríssimo. Naquele, *antes* da juntada, a parte não tem vista dos autos fora do cartório para oferecimento da defesa; neste, a parte prescindia de vista dos autos, porquanto a defesa era oferecida na audiência, inclusive de forma oral, bastando-lhe tenha tempo suficiente para tanto.

A meu ver, havia outro motivo a aconselhar essa exegese: no procedimento ordinário, a falta da juntada (até por eventual falha do ser-

---

aos autos devidamente cumprida; V – quando a citação for por edital, finda a dilação assinada pelo juiz".

[167] BARBOSA MOREIRA. *Op. cit.*, p. 127.
[168] "*Art. 240. Salvo disposição em contrário, os prazos para as partes, para a Fazenda Pública e para o Ministério Público contar-se-ão da intimação.* **Parágrafo único.** *As intimações consideram-se realizadas no primeiro dia útil seguinte, se tiverem ocorrido em dia em que não tenha havido expediente forense*".
[169] TEIXEIRA, Sálvio de Figueiredo. **Código de Processo Civil anotado**. 4. ed. São Paulo: Saraiva, 1992. p. 173.
[170] REsp. 33.108-4-RJ.
[171] *RSTJ* 28/574; *RT* 491/80, 608/119, *JTA* 91/25, 91/50, 94/131, 109/110.
[172] *RT* 473/191, 613/278.

viço judiciário) beneficiava o réu, que tinha, assim, dilatado o prazo para resposta; no (antigo) procedimento sumaríssimo, em que a audiência era designada *initio litis*, a falta da juntada determinaria o seu adiamento, sem aparente vantagem para o réu, além daquela de retardar a solução da lide.

Daí, não ter utilidade fazer coincidir o termo *a quo* do prazo legal com a data da *juntada* do mandado, se, entre a data da *citação* e da *audiência* de conciliação, tivesse havido lapso superior a dez dias.

No entanto, a reforma optou justamente pela orientação doutrinária (Sálvio de Figueiredo Teixeira, Barbosa Moreira e Calmon de Passos), tanto que suprimiu da lei (antigo art. 278) a disposição alusiva à contagem do prazo a partir "da citação", prevendo simplesmente, no art. 277, que o réu será citado para a audiência. A partir de então, o termo *a quo* deve obedecer ao disposto no art. 241.

Se descumprido o prazo, e a audiência, ainda assim, for realizada, é, em princípio, nula, mas, se o réu comparecer e se defender sem nada alegar, *tollitur quaestio*; é como se não tivesse havido o vício[173], sendo a nulidade, no caso, relativa (*RT* 481/88)[174], do tipo não cominada. Se comparecer e alegar a nulidade, sendo acolhida, nova data será designada com a observância do interstício legal. Se rejeitada, deve o réu interpor oralmente agravo retido art. 523, § 3º[175], evitando a preclusão.

Registra Barbosa Moreira[176] que, se for imputável *exclusivamente* ao réu o retardamento da citação, sem o qual ficaria preservado o prazo, será válida a audiência, apesar de menor o intervalo: assim, por exemplo, se o decêndio ficou prejudicado em parte apenas porque a ocultação maliciosa do citando tornou necessário o recurso ao expediente da marcação de hora certa (arts. 227 e 228)[177].

---

[173] "*Art. 244. Quando a lei prescrever determinada forma, sem cominação de nulidade, o juiz considerará válido o ato se, realizado de outro, lhe alcançar a finalidade*".

[174] Existem precedentes jurisprudenciais entendendo que, se não tiver havido a antecedência mínima estabelecida em lei, deve o juiz, de ofício, decretar a nulidade do processo (*JTA* 62/219); e que é nulo o processo, se não houver a antecedência mínima de dez dias (REsp. 24.117-4-RJ).

[175] "*Art. 523. (...) § 3º Das decisões interlocutórias proferidas na audiência de instrução e julgamento caberá agravo na forma retida, devendo ser interposto oral e imediatamente, bem como constar do respectivo termo (art. 457), nele expostas sucintamente as razões do agravante*".

[176] BARBOSA MOREIRA, José Carlos. *Op. cit.*, p. 127.

[177] "*Art. 227. Quando, por três vezes, o oficial de justiça houver procurado o réu em seu domicílio ou residência, sem o encontrar, deverá, havendo suspeita de ocultação, intimar a qualquer pessoa da família, ou em sua falta a qualquer vizinho, que, no dia*

5.2 AÇÃO CONTRA A FAZENDA PÚBLICA – PRAZO EM DOBRO PARA DEFESA

No procedimento ordinário, o prazo para a defesa da Fazenda Pública é contado em quádruplo (art. 188)[178]; no procedimento sumário o prazo para esse fim é contado em dobro (art. 277, *caput*, última parte)[179].

Ajustou-se a reforma, acanhadamente, à realidade dos fatos, pois, na era da informática, não tem mais sentido os privilégios reconhecidos à Fazenda Pública, ao largo da *democratização* do processo[180]. Em que pese haver sido reduzido de quarenta para vinte dias, subsiste o privilégio, embora minimizado.

Na expressão Fazenda Pública (Federal, Estadual e Municipal) compreendem-se as autarquias e fundações públicas.

Em sede sumária, entre a data da juntada aos autos do mandado de citação e a data designada para a realização da audiência de conciliação, deve mediar dez dias, mas se for ré a Fazenda Pública, eleva-se para vinte dias, pena de nulidade relativa e dependente de invocação da parte.

5.3 AINDA A AUDIÊNCIA DE CONCILIAÇÃO – CITAÇÃO E INTIMAÇÃO

No procedimento sumário, haverá uma primeira audiência, que será a de conciliação (art. 277) e, *havendo prova oral* ou *técnica* a ser produzida, uma segunda, que será de instrução e julgamento (art. 278, § 2º)[181]. Para a primeira, o réu é *citado* para comparecer e o autor, *intima-*

---

imediato, voltará, a fim de efetuar a citação, na hora que designar". "Art. 228. No dia e hora designados, o oficial de justiça, independentemente de novo despacho, comparecerá ao domicílio ou residência do citando, a fim de realizar a diligência".

[178] *"Art. 188. Computar-se-á em quádruplo o prazo para contestar e em dobro para recorrer quando a parte for a Fazenda Pública ou o Ministério Público".*

[179] *"Art. 277. O juiz designará a audiência de conciliação a ser realizada no prazo de trinta dias, citando-se o réu com a antecedência mínima de dez dias e sob advertência prevista no § 2º deste artigo, determinando o comparecimento das partes. Sendo ré a Fazenda Pública, os prazos contar-se-ão em dobro. (...)".*

[180] O princípio da democratização do processo impõe reconhecer às partes idênticas oportunidades, inclusive quanto aos prazos de defesa, e, em geral, para falar nos autos.

[181] *"Art. 278. (...). § 2º Havendo necessidade de produção de prova oral e não ocorrendo qualquer das hipóteses previstas nos arts. 329 e 330, I e II, será designada audiência*

do para o mesmo fim; para a segunda, ambas as partes são, simplesmente, *intimadas* da data da audiência.

Essa distinção se faz necessária, porquanto, na citação, o prazo para contestar ou responder (ou, no caso do rito sumário, comparecer) começa a correr, para todos, da mesma data; não, porém, na intimação, em que o início de prazo pode em tese ser diferente para cada interessado, quando os mandados derem entrada no cartório em dias diferentes (*RP* 26/279)[182].

---

de instrução e julgamento para data próxima, não excedente de trinta dias, salvo se houver determinação de perícia. (...)".

[182] NEGRÃO, Theotonio. *Op. cit.*, nota 5 ao art. 241, p. 224.

CAPÍTULO VI

*Sumário: **6.1.** Conciliador – Natureza jurídica. **6.2.** Revelia – Consequências. **6.3.** Delegado da parte – Preposto.*

6.1 CONCILIADOR – NATUREZA JURÍDICA

O § 1° do art. 277[183] faculta ao juiz o auxílio de um "conciliador", figura até então conhecida apenas nos Juizados Especiais Cíveis[184], onde é considerado um *auxiliar da justiça*, para atuar na conciliação das partes, e recrutado preferentemente dentre bacharéis em direito, na forma da lei local.

O Código, no entanto, não traçou o *perfil* desse auxiliar, nem disse se será leigo ou também um bacharel em direito, o que deverá ser feito pela lei de organização judiciária.

O conciliador, dada a função que exerce no processo, ou por ocasião deste, deve ser uma pessoa dotada do *poder de persuasão*, qualidade que não é, necessariamente, inerente ao bacharel em direito. Aliás, é preferível que não o seja, porque poderá, dada a sua formação profissional, atuar, inconscientemente, como um verdadeiro juiz *do fato* – buscando fazer a justiça legal –, em vez de juiz *de fato*, simplesmente conciliando as partes. A meu ver, nem sempre a melhor justiça é a feita pelo juiz togado e, muito menos, pelo bacharel em direito.

Além do poder de persuasão, deve o conciliador ser uma pessoa de nível social e cultural *equivalente* ao das partes, o que facilita a tarefa conciliatória.

---

[183] *"Art. 277. (...). § 1° A conciliação será reduzida a termo e homologada por sentença, podendo o juiz ser auxiliado por conciliador. (...)".*

[184] *"Art. 7°. Os conciliadores e juízes leigos são auxiliares da justiça, recrutados, os primeiros, preferencialmente, entre os bacharéis em Direito, e os segundos, entre advogados com mais de cinco anos de experiência (Lei 9.099/95)".*

Enquanto não vier a ser criada a figura do conciliador, a conciliação deve continuar a ser tentada pelo juiz, que não pode delegá-la a serventuário da justiça.

Obtida a conciliação, será reduzida a termo e homologada por sentença, com resolução do mérito – art. 269, III[185] (art. 277, § 1º)[186].

6.2 REVELIA – CONSEQUÊNCIAS

Dispõe o § 2º do art. 277 que:

> *Deixando injustificadamente o réu de comparecer à audiência, reputar-se-ão verdadeiros os fatos alegados na petição inicial (art. 319), salvo se o contrário resultar da prova dos autos, proferindo o juiz, desde logo, a sentença.*

Esse preceito cuida da ausência do réu no procedimento sumário e, na *substância*, diferencia-se daquela que se verifica no ordinário, pelo que não tem sentido a referência ao art. 319, ao qual se reporta.

Nos termos do art. 319, *se o réu não contestar* a ação, reputar-se-ão verdadeiros os fatos afirmados pelo autor; nos termos do § 2º do art. 277, *deixando injustificadamente de comparecer à audiência*, reputar-se-ão verdadeiros os fatos alegados na petição inicial. No primeiro caso, a confissão resulta da *ausência de contestação*; no segundo, da *falta de comparecimento*[187], situações, portanto, distintas, mas que a lei equiparou[188].

A *presunção de veracidade*, tal como resulta do art. 277, § 2º c.c. art. 319[189], encontra similar no CPC português, que prevê que se o réu não contestar, consideram-se confessados os fatos articulados pelo

---

[185] "*Art. 269. Haverá resolução de mérito: (...) III – quando as partes transigirem; (...)*".

[186] "*Art. 277. (...). § 1º A conciliação será reduzida a termo e homologada por sentença, podendo o juiz ser auxiliado por conciliador. (...)*".

[187] A fonte desse preceito foi o art. 844 da CLT, onde o *não comparecimento* do reclamado importa revelia, além de confissão quanto à matéria de fato.

[188] No mesmo sentido, Athos Gusmão Carneiro, para quem, no rito ordinário, não sendo contestada a ação, presumir-se-ão aceitos pelo réu, como verdadeiros, os fatos articulados pelo autor; no rito sumário, a presunção decorrerá do não comparecimento injustificado do réu à audiência prefacial, mesmo que seu advogado compareça e conteste. CARNEIRO, Athos Gusmão. *Op. cit.*, p. 139.

[189] "*Art. 319. Se o réu não contestar a ação, reputar-se-ão verdadeiros os fatos afirmados pelo autor*".

autor (artigo 484°, n. 1)[190]. No direito italiano, inexiste semelhante consequência, não derivando da revelia (que lá se denomina *contumácia*[191] do *réu*) a admissibilidade dos fatos alegados pelo autor; verificada a revelia, o processo segue o curso normal, apenas modificado o rito quanto às notificações e intimações[192].

Como é de corrente doutrina, a *revelia* é a contumácia do réu, que deixa de oferecer contestação à pretensão do autor; pode até comparecer, mas, se não se defende, será revel para todos os efeitos legais.

Portanto, revelia não é sanção imposta ao réu, mas mera *derivação* do estado de contumácia, resultante do fato de não haver se defendido no momento oportuno. Daí, se a parte não comparece, mas comparece o advogado com a defesa, não deixará de haver *confissão*, só afastada por prova robusta em contrário. Assim, se o advogado junta com a defesa a prova contrária (por ex. o recibo de pagamento).

Da mesma forma, a *confissão*, não é pena, mas produto da ausência de quem, devendo comparecer, fez-se omisso; em outros termos, é decorrência pura e simples do não comparecimento para conciliação ou para prestar depoimento pessoal.

A única alternativa que se abre ao réu é fazer-se representar por preposto, com poderes para transigir; do contrário, será confesso quanto aos fatos alegados na petição inicial.

A ressalva constante do texto "salvo se o contrário resultar da prova dos autos", observa Athos Gusmão Carneiro, atende a recomendações da melhor doutrina e jurisprudência (REsp. 14.987)[193]. É possível, com efeito, que os documentos apresentados pelo próprio demandante, ou ainda a notoriedade de *outros* fatos ou a presunção legal de sua

---

[190] "*Artigo 484°. (Efeitos da revelia) 1. Se o réu não contestar, tendo sido ou devendo considerar-se citado regularmente na sua própria pessoa ou tendo juntado procuração a mandatário judicial no prazo da contestação, consideram-se confessados os fatos articulados pelo autor*".

[191] No c.p.c. italiano, a contumácia é a situação de inatividade unilateral no âmbito do princípio da disponibilidade da tutela, que deriva da falta de exercício do poder-ônus de constituição (da situação) de parte, e que é declarada após a prévia verificação dos seus pressupostos. Alcança ambas as partes: autor e réu. MANDRIOLI, Crisanto. **Corso di diritto processuale civile**. Torino: G. Giappichelli, 1993. p. 271.

[192] CALMON DE PASSOS, J. J. *Op. cit.*, p. 338.

[193] "*A falta de contestação conduz a que se tenham como verdadeiros os fatos alegados pelo autor. Não, entretanto, a que necessariamente deva ser julgada procedente a ação. Isso pode não ocorrer, seja em virtude de os fatos não conduzirem às consequências jurídicas pretendidas, seja por evidenciar-se existir algum fato, não cogitado na inicial, a obstar que aquelas se verifiquem*". REsp. 14.987-CE – NEGRÃO, Theotonio, *apud* CARNEIRO, Athos Gusmão. *Op. cit.*, p. 139.

existência e veracidade (CPC, art. 334, I e IV)[194], venham a destruir total ou parcialmente a presunção "relativa" de ocorrência daqueles fatos postos como fundamento do pedido inicial[195]. E arremata:

> *É possível que os fatos que o autor alegou na inicial, como fundamento do seu pedido, sejam contrariados pela 'prova dos autos'. É possível, outrossim, que de tais fatos não decorram as consequências jurídicas pretendidas pelo demandante*[196].

6.3 DELEGADO DA PARTE – PREPOSTO

Tendo a audiência por finalidade primordial a tentativa de conciliação das partes, devem estas comparecer *pessoalmente* podendo, no entanto, fazer-se representar por *preposto* com poderes para transigir (art. 277, § 3º).

Procurou-se contornar, dessa forma, as dificuldades de comparecimento dos representantes legais das grandes empresas ou do Poder Público, não sendo infensa à representação por preposto também a pessoa física[197].

Esse "preposto" não precisa ser, necessariamente, um advogado, podendo ser *qualquer pessoa* que tenha a confiança da parte, pois reveste a qualidade de um *delegado* seu, para o fim *exclusivo* de transigir.

O ato de transigir não se insere entre os privativos do advogado, configurando, tão somente, uma *autocomposição* (processual) da lide, que bem poderia, sem qualquer intermediação, ter lugar em sede extraprocessual. Se um devedor pode constituir um leigo para *acordar*, em seu nome, sobre o direito material, fora do processo, não se compreenderia não pudesse fazê-lo em sede judicial.

A fonte do § 3º do art. 277[198] foi o direito do trabalho, onde o preposto substitui, com vantagem, o proponente, pelos conhecimentos

---

[194] "*Art. 334. Não dependem de prova os fatos: I – notórios; II – afirmados por uma parte e confessados pela parte contrária; III – admitidos, no processo, como incontroversos; IV – em cujo favor milita presunção legal de existência ou de veracidade*".

[195] CARNEIRO, Athos Gusmão. *Op. cit.*, p. 139.

[196] *Ibidem.*

[197] *Idem*, p. 140.

[198] "*Art. 277. (...). § 3º As partes comparecerão pessoalmente à audiência, podendo fazer--se representar por preposto com poderes para transigir. (...)*".

que tem das relações entre as partes. Valentin Carrion[199] registra julgado do Tribunal Superior do Trabalho, segundo o qual "o preposto não tem que ser necessariamente empregado".

Na indicação do preposto, o risco é todo de quem o indica, pois, se for pessoa leiga e não ocorrer o acordo, a revelia será inevitável, pela falta de apresentação da defesa, que, na justiça comum (federal e estadual), é ato privativo do advogado[200], e deve ser produzida na audiência; exceto se ocorrer a hipótese prevista na parte final do § 2º do art. 277[201] ("salvo se o contrário resultar da prova dos autos").

Decidiu o *Simpósio* de Curitiba, por maioria, que: "*Não será tomada em consideração a defesa escrita do réu, cujo advogado deixar de comparecer à audiência do procedimento sumaríssimo (atual sumário)*" (Conclusão XVIII).

---

[199] Rec. de Revista 5.596/86.3. CARRION, Valentin. **Comentários à Consolidação das Leis do Trabalho**. 16. ed. São Paulo: Revista dos Tribunais, 1993. p. 628.

[200] Diferentemente, nos Juizados Especiais estaduais, em que, detendo o interessado o *ius postulandi* nas causas de valor até vinte salários mínimos, não há obstáculo a que se faça representar por *preposto*, não advogado; basta que ele disponha de poderes para transigir, podendo, se não houver conciliação, apresentar defesa. Para tanto, é suficiente uma carta de preposto.

[201] "*Art. 277. (...). § 2º Deixando injustificadamente o réu de comparecer à audiência, reputar-se-ão verdadeiros os fatos alegados na petição inicial (art. 319), salvo se o contrário resultar da prova dos autos, proferindo o juiz, desde logo, a sentença. (...)*".

CAPÍTULO VII

Sumário: ***7.1.*** *Valor da causa.* ***7.2.*** *Estimativa do valor da causa – Correção de valor da causa* ***ex officio.*** ***7.3.*** *Impugnação ao valor da causa no procedimento sumário.*

7.1 VALOR DA CAUSA

Toda causa tem um valor, que é o valor do objeto em disputa[202], ou seja, do bem da vida pretendido estimado em dinheiro[203]. Nesse sentido, dispõe o Código de Processo Civil, estatuindo que: *"A toda causa será atribuído um valor certo, ainda que não tenha conteúdo econômico imediato"* (art. 258).

Carnelutti alertava para o fato de ser a política do processo orientada por leis de *conveniência econômica*, e, assim, não se pode negar que, mesmo sendo ele um instrumento de realização do direito e da justiça (categorias ideais), não é possível a sua desvinculação dos princípios de economia[204]. O princípio da adaptação do custo do processo à importância do litígio influi não só sobre a natureza dos atos do processo, senão também sobre a estrutura do ofício, sendo conveniente para os pleitos de

---

[202] RICCI, Francesco. **Commento al Codice di Procedura Civile italiano.** 7. ed. Firenze: Fratelli Cammelli, 1895. v. 1, p. 124.

[203] Para José de Moura Rocha, o valor da causa é o da coisa sobre que versa ou da relação jurídica a que se refere. Assim, numa ação reivindicatória, seria o valor do imóvel; nas ações pessoais, o preço da venda; na ação redibitória e no pedido de indenização os vícios ocultos na coisa. ROCHA, José de Moura. **Processo de conhecimento.** Rio de Janeiro: Forense, 1989. v. 1, p. 469.

[204] CARNELUTTI, Francesco. **Sistema de derecho procesal civil.** Buenos Aires: Uteha, 1944. v. 2, p. 306. *Apud* ROCHA, José de Moura. **Processo de conhecimento.** Rio de Janeiro: Forense, 1989. v. 1, p. 468.

menor importância um ofício menos custoso, tanto no que se refere à composição (da lide) quanto à qualidade dos componentes (Carnelutti)[205].

Para Couture, o processo, que é um meio, não pode exigir um dispêndio superior ao valor dos bens em debate, devendo uma necessária proporção entre o "fim" e os "meios" presidir a economia do processo. Pela aplicação desse princípio, os processos modestos em sua quantia são objeto de tramitação mais simples, aumentando-se as garantias à medida que aumenta a importância do conflito[206].

O Código de Processo Civil adotou o critério legal para fins de determinação do valor da causa, elencando nos arts. 259[207] e 260[208] diversas regras para sua apuração.

Em todos os casos enumerados no Código, cabe à parte autora rigorosa observância na fixação do valor da causa, ficando entregue à sua discrição as demais hipóteses, salvo a faculdade de impugnação do réu (art. 261, parágrafo único)[209].

7.2 ESTIMATIVA DO VALOR DA CAUSA – CORREÇÃO DE VALOR DA CAUSA *EX OFFICIO*

Não havendo impugnação, pode o juiz determinar *ex officio* a correção do valor da causa?

---

[205] CARNELUTTI, Francesco. **Sistema de derecho procesal civil**. Buenos Aires: Uteha. 1944. v. 2, p. 306.

[206] COUTURE, Eduardo. **Fundamentos de derecho procesal civil**. p. 84. *apud* ROCHA. José de Moura. *Op. cit.*, p. 469.

[207] "*Art. 259. O valor da causa constará sempre da petição inicial e será: I – na ação de cobrança de dívida, a soma do principal, da pena e dos juros vencidos até a propositura da ação; II – havendo cumulação de pedidos, a quantia correspondente à soma dos valores de todos eles; III – sendo alternativos os pedidos, o de maior valor; IV – se houver também pedido subsidiário, o valor do pedido principal; V – quando o litígio tiver por objeto a existência, validade, cumprimento, modificação ou rescisão de negócio jurídico, o valor do contrato; VI – na ação de alimentos, a soma de doze (12) prestações mensais, pedidas pelo autor; VII – na ação de divisão, de demarcação e de reivindicação, a estimativa oficial para lançamento do imposto*".

[208] "***Art. 260.*** *Quando se pedirem prestações vencidas e vincendas, tomar-se-á em consideração o valor de umas e outras. O valor das prestações vincendas será igual a uma prestação anual, se a obrigação for por tempo indeterminado, ou por tempo superior a um (1) ano; se, por tempo inferior, será igual à soma das prestações*".

[209] "***Art. 261.*** *(...).* ***Parágrafo único.*** *Não havendo impugnação, presume-se aceito o valor atribuído à causa na petição inicial*".

A respeito, divide-se a doutrina.

Para Moniz de Aragão[210], como o valor da causa pode servir de base à fixação da competência e à forma do processo (*rectius*, procedimento), é fácil perceber que tais efeitos – envolvendo matéria de ordem pública – não devem ficar sujeitos exclusivamente à vontade das partes, justificando-se a intervenção da lei em algumas hipóteses. Esses preceitos se impõem, mesmo quando as partes estejam de acordo em infringi-los: o autor ao fixar o valor e o réu não o impugnando no momento adequado. Em tal caso, a competência, a forma do processo (*rectius*, procedimento) ou o cabimento do recurso não ficarão subordinados ao acerto dos interessados, pois o juiz deverá intervir de ofício para corrigir os defeitos de estimação, com isso fixando acertadamente a competência e determinando a forma do processo.

Se se tratar de causa a cujo respeito a lei nada dispõe, deixando à discrição do autor atribuir-lhe o valor que parecer adequado, caberá exclusivamente ao réu, se discorda, impugná-lo, sem que assista ao juiz o poder de intervir de ofício. Em tal caso, sim, o valor se tornará definitivo e imutável na ausência de impugnação a bom tempo[211].

Jacy de Assis sustenta também que o valor fixado na petição inicial, pelo autor, pode ser corrigido pelo juiz, se for inexato ou desobediente aos critérios legais[212].

Outra não é a posição de Barbosa Moreira[213], para quem a indicação do valor da causa feita *contra legem*, na inicial, não afasta a incidência das regras cogentes dos arts. 259[214] e 260[215], subtraída ao poder

---

[210] MONIZ DE ARAGÃO, E. D. **Comentários ao Código de Processo Civil**. Rio de Janeiro: Forense, v. II, n. 400, p. 340.

[211] *Idem*, p. 355.

[212] ASSIS, Jacy de. **Comentários ao Código de Processo Civil**. Rio de Janeiro: Forense, 1979. v. 2, p. 61.

[213] BARBOSA MOREIRA, José Carlos. *Op. cit.*, p. 23.

[214] "*Art. 259. O valor da causa constará sempre da petição inicial e será: I – na ação de cobrança de dívida, a soma do principal, da pena e dos juros vencidos até a propositura da ação; II – havendo cumulação de pedidos, a quantia correspondente à soma dos valores de todos eles; III – sendo alternativos os pedidos, o de maior valor; IV – se houver também pedido subsidiário, o valor do pedido principal; V – quando o litígio tiver por objeto a existência, validade, cumprimento, modificação ou rescisão de negócio jurídico, o valor do contrato; VI – na ação de alimentos, a soma de doze (12) prestações mensais, pedidas pelo autor; VII – na ação de divisão, de demarcação e de reivindicação, a estimativa oficial para lançamento do imposto*".

dispositivo das partes[216], cabendo ao juiz estabelecer o valor correto. Para o jurista, *processualmente* o valor da causa importa, dentre as de procedimento comum, para a discriminação das que obedecem ao rito sumário (art. 275, I)[217], com ressalva das relativas ao estado e à capacidade das pessoas (art. 275, parágrafo único)[218].

No mesmo sentido, orienta-se Moura Rocha[219], asseverando que a principal característica dessas normas é o seu caráter absoluto (*ius cogens*)[220], implicando esta orientação na exclusão da disponibilidade da parte, de modo absoluto.

Para Wellington Pimentel[221], a regra do *caput* do art. 275 é imperativa, significando que a adoção do procedimento sumário é obrigatória nos casos especificados pela lei, não podendo as partes, por convenção, nem o juiz, afastá-lo, fora das exceções legais. Somente se a errônea estimativa importar em modificação do procedimento, admite o processualista possa ser corrigido de ofício pelo juiz; nas demais hipóteses, ainda que feita em desacordo com os critérios objetivos, desde que não impugnado pelo réu, deve prevalecer[222]. Admite, no entanto, que o procedimento ordinário pode ser preferido pelo autor, se a causa se situa em uma das hipóteses para a qual a lei prevê o rito sumário, por isso que domina no Código o princípio da ordinariedade[223].

Diversamente, pensa Calmon de Passos[224], para quem, se o valor da causa foi erradamente fixado, com violação dos arts. 259 e 260 ou

---

[215] "*Art. 260. Quando se pedirem prestações vencidas e vincendas, tomar-se-á em consideração o valor de umas e outras. O valor das prestações vincendas será igual a uma prestação anual, se a obrigação for por tempo indeterminado, ou por tempo superior a um (1) ano; se, por tempo inferior, será igual à soma das prestações*".

[216] Rigorosamente, afirma Barbosa Moreira, é inadmissível a substituição do procedimento sumário pelo ordinário, quer por opção exclusiva do autor, quer mediante acordo das partes. BARBOSA MOREIRA, José Carlos. *Op. cit.*, p. 120.

[217] "*Art. 275. Observar-se-á o procedimento sumário: I – nas causas cujo valor não exceda a 60 (sessenta) vezes o valor do salário mínimo; (...)*".

[218] "*Art. 275. (...). Parágrafo único. Este procedimento não será observado nas ações relativas ao estado e à capacidade das pessoas*".

[219] ROCHA, José de Moura. *Op. cit.*, p. 470-471.

[220] Normas imperativas ou obrigatórias.

[221] PIMENTEL, Wellington Moreira. *Op. cit.*, p. 60.

[222] *Idem*, p. 63.

[223] *Idem*, p. 60.

[224] CALMON DE PASSOS, J. J. **Comentários ao Código de Processo Civil**. 8. ed. Rio de Janeiro: Forense, 1998. v. III, p. 21-22.

de alguma regra inserta em lei especial, e se dessa errada fixação resultou a adoção do procedimento sumário, pode e deve o réu, inclusive, antes da audiência a que se refere o § 4º do art. 277[225], arguir a impropriedade do rito e reclamar a adoção do procedimento ordinário.

Essa já era a orientação traçada por Pontes de Miranda, seguida por Marcos Afonso Borges, e Severino Muniz[226], para quem *não* compete ao juiz alterar *ex officio* o valor da causa.

Em sede jurisprudencial, existe orientação para todos os gostos: **a)** o juiz não pode alterar de ofício o valor da causa (*RT* 517/185, *RJTJESP* 40/144); **b)** o juiz pode alterar de ofício o valor da causa, nos casos em que há critério fixado em lei (*RT* 498/104, *RJTJESP* 93/316); **c)** o juiz pode fixar de ofício o valor da causa, quando uma das partes almeja modificar a competência ou o cabimento do recurso (Ag. 47.169-SP); **d)** o juiz pode alterar *ex officio* o valor da causa, ainda que não haja critério legal fixando-o expressamente e não tenha havido impugnação (*RJTJESP* 114/363); **e)** ao juiz não é dado alterar o valor da causa não impugnado, se não encobre tentativa de contornar a lei, para fugir ao procedimento nela fixado, sumário ou ordinário (*RTFR* 122/21, *JTA* 105/426)[227].

Apesar de todos os reflexos que o valor da causa tem sobre muitas questões de ordem processual – determinação da competência, tipo de procedimento, pagamento de taxa judiciária, admissibilidade de recurso etc. – e da índole de ordem pública da maioria das normas processuais, penso que ele não pode ser alterado de ofício pelo juiz. A lei, ao estabelecer regras para determinação do valor, a cargo do autor (arts. 259 e 260), condicionou a sua alteração à impugnação do réu (art. 261, *caput*), presumindo-se, se não houver impugnação, *aceito* o valor atribuído à causa na inicial (art. 261, parágrafo único).

Embora, em *sede doutrinária*, a competência fixada em razão do valor[228] seja *absoluta* para o mais e relativa para o menos, o Código preferiu considerá-la em toda a sua extensão no contexto da competência *relativa*, o que é perfeitamente possível em sede de *ius positum*. Tanto

---

[225] "*Art. 277.* (...). *§ 4º O juiz, na audiência, decidirá de plano a impugnação ao valor da causa ou a controvérsia sobre a natureza da demanda, determinando, se for o caso, a conversão do procedimento sumário em ordinário*".
[226] MUNIZ, Severino. **Procedimento sumaríssimo**. 2. ed. São Paulo: Leud, 1983. p. 87-88.
[227] NEGRÃO, Theotonio. *Op. cit.*, p. 238.
[228] Em doutrina, a competência fixada segundo o *critério objetivo* compreende a competência em razão da matéria, do valor e da condição das pessoas.

assim é que, no art. 102[229], considerou modificável a competência em razão do valor e, no art. 111[230], admitiu igualmente a sua modificação. Essa a razão pela qual o parágrafo único do art. 275 estabeleceu que "*esse procedimento (sumário) não será observado nas ações relativas ao estado e à capacidade das pessoas*", exatamente para atribuir poder ao juiz de conduzi-las para a via especial, se prevista, ou pela ordinária, sempre que as partes, em função do valor, pretenderem imprimir-lhes rito sumário. Ora, se esse procedimento não é observado nas ações relativas ao estado e à capacidade das pessoas, *ipso factu*[231], será observado nas demais elencadas no corpo do art. 275, se não houver impugnação do réu. Esta é a exegese que me parece a mais correta, tendo, como se viu, respaldo na jurisprudência.

Outro argumento, lembrado por Calmon de Passos[232], é que, tratando-se de ação sem conteúdo patrimonial, o seu valor é estimado pelo autor, o que poderia levar sempre à adoção do rito sumário. Este teria sido o objetivo da emenda Amaral de Souza, buscando impedir a adoção do rito, levando-se em consideração, exclusivamente, o valor estimado para a causa.

Registrando que a competência por valor é modificável, admite Celso Barbi que as partes convencionem até acerca do *juízo* competente para as ações referidas na segunda parte do art. 95[233], desde que isto não implique mudar o *foro*, isto é, levar a demanda para outra comarca. Como exemplo, teremos o caso de a organização judiciária de um Estado regular a competência pelo valor, criando juízos diversos, na mesma comarca, com competência diferenciada apenas pelo valor. Nessa hipótese, as partes podem convencionar a modificação da competência para uma das ações constantes da segunda parte do art. 95, contratando que ela será

---

[229] "*Art. 102. A competência, em razão do valor e do território, poderá modificar-se pela conexão ou continência, observado o disposto nos artigos seguintes*".

[230] "*Art. 111. A competência em razão da matéria e da hierarquia é inderrogável por convenção das partes; mas estas podem modificar a competência em razão do valor e do território, elegendo foro onde serão propostas as ações oriundas de direitos e obrigações. § 1º O acordo, porém, só produz efeito, quando constar de contrato escrito e aludir expressamente a determinado negócio jurídico. § 2º O foro contratual obriga os herdeiros e sucessores das partes*".

[231] Pelo próprio fato.

[232] CALMON DE PASSOS, J. J. **Comentários ao Código de Processo Civil**. Rio de Janeiro: Forense, v. III, p. 114.

[233] "*Art. 95. Nas ações fundadas em direito real sobre imóveis é competente o foro da situação da coisa. Pode o autor, entretanto, optar pelo foro do domicílio ou de eleição, não recaindo o litígio sobre direito de propriedade, vizinhança, servidão, posse, divisão e demarcação de terras e nunciação de obra nova*".

proposta perante o juízo competente para causa de valor superior, ou inferior, ao da ação. Só não é possível a convenção afastar o foro *da situação* do imóvel[234].

7.3 IMPUGNAÇÃO AO VALOR DA CAUSA NO PROCEDIMENTO SUMÁRIO

No procedimento sumário, prescreve o § 4º do art. 277[235] que o juiz decidirá de plano, na audiência, a *impugnação* ao valor da causa.

Essa determinação pressupõe, no juiz, as condições para fazê-lo, seja por ter o valor da causa base em critérios jurídicos (arts. 259 e 260), seja por ter a parte interessada oferecido os elementos necessários à fixação.

Se tal não ocorrer, pode o julgador valer-se do auxílio de perito para determiná-lo (art. 261, *caput*)[236].

Na estimativa do valor da causa, aplica-se o disposto nos arts. 258 a 260, e, na impugnação, o art. 261, observada a *concentração dos atos processuais*, própria do procedimento sumário.

A fixação do valor da causa adquire, no procedimento sumário, especial relevância pois dele, dependerá a resolução de outras questões, como, *v.g.*, o prosseguimento do feito pelo procedimento eleito, ou a sua conversão em ordinário.

Não havendo impugnação, ocorre em princípio a preclusão sobre a questão, não podendo ser rediscutida por ocasião do recurso; exceto nas causas relativas ao estado e à capacidade das pessoas (art. 275, parágrafo único).

O só fato de o autor atribuir à causa valor inferior ou superior a sessenta vezes o valor do salário mínimo, para imprimir-lhe o rito sumário ou ordinário, não confere poderes ao juiz para *ex propria autoritate* proceder à conversão de rito, salvo se com o objetivo de imprimir-lhe maior celeridade.

---

[234] BARBI, Celso Agrícola. *Op. cit.*, p. 294.
[235] "*Art. 277. (...). § 4º O juiz, na audiência, decidirá de plano a impugnação ao valor da causa ou a controvérsia sobre a natureza da demanda, determinando, se for o caso, a conversão do procedimento sumário em ordinário. (...)*".
[236] "*Art. 261. O réu poderá impugnar, no prazo da contestação, o valor atribuído à causa pelo autor. A impugnação será autuada em apenso, ouvindo-se o autor no prazo de 5 (cinco) dias. Em seguida o juiz, sem suspender o processo, servindo-se, quando necessário, do auxílio de perito, determinará, no prazo de 10 (dez) dias, o valor da causa. (...)*".

CAPÍTULO VIII

Sumário: *8.1. Rito sumário e interesse do autor no ordinário. 8.2. Rito sumário e interesse do réu no ordinário. 8.3. Conversão do rito sumário em ordinário. 8.4. Disponibilidade do rito. 8.5. Opção de rito – Jurisprudência. 8.6. Ainda a conversão do rito – Complexidade da prova técnica.*

8.1 RITO SUMÁRIO E INTERESSE DO AUTOR NO ORDINÁRIO

Apesar de o procedimento sumário ser concentrado na audiência e, consoante o art. 277, deve a audiência de conciliação ser realizada no prazo de trinta dias, contados do ajuizamento da ação, pode esse rito revelar-se, na prática, em vez de uma vantagem, uma penalidade para o autor, bastando que o juízo (a vara) a que for distribuído esteja com a pauta de audiências abarrotada[237], sem condições de suportar a determinação legal. Essa penalidade ainda mais se acentua quando a prova dos fatos não depender de prova oral a ser colhida na audiência, tendo esta como único objetivo a tentativa de conciliação.

Em tais casos, obrigar o autor a *suportar* o rito sumário, quando poderia obter maior proveito processual, com a tramitação da ação pelo rito ordinário, é supor que a *sumarização* tenha sido instituída tanto em seu benefício quanto em seu malefício.

---

[237] Afirma Athos Gusmão Carneiro, ao versar as características do procedimento sumário, que tais objetivos podem ser alcançados apenas naquelas comarcas em que as pautas de audiências não estejam sobrecarregadas, e nesta também o procedimento ordinário se desenvolve com rapidez e normalmente com menores percalços. CARNEIRO, Athos Gusmão, **Audiência de instrução e julgamento e audiências preliminares**. 7. ed. Rio de Janeiro, 1995. p. 127.

Destarte, se o autor *prefere* o rito ordinário, quando deveria ser o sumário, não deve o juiz determinar a alteração *ex officio*, ou apoiar-se no art. 295, inc. V, para não postergar a prestação jurisdicional, em homenagem a um injustificável formalismo; mormente se o juízo (a vara) não comporta a audiência de conciliação no prazo de trinta dias (art. 277) e a de instrução e julgamento em data não excedente de trinta dias da primeira (art. 278, § 2º)[238].

Wellington Pimentel[239], embora tendo a regra do *caput* do art. 275 por imperativa, admite que o procedimento ordinário possa ser preferido pelo autor, se a causa se situa em uma das hipóteses para a qual a lei prevê o sumário, por isso que domina no Código o princípio da ordinariedade.

Quando a lei estabelece o procedimento sumário, o faz no suposto de que os prazos serão cumpridos: a audiência de conciliação será realizada no prazo de trinta dias do despacho liminar, e a de instrução e julgamento em data próxima, não excedente, igualmente, de trinta dias da primeira.

Sem que se possam cumprir tais condições, deve prevalecer o rito ordinário, imprimido à causa pelo autor, ainda que pelo art. 275 devesse ser sumário o procedimento.

Por outro lado, se o autor ajuíza uma ação pelo rito sumário, como determina a lei, e a pauta de audiências encontra-se congestionada e sem possibilidade de comportar as audiências de conciliação (primeira audiência) e de instrução e julgamento (segunda audiência), nos prazos legais, pode o juiz convertê-lo *ex officio* em ordinário[240], mormente quando a hipótese comporta julgamento antecipado da lide[241].

---

[238] "*Art. 278.* (...). *§ 2º Havendo necessidade de produção de prova oral e não ocorrendo qualquer das hipóteses previstas nos arts. 329 e 330, I e II, será designada audiência de instrução e julgamento para data próxima, não excedente de trinta dias, salvo se houver determinação de perícia*".

[239] PIMENTEL, Wellington Moreira. *Op. cit.*, p. 60.

[240] Para Barbosa Moreira, rigorosamente, é inadmissível a substituição do procedimento sumário pelo ordinário, quer por opção exclusiva do autor, quer mediante acordo das partes. BARBOSA MOREIRA, José Carlos. *Op. cit.*, p. 120. Também não concordam com essa substituição Moniz de Aragão e Moura Rocha.

[241] Na Justiça Federal, quando juiz de primeiro grau, transformei muitos feitos sumários em ordinários, *de ofício*, ante a impossibilidade de dar cumprimento ao disposto no *antigo* art. 281, que determinava o cumprimento total do rito no prazo de noventa dias, e a jurisprudência sempre se mostrou tolerante com essa prática, compatível com a celeridade processual.

O procedimento é imposto não só no *interesse público* do Estado, em que a lide seja resolvida na forma prevista em lei, mas também no *interesse privado* das partes, em que seja julgada o mais rápido possível. Sem a conjugação desses dois interesses, é inconcebível a instituição de um rito sumário que, na prática, se revele mais ordinário que o próprio ordinário.

A oportunidade para a *conciliação* das partes não pode ir a ponto de sacrificar outros interesses igualmente relevantes, como seja a resolução do próprio mérito da lide.

Na prática, não fica afastada a hipótese de ser a demanda proposta por alguém interessado na demora do processo, e que elege o rito sumário (fundado no valor da causa) com o único propósito de beneficiar-se da lentidão da justiça, ciente da impossibilidade da designação da audiência para data próxima. Dependendo da comarca, já no início de um ano, muitas audiências são designadas para o ano subsequente.

Pode ser que o desdobramento das audiências – em audiência de conciliação (art. 277, *caput*) e de instrução e julgamento (art. 278, § 2º, parte final) – ponha termo a tais situações; se não puser, essa orientação ajusta-se melhor aos objetivos da lei.

8.2 RITO SUMÁRIO E INTERESSE DO RÉU NO ORDINÁRIO

Muitas vezes, a adoção do procedimento sumário (mormente pelo valor) pode ser de interesse do autor, mas não sê-lo do réu, dadas as limitações impostas ao direito de resposta deste, por não ser compatível com esse rito a reconvenção *stricto sensu*, a ação declaratória incidental e a intervenção de terceiros.

Pode o réu ter interesse, num determinado caso, em nomear à autoria, denunciar à lide ou chamar ao processo um terceiro, no que estará obstaculizado em face da natureza do procedimento adotado, muitas vezes *contra legem*, pelo autor.

Como o art. 280 é expresso no sentido de que, no *procedimento sumário, "não são admissíveis ação declaratória incidental e a intervenção de terceiros, salvo a assistência, o recurso de terceiro prejudicado e a intervenção fundada em contrato de seguro"*, emerge daí o interesse do réu em impedir esse rito, fazendo-o converter ao ordinário. Também não admite o procedimento sumário a reconvenção, senão naquela modalidade *rarefeita* contida no § 1º do art. 278 (pedido contraposto)[242], quando o pedido formulado pelo réu se fundar nos mesmos fatos referidos na inicial.

Embora a intervenção de terceiros não tenha correspondido, na prática, àquilo que dela se esperava, servindo mais para emperrar um processo simples do que para solucionar de vez mais de uma demanda num mesmo processo, fato é que ela vem admitida pelo Código, não se podendo fazer *tabula rasa* do instituto.

Apesar de tudo que disse sobre a preponderância do interesse do autor na adoção de um ou outro rito, não se pode descurar também do *interesse* do réu, pelo que, sempre que este demonstrar, seja na impugnação ao valor da causa, seja em questão levantada na defesa sobre a natureza da demanda, ter interesse – por exemplo, para nomear à autoria, denunciar à lide ou chamar ao processo – na conversão do procedimento sumário (incorreto) em ordinário (correto), deve o juiz tê-lo em consideração para decidir.

É que pode o réu não ter interesse em que o feito se desenvolva pelo procedimento sumário, por pretender exercitar melhor seus direitos, tanto processuais quanto materiais, o que só será possível no procedimento ordinário.

8.3 CONVERSÃO DO RITO SUMÁRIO EM ORDINÁRIO

Prescreve o § 4º do art. 277[243] que será também decidida, de plano, pelo juiz, na audiência, a *controvérsia* sobre a natureza da demanda, determinando, se for o caso, a conversão do procedimento sumário em ordinário.

A exegese desse dispositivo não deve ser simplista a ponto de, uma vez constatado exceder o valor da causa a sessenta vezes o valor do salário mínimo (art. 275, I), ou não ser a causa daquelas incluídas no procedimento sumário (art. 275, II)[244], operar o juiz *ex officio* a conversão.

---

[242] "*Art. 278.* (...). § 1º É lícito ao réu, na contestação, formular pedido em seu favor, desde que fundado nos mesmos fatos referidos na inicial. (...)".

[243] "*Art. 277.* (...). § 4º O juiz, na audiência, decidirá de plano a impugnação ao valor da causa ou a controvérsia sobre a natureza da demanda, determinando, se for o caso, a conversão do procedimento sumário em ordinário. (...)".

[244] "*Art. 275.* Observar-se-á o procedimento sumário: (...) II – nas causas, qualquer que seja o valor: a) de arrendamento rural e de parceria agrícola; b) de cobrança ao condômino de quaisquer quantias devidas ao condomínio; c) de ressarcimento por danos em prédio urbano ou rústico; d) de ressarcimento por danos causados em aci-

Nem autoriza tal conclusão a exegese do texto (art. 277, § 4°), onde se diz que o juiz decidirá, na própria audiência, a "controvérsia" sobre a natureza da demanda, e só existe controvérsia quando uma das partes interessadas "afirma" e a outra "nega". A expressão "controvérsia" tem aí o sentido de "questão", ou "ponto duvidoso ou controvertido", na linguagem carneluttiana. Do contrário, se as partes não questionam sobre a natureza da demanda, controvérsia não haverá, e estará o juiz – o que lhe é defeso – conhecendo de questão não suscitada, a cujo respeito a lei (art. 128)[245] exige a iniciativa da parte.

A problemática do rito, apesar do seu colorido de ordem pública[246], não se inclui no elenco dos pressupostos processuais nem no das condições da ação – em que pese o disposto no art. 295, inc. V[247] –, a autorizar o juiz, em qualquer hipótese, a agir de ofício.

Ao tratar das nulidades, o Código estabelece que: **a)** quando a lei prescrever determinada forma, sem cominação de nulidade, o juiz considerará válido o ato se, realizado de outro modo, lhe alcançar a finalidade[248] (art. 244)[249]; **b)** a nulidade dos atos deve ser *alegada* na primeira

---

dente de veículo de via terrestre; e) de cobrança de seguro, relativamente aos danos causados em acidente de veículo, ressalvados os casos de processo de execução; f) de cobrança de honorários dos profissionais liberais, ressalvado o disposto em legislação especial; g) que versem sobre revogação de doação; h) nos demais casos previstos em lei. **Parágrafo único.** Este procedimento não será observado nas ações relativas ao estado e à capacidade das pessoas".

[245] "*Art. 128.* O juiz decidirá a lide nos limites em que foi proposta, sendo-lhe defeso conhecer de questões, não suscitadas, a cujo respeito a lei exige a iniciativa da parte".

[246] Para que uma regra processual se considere de ordem pública, é preciso que resulte de seus termos expressos ou implícitos e que as partes não tenham a faculdade de modificá-las. JOFRE, Tomas. **Manual de Procedimiento**. Buenos Aires: La Ley, 1941. p. 36.

[247] "*Art. 295. A petição inicial será indeferida: (...) V – quando o tipo de procedimento, escolhido pelo autor, não corresponder à natureza da causa, ou ao valor da ação; caso em que só não será indeferida, se puder adaptar-se ao tipo de procedimento legal; (...)*".

[248] Proclamou o IX Congresso Mundial de Direito Processual que é em dispositivo do nosso Código que se encontra a mais bela regra do atual Direito Processual, a saber, a insculpida no art. 244, onde se proclama que "*quando a lei prescrever determinada forma, sem cominação de nulidade, o juiz considerará válido o ato se, realizado de outro modo, lhe alcançar a finalidade*". RT 683-183, apud NEGRÃO, Theotonio. *Op. cit.*, p. 227.

[249] "*Art. 244. Quando a lei prescrever determinada forma, sem cominação de nulidade, o juiz considerará válido o ato se, realizado de outro modo, lhe alcançar a finalidade*".

oportunidade em que couber à parte falar nos autos, *sob pena de preclusão* (art. 245, *caput*)[250]; **c)** o erro na forma do processo acarreta unicamente a anulação dos atos que não possam ser aproveitados, devendo praticar-se os que forem necessários, a fim de se observarem, quanto possível, as prescrições legais (art. 250, *caput*)[251]; **d)** dar-se-á o aproveitamento dos atos praticados (apesar da nulidade), desde que não resulte prejuízo à defesa.

É bem verdade que o parágrafo único do art. 245 prescreve não se aplicar essa disposição às nulidades que o juiz deva decretar de ofício, nem prevalece a preclusão, provando a parte justo impedimento, o que não infirma as observações *retro*, pois o procedimento não se identifica com o processo (hipótese do art. 267, § 3º[252], do art. 301, § 4º[253] e 303, II[254]. A inépcia da petição inicial (art. 301, III)[255], que autoriza o juiz a conhecer de ofício vem referida no art. 295, I ("A petição inicial será indeferida: I – quando for inepta"), e o parágrafo único considera inepta a petição inicial quando: I – lhe faltar pedido ou causa de pedir; II – da narração do fato não decorrer logicamente a conclusão; III – o pedido for juridicamente impossível; IV – contiver pedidos incompatíveis entre si.

---

[250] *"Art. 245. A nulidade dos atos deve ser alegada na primeira oportunidade em que couber à parte falar nos autos, sob pena de preclusão".*

[251] *"Art. 250. O erro de forma do processo acarreta unicamente a anulação dos atos que não possam ser aproveitados, devendo praticar-se os que forem necessários, a fim de se observarem, quanto possível, as prescrições legais".*

[252] *"Art. 267. (...). § 3º O juiz conhecerá de ofício, em qualquer tempo e grau de jurisdição, enquanto não proferida a sentença de mérito, da matéria constante dos ns. IV (quando verificar a ausência de pressupostos de constituição e desenvolvimento válido e regular do processo), V (quando o juiz acolher a alegação de perempção, litispendência ou de coisa julgada) e VI (quando não concorrer qualquer das condições das ação, como a possibilidade jurídica, a legitimidade das partes e o interesse processual); todavia, o réu que a não alegar, na primeira oportunidade em que lhe caiba falar nos autos, responderá pelas custas de retardamento".* Aliás, não se compreenderia que, mesmo naquelas hipóteses em que o juiz pode conhecer de ofício, a lei imponha ao réu alegá-las, sob pena de pagamento das custas do retardamento, e não o impusesse quando se trata de mera transgressão de rito".

[253] *"Art. 301. (...) § 4º Com exceção do compromisso arbitral, o juiz conhecerá de ofício da matéria enumerada neste artigo".*

[254] *"Art. 303. Depois da contestação, só é lícito deduzir novas alegações quando: (...) competir ao juiz conhecer delas de ofício".*

[255] *"Art. 301. Compete-lhe, porém, antes de discutir o mérito, alegar: (...) III – inépcia da petição inicial; (...)".*

O *tipo de procedimento*, por seu turno, vem referido no inc. V do art. 295[256], inexistindo disposição expressa autorizando o juiz a conhecer da matéria de ofício. Confirmando essa tese, prevê o Código a possibilidade de cumulação de pedidos, sendo diversos os ritos (por exemplo, sumário e ordinário), preferir o autor para todos o rito ordinário (art. 292, § 2º). Ora, fosse inderrogável a regra do art. 275, como se supõe, seria uma contradição da lei admiti-la só porque o autor cumula dois pedidos numa mesma ação; ao contrário, deveria proibir a cumulação quando houvesse diversidade de procedimento.

Destarte, a interpretação sistemática do Código não conduz a outro entendimento, senão o de que a questão de rito, com fundamento no *valor* ou *na matéria* de que trata o art. 275, I e II, afora as hipóteses versadas no parágrafo único (questões de estado e capacidade das pessoas) é uma questão processual de interesse das partes, que, apenas se tornada controvertida, autoriza o juiz a decidir a respeito. Aliás, é como soa o § 4º do art. 277, na redação dada pela Lei 9.245/95, ao dizer que o juiz decidirá de plano a *impugnação* ao valor da causa ou a *controvérsia* sobre a natureza da demanda.

O que não tem sido considerado é que há sempre um *interesse subjacente*, do autor ou do réu, a orientar o juiz na aplicação dessa norma. Tanto assim que, tendo a causa sido processada pelo rito sumário, e alcançado a audiência, não deve o juiz perder a oportunidade de decidir, desde logo, a controvérsia, mesmo que conclua não estar a causa no elenco do art. 275, se nenhuma das partes demonstra interesse na conversão do rito em ordinário, nem é daquelas elencadas no parágrafo único desse artigo (relativas ao estado e à capacidade das pessoas).

8.4 DISPONIBILIDADE DO RITO

Já havia escrito a respeito, quando Athos Gusmão Carneiro, trouxe à lume a sua obra, **Audiência de Instrução e Julgamento e Audiências Preliminares**, e vi com satisfação que muitos dos seus pontos de vista coincidiam com os meus, pelo que limito-me a transcrevê-los[257]:

---

[256] "*Art. 295. A petição inicial será indeferida: (...) V – quando o tipo de procedimento, escolhido pelo autor, não corresponder à natureza da causa, ou ao valor da ação; caso em que só não será indeferida, se puder adaptar-se ao tipo de procedimento legal; (...)*".

[257] CARNEIRO, Athos Gusmão. *Op. cit.*, p. 131-132.

*A uma primeira leitura poderá parecer que o novo Código adota técnica de **absoluta indisponibilidade** em matéria de rito, sendo assim defeso às partes prévia convenção quanto ao rito, ou ao autor a opção pelo rito ordinário. Solução desta ordem de logo surpreende em se tratando de legislação infensa ao formalismo excessivo, e que, inclusive, não apenas é expressa (art. 111) em permitir aos contratantes modificar a competência em razão do território (o que é tradicional), como também "em razão do valor" da causa (permitindo a prévia escolha da categoria do juiz, quiçá com possibilidade de atribuir a juiz de categoria inferior causas reservadas, em razão do valor, ao Juiz de Direito).*

O CPC de 73 mantém a norma: "Quando, para cada pedido, corresponder tipo diverso de procedimento, admitir-se-á a cumulação, se o autor empregar o procedimento ordinário" (art. 292, § 2º).

Ora, se o demandante pode empregar o rito comum ordinário, em lugar do especial ou do comum sumário, com o objetivo de tornar admissível uma cumulação de pedidos, por que não poderá preferir o rito ordinário, em lugar do sumaríssimo, com o intento de obter uma instrução não açodada de determinada causa?

Cremos que o critério do valor não pode originar a indisponibilidade do rito, mesmo porque este critério é frequentemente relativo: em numerosas causas, fica, em certa medida, a líbito do autor o dar-lhe um valor inferior ou superior a 60 salários mínimos.(...)

Igualmente é cabível optar unilateralmente o autor – "fazendo constar expressamente da inicial tal propósito" – pelo rito ordinário para processos que pelo valor ou matéria deveriam seguir o rito sumário, mesmo porque a adoção do procedimento-padrão não iria, em tese, prejudicar ao demandado, a quem inclusive é aberta a via reconvencional.

***Faz-se mister**, destarte, interpretar o art. 295, V, do novo CPC de uma forma sistemática, e inclusive atendendo à tradição do nosso direito e às injunções decorrentes da função instrumental do processo.*

A inicial será indeferida, quando o tipo de procedimento "não corresponder à natureza da causa" apenas naquelas demandas exigentes, pelo próprio conteúdo da pretensão de direito material, de determinados atos somente previstos em procedimento especial. A inicial será indeferida quando o tipo de procedimento "não corresponder ao valor da ação", apenas naquelas demandas em que pelo valor da causa o procedimento previsto é o ordinário, pretendendo o autor unilateralmente impor ao demandado o rito sumário[258].

---

[258] Na obra original, a referência é ao procedimento sumaríssimo. Registra o próprio Athos Gusmão Carneiro que não aceitam o seu ponto de vista Mauro Cunha, Barbosa Moreira, Arruda Alvim e Luiz Antônio de Andrade. Aceitam-no Pontes de Miranda, Frederico Marques, Moniz de Aragão e Jacy de Assis. CARNEIRO, Athos Gusmão. *Op. cit.*, p. 132.

8.5 OPÇÃO DE RITO – JURISPRUDÊNCIA

O art. 295, inc. V, do Código estabelece que a petição inicial será indeferida "*quando o tipo de procedimento, escolhido pelo autor, não corresponder à natureza da causa, ou ao valor da ação; caso em que só não será indeferida, se puder adaptar-se ao tipo de procedimento legal*".

O problema ocorre quando a lei prevê o rito ordinário e a parte adota o sumário, e vice-versa, a lei prevê o rito sumário e a parte adota o ordinário.

A respeito, não existe uniformidade na jurisprudência, sendo toda ela construída ainda na vigência da lei anterior, quando o rito era o sumaríssimo (atual sumário), predominando a corrente menos ortodoxa.

O Simpósio de Processo Civil, realizado em Curitiba, em outubro de 1975, formulou a seguinte conclusão: "*XVI – não podem as partes optar pelo procedimento ordinário nos casos em que a lei prescreve o procedimento sumaríssimo [atual sumário]*".

De lá para cá, a jurisprudência não se pacificou, registrando Theotonio Negrão[259] os seguintes pontos firmados[260]:

I – o autor não pode optar pelo procedimento ordinário, se previsto em lei o sumário (*RT* 479/120, 479/185, 491/207, 492/102, 495/86, 503/189; *RF* 257/261; *RJTJESP* 30/181, 34/136, *JTA* 45/49);

II – o autor pode optar pelo procedimento ordinário, se previsto em lei o sumário (*RT* 501/189, 579/154, 604/132, 639/130, *RJTJESP* 41/204, 43/179, 45/35, 46/66, *JTA* 92/200, 94/161, 103/251);

III – não é nulo o processo, se o réu não arguir a nulidade (*RTJ* 86/716, 86/881);

IV – não é nulo se não tiver havido prejuízo para o réu (*RT* 487/138, 541/189, *JTA* 110/344);

V – deve ser decretada a nulidade do processo (*RT* 621/209; *RF* 291/301);

VI – de qualquer modo, o processo deve ser adaptado a todo tempo, com aproveitamento dos atos praticados (*RT* 610/101, 625/74, *RJTJESP* 95/277; *JTA* 87/368, 88/138);

---

[259] NEGRÃO, Theotonio. *Op. cit.*, nota 4 ao art. 250, p. 230.
[260] Na obra original, a referência é ao procedimento sumaríssimo.

VII – se o autor intentou ação de procedimento sumário, quando cabível o ordinário, deve haver adaptação do processo a este, com aproveitamento dos atos praticados (*RJTJESP* 98/309);

VIII – se ocorrer a hipótese *retro*, deve haver restituição do prazo ao réu para contestar (*RJTJESP* 102/254);

IX – não constitui causa de nulidade do processo preferir a parte o procedimento ordinário ao sumário, se dela não advém ao adverso nenhum prejuízo. Mormente quando ainda lhe favorece, propiciando tempo maior para proceder à sua defesa (REsp. 2.834-SP);

X – não resultando prejuízo para a parte ré, inexiste nulidade pela adoção de procedimento ordinário em causa que, pelo seu valor, se deveria desenvolver pelo sumário (REsp. 11.200-SP);

XI – a conversão do procedimento sumário em ordinário, quando possível, e sem qualquer prejuízo para a parte adversa, não contraria às disposições pertinentes da lei processual civil (REsp. 13.573-SP).

8.6 AINDA A CONVERSÃO DO RITO – COMPLEXIDADE DA PROVA TÉCNICA

Estabelece o § 5º do art. 277[261] que a conversão também ocorrerá quando houver necessidade de prova técnica de maior complexidade. Aqui foi a complexidade da prova que animou o legislador a optar pela conversão do rito em ordinário, embora a perícia não seja incompatível com o procedimento sumário, nem com o especial (art. 915, § 3º)[262] ou cautelar (art. 842, § 3º)[263].

---

[261] "*Art. 277. (...). § 5º A conversão também ocorrerá quando houver necessidade de prova técnica de maior complexidade*".

[262] "*Art. 915. Aquele que pretender exigir a prestação de contas requererá a citação do réu para, no prazo de 5 (cinco) dias, as apresentar ou contestar a ação. (...) § 3º Se o réu apresentar as contas dentro do prazo estabelecido no parágrafo anterior, seguir-se-á o procedimento do § 1º deste artigo; em caso contrário, apresentá--las-á o autor dentro em 10 (dez) dias, sendo as contas julgadas segundo o prudente arbítrio do juiz, que poderá determinar, se necessário, a realização do exame pericial contábil*".

[263] "*Art. 842. O mandado será cumprido por dois oficiais de justiça, um dos quais o lerá ao morador, intimando-o a abrir as portas. (...) § 3º Tratando-se de direito autoral ou*

Na prática, a conversão pode ser aconselhável, por ser a perícia, às vezes, a única prova necessária e não ser preciso a designação de nova audiência para o julgamento da controvérsia.

O que seja "prova técnica de maior complexidade" não diz a lei, tudo dependendo do caso concreto, segundo o prudente arbítrio do juiz. Assim, não deve qualquer pedido de produção de prova pericial constituir pretexto para a aplicação do § 5º do art. 277[264] do Código. As perícias simples não justificam a medida.

A decisão, pela sua índole interlocutória, é recorrível através de agravo (art. 523)[265].

Como a lei diz que das decisões interlocutórias proferidas em audiência, a interposição do agravo será oral, ficando ele retido, essa norma (art. 523, § 3º)[266] pode fazer supor que se o juiz operar a conversão do rito nessa oportunidade, a decisão será recorrível por essa modalidade.

Tal exegese, contudo, merece reflexão.

Quando o art. 523, § 3º, elege o agravo retido como meio de impugnação das decisões proferidas em audiência, o faz o pressuposto de que não haverá outra oportunidade para fazê-lo, por superveniência da sentença, esta apelável.

Essa hipótese nunca ocorrerá na conversão de rito, em face de perícia de maior complexidade (art. 277, § 5º), porque, reconhecida a sua necessidade, o juiz, operando a conversão, adiará necessariamente a audiência para a realização da prova. Portanto, se a parte não se conformar com a decisão – por exemplo, porque não se trata de prova técnica complexa – deverá recorrer através de agravo de instrumento; não tendo o agravo retido, no caso, a menor utilidade.

---

direito conexo do artista, intérprete ou executante, produtores de fonogramas e organismos de radiodifusão, o juiz designará, para acompanharem os oficiais de justiça, dois peritos aos quais incumbirá confirmar a ocorrência da violação antes de ser efetivada a apreensão".

[264] *"Art. 277. (...) § 5º A conversão também ocorrerá quando houver necessidade de prova técnica de maior complexidade".*

[265] *"Art. 523. Na modalidade de agravo retido o agravante requererá que o tribunal dele conheça, preliminarmente, por ocasião do julgamento da apelação".*

[266] *"Art. 523. (...) § 3º Das decisões interlocutórias proferidas na audiência de instrução e julgamento caberá agravo na forma retida, devendo ser interposto oral e imediatamente, bem como constar do respectivo termo (art. 457), nele expostas sucintamente as razões do agravante".*

CAPÍTULO IX

Sumário: 9.1. *Resposta do réu.* ***9.2.*** *Rito sumário – Pedido contraposto.* ***9.3.*** *Defesa do réu – Fato impeditivo, modificativo e extintivo.* ***9.4.*** *Julgamento conforme o estado do processo.*

9.1 RESPOSTA DO RÉU

Dispõe o art. 278 que, não obtida a conciliação, oferecerá o réu, na própria audiência, resposta escrita ou oral, acompanhada de documentos e rol de testemunha e, se requerer perícia, formulará seus quesitos desde logo, podendo indicar assistente técnico.

Escrevendo antes da reforma, afirmativa Barbosa Moreira[267]:

> *A defesa do réu não sofre qualquer restrição de conteúdo: pode ele formular, no procedimento sumário, com a mesma amplitude, quaisquer alegações que entenda cabíveis, quer de ordem processual, quer relativas à ação, quer pertinentes ao mérito. A forma é que varia: todas essas possíveis alegações hão de ser formuladas, por escrito ou oralmente, na audiência, nada importando que se trate de matéria suscitável, no procedimento ordinário, em contestação ou por via de exceção. Incidem as normas do art. 300 (ressalvada a especificação das provas, que já deve ter sido anteriormente feita [...].*

O procedimento sumário não admite ação declaratória incidental nem a intervenção de terceiro, salvo assistência, o recurso de terceiro prejudicado e a intervenção fundada em contrato de seguro, consoante disposto no art. 280.

Observadas essas restrições, a resposta pode consistir em exceções e contestação, ser apresentada por escrito ou oral, na própria audiên-

---

[267] BARBOSA MOREIRA, José Carlos. *Op. cit.*, p. 124-125.

cia, acompanhada de documentos e rol de testemunhas, bem assim de quesitos e indicação de assistente técnico, se pretender prova pericial.

Observa Barbosa Moreira[268] que o Código não contém regras especiais atinentes à arguição, no procedimento sumário, da incompetência relativa, do impedimento ou da suspeição do juiz. A oportunidade adequada é, sem dúvida, a audiência onde o réu há de apresentar toda a defesa que tiver. Não se exigirá, contudo, petição escrita, ao contrário do que ocorre no procedimento ordinário (arts. 297[269], 307[270], 312, 2ª parte[271]). Inexistindo, quanto ao mais, disciplina própria, é forçoso, *de lege lata*, reconhecer como aplicável o rito previsto, em relação ao procedimento ordinário, para as exceções, adaptando-se às peculiaridades do sumário tudo que, de outro modo, com este não se compadeceria.

O ônus imposto ao réu, de formular, na defesa, os seus quesitos e indicar assistente técnico, se requerer perícia (art. 278, parte final)[272], iguala a situação das partes, vez que idêntico ônus é imposto ao autor, na petição inicial (art. 276)[273].

Não se desincumbindo do encargo, opera-se a preclusão.

Não havendo no procedimento sumário uma fase própria, para essas providências, como há no ordinário, esse momento se concentra também na audiência.

9.2 RITO SUMÁRIO – PEDIDO CONTRAPOSTO

Na vigência das disposições revogadas, não se admitia a reconvenção nas causas de procedimento sumaríssimo (revogado art. 315,

---

[268] *Idem*, p. 125.

[269] "*Art. 297. O réu poderá oferecer, no prazo de 15 (quinze) dias, em petição escrita, dirigida ao juiz da causa, contestação, exceção e reconvenção*".

[270] "*Art. 307. O excipiente arguirá a incompetência em petição fundamentada e devidamente instruída, indicando o juízo para o qual declina*".

[271] "*Art. 312. A parte oferecerá a exceção de impedimento ou de suspeição, especificando o motivo da recusa (arts. 134 e 135). A petição, dirigida ao juiz da causa, poderá ser instruída com documentos em que o excipiente fundar a alegação e conterá o rol de testemunhas*".

[272] "*Art. 278. Não obtida a conciliação, oferecerá o réu, na própria audiência, resposta escrita ou oral, acompanhada de documentos e rol de testemunhas e, se requerer perícia, formulará seus quesitos desde logo, podendo indicar assistente técnico*".

[273] "*Art. 276. Na petição inicial, o autor apresentará o rol de testemunhas e, se requerer perícia, formulará quesitos, podendo indicar assistente técnico*".

§ 2º)[274], tendo essa disposição sido substituída pelo novo art. 278, § 1º, rezando que: "*É lícito ao réu, na contestação, formular pedido em seu favor, desde que fundado nos mesmos fatos referidos na inicial*".

Esse preceito não admite uma *reconvenção*, nos moldes tradicionais, apenas facultando que o réu, na própria contestação, formule pedido contraposto em seu favor. Assim, por exemplo, se o autor demandar o réu para ressarcimento por danos causados por acidente de veículo, poderá este, entendendo ter havido culpa do autor, formular pedido de ressarcimento contra este.

Anota Athos Gusmão Carneiro que os limites de admissibilidade dessa *reconvenção* são bem mais restritos; não bastará a simples conexão "com a ação principal ou com o fundamento da defesa" (art. 315, *caput*), fazendo-se mister, para a admissão do "pedido em seu favor", que o réu o tenha baseado *nos mesmos fatos* já constantes da petição inicial. Evita-se, assim, uma maior ampliação da área de debate e cognição[275].

Desta forma, a ação de rito sumário tornou possível esse pedido contraposto (*endorreconvencional*).

Fora dessa hipótese, a reconvenção continua vedada, por incompatível com o rito sumário e a celeridade processual.

Se o réu não lograr fazer converter o rito sumário em ordinário, deverá propor a ação própria que lhe conferir o respectivo título, que afetará a competência, por prevenção e conexão, devendo, ambas, ser julgadas pelo mesmo juiz.

A fonte dessa disposição foi o art. 32[276] da Lei 7.244/84 (Juizado Especial de Pequenas Causas) – atual art. 31[277] da Lei 9.099/95 (Juizados Especiais Cíveis) –, que, embora não admitindo a reconvenção,

---

[274] "*Art. 315. (...) § 2º Não se admitirá reconvenção nas causas de procedimento sumaríssimo*".

[275] CARNEIRO, Athos Gusmão. *Op. cit.*, p. 144.

[276] "*Art. 32. Não se admitirá a reconvenção. É lícito ao réu, na contestação, formular pedido em seu favor, nos limites do art. 3º desta Lei, desde que fundado nos mesmos fatos que constituem objeto da controvérsia.* **Parágrafo único.** *O autor poderá responder ao pedido do réu na própria audiência ou requerer a designação de nova data, que será desde logo fixada, cientes todos os presentes*".

[277] "*Art. 31. Não se admitirá a reconvenção. É lícito ao réu, na contestação, formular pedido em seu favor, nos limites do art. 3º desta Lei, desde que fundado nos mesmos fatos que constituem objeto da controvérsia.* **Parágrafo único.** *O autor poderá responder ao pedido do réu na própria audiência ou requerer a designação da nova data, que será desde logo fixada, cientes todos os presentes*".

tornou lícito ao réu, na contestação, formular pedido em seu favor, nos limites da lei, desde que *fundado nos mesmos fatos que constituem objeto da controvérsia*.

Se houver pedido do réu em seu favor, na contestação, deve o juiz permitir que o autor se manifeste, em respeito aos princípios do *contraditório* e da *ampla defesa*, que a celeridade processual não pode neutralizar.

9.3 DEFESA DO RÉU – FATO IMPEDITIVO, MODIFICATIVO E EXTINTIVO

Dispõe o art. 326, aplicável ao procedimento sumário, que, se o réu, reconhecendo o fato em que se fundou a ação, outro lhe opuser impeditivo, modificativo ou extintivo do direito do autor, este será ouvido no prazo de dez dias, facultando-lhe o juiz a produção de prova documental.

O autor funda a sua ação num fato, *chamado fato constitutivo*, que é aquele que dá vida (constitui) a relação jurídica litigiosa, ou serve de embasamento ao pleito do autor. É o fato cuja afirmação e prova competem ao autor (art. 333, I)[278]. Por exemplo: na ação de ressarcimento de dano, a existência deste; na cobrança de quantia devida ao condomínio, o débito.

Nos termos do art. 282, III, a petição inicial indicará o *fato* e os fundamentos jurídicos do pedido, pena de inépcia.

Ao se defender, pode o réu limitar-se a negar o fato constitutivo do direito do autor, ou, reconhecendo-o, opor-lhe outro, impeditivo, modificativo ou extintivo do direito. Por essa alegação, detém o ônus da prova (art. 333, II)[279].

O *fato impeditivo*, também chamado "circunstância impeditiva", é aquele que impede que o fato constitutivo alegado pelo autor produza os seus efeitos normais, ou os efeitos que lhe são próprios, ocasionando um impedimento. Por exemplo: a qualidade de menor, por quem excepciona a própria incapacidade no contrato (de arrendamento ou parceria), ou a capacidade civil do vendedor no contrato de compra e venda.

O *fato modificativo* é aquele que opera uma modificação no fato (constitutivo) invocado pelo autor; ou que tem a eficácia de modificar o

---

[278] "*Art. 333. O ônus da prova incumbe: I – ao autor, quanto ao fato constitutivo do seu direito; (...)*".

[279] "*Art. 333. O ônus da prova incumbe: II – ao réu, quanto à existência de fato impeditivo, modificativo ou extintivo do direito do autor*".

direito do autor. Por exemplo: o autor cobra R$ 100,00 e o réu alega que já pagou R$ 50,00.

O *fato extintivo* é aquele que extingue a relação jurídica material ou o direito do autor. Por exemplo: o réu alega que já pagou; ou então que o direito está prescrito[280].

Tais fatos devem ser contraditados (impugnados) pelo autor *na própria audiência* de conciliação, em face da concentração dos atos processuais. Se, em face da complexidade dos fatos, não dispuser de elementos para fazê-lo, por depender de prova que deva ir à cata, deve o juiz adiar a audiência para que possa fazê-lo, em prazo não inferior ao referido no art. 316.

9.4 JULGAMENTO CONFORME O ESTADO DO PROCESSO

O procedimento sumário admite, por expressa determinação legal (art. 278, § 2°)[281], o julgamento conforme o estado do processo[282], tanto através da extinção do processo (art. 329)[283] quanto do julgamento antecipado da lide (art. 330, I e II)[284]. Mas, tudo, *cum grano salis*[285].

Estabelece o § 2° do art. 278 que a audiência de instrução e julgamento só será designada se não ocorrer qualquer das hipóteses previstas nos arts. 329 e 330, I e II.

Portanto, ocorrendo qualquer das hipóteses previstas nos arts. 267, incs. I a XI e 269, incs. II a V, o juiz declarará extinto o processo.

O art. 267 regula as causas de extinção do processo *sem resolução do mérito*, que são: I – quando o juiz indeferir a petição inicial; II –

---

[280] CARREIRA ALVIM, J. E. *Op. cit.*, p. 326-327.

[281] "*Art. 278. (...) § 2° Havendo necessidade de produção de prova oral e não ocorrendo qualquer das hipóteses previstas nos arts. 329 e 330, I e II, será designada audiência de instrução e julgamento para data próxima, não excedente de trinta dias, salvo se houver determinação de perícia*".

[282] Inspirou-se o legislador na *Entscheidung nach lage der Akten* (literalmente: decisão de acordo com o arquivo) do direito alemão. MUNIZ, Severino. *Op. cit.*, p. 167.

[283] "*Art. 329. Ocorrendo qualquer das hipóteses previstas nos arts. 267 e 269, II a V, o juiz declarará extinto o processo*".

[284] "*Art. 330. O juiz conhecerá diretamente do pedido, proferindo sentença: I – quando a questão de mérito for unicamente de direito, ou, sendo de direito e de fato, não houver necessidade de produzir prova em audiência; II – quando ocorrer a revelia (art. 319)*".

[285] Com um grão de sal; com temperamento.

quando ficar parado durante mais de um ano por negligência das partes; III – quando, por não promover os atos e diligências que lhe competir, o autor abandonar a causa por mais de trinta dias; IV – quando se verificar a ausência de pressupostos de constituição e de desenvolvimento válido e regular do processo; V – quando o juiz acolher a alegação de perempção, litispendência ou de coisa julgada; VI – quando não concorrer qualquer das condições da ação, como a possibilidade jurídica, a legitimidade das partes e o interesse processual; VII – pela convenção de arbitragem; VIII – quando o autor desistir da ação; IX – quando a ação for considerada intransmissível por disposição legal; X – quando ocorrer confusão entre autor e réu; XI – nos demais casos prescritos neste Código.

O art. 269, incs. II a V, regula as causas de resolução do mérito do processo, que são: II – quando o réu reconhecer a procedência do pedido; III – quando as partes transigirem; IV – quando o juiz pronunciar a decadência ou a prescrição; V – quando o autor renunciar ao direito sobre que se funda a ação.

As hipóteses de indeferimento da petição inicial vêm elencadas no art. 295, incs. I a VI: I – quando for inepta; II – quando a parte for manifestamente ilegítima; III – quando o autor carecer de interesse processual; IV – quando o juiz verificar, desde logo, a decadência ou a prescrição; V – quando o tipo de procedimento, escolhido pelo autor, não corresponder à natureza da causa, ou ao valor da ação; caso em que só não será indeferida, se puder adaptar-se ao tipo de procedimento legal; VI – quando não atendidas as prescrições dos arts. 39, parágrafo único, primeira parte, e 284.

Nos termos dos incs. I a IV do parágrafo único do art. 295, considera-se inepta a petição inicial, quando: I – lhe faltar pedido ou causa de pedir; II – da narração dos fatos não decorrer logicamente a conclusão; III – o pedido for juridicamente impossível; IV – contiver pedidos incompatíveis entre si.

O art. 330 dispõe, por seu turno, que o juiz conhecerá diretamente do pedido, proferindo sentença: I – quando a questão de mérito for unicamente de direito, ou, sendo de direito e de fato, não houver necessidade de produzir prova em audiência; II – quando ocorrer a revelia (art. 319).

As ausências à audiência podem determinar as seguintes situações:

    a)   a ausência do réu ou preposto seu, sem justificativa, determina a confissão ficta e a prolação desde logo da sentença (art. 277, § 2º), por ausentes as condições físicas para a conciliação. Se presente o advogado, revestindo a qualidade de preposto, com poderes para transigir, frustrada a conciliação, poderá apresentar defesa, prosseguindo-se nos demais atos do processo. Se comparecer o advogado, sem a qualidade de preposto, mas revestindo a de mandatário judicial, não poderá contestar os fatos, que, *ex vi legis*, presumem-se verdadeiros (presunção *iuris tantum*)[286], mas não impedido de produzir defesa sobre questão de direito, inclusive alertando o juiz para a inocorrência da *presunção de veracidade*, por resultar o contrário da prova dos autos (art. 277, § 2°). Toda regra processual que, de algum modo, afete o direito de defesa deve ser interpretada *cum grano salis*;

b) na ausência do autor, ou deste e de seu advogado, sem qualquer justificativa, tem-se por prejudicada a conciliação –, mesmo porque impossibilitada fisicamente pela contumácia –, o juiz receberá a resposta do réu, podendo dispensar a prova requerida pela parte ausente (art. 453, § 2°)[287], e colher apenas a prova da parte presente, proferindo em seguida a sentença;

c) ausentes tanto o autor quanto o réu, mas presentes seus advogados, sem revestirem a qualidade de preposto – se revestir, terá lugar a proposta de conciliação –, mas apenas como mandatários judiciais, aplica-se ao réu a *presunção de veracidade*, o que torna desnecessária a produção de prova oral, admitindo-se a produção da defesa na forma descrita na alínea **a** *retro*;

d) ausentes autor e réu e seus respectivos advogados, aplica-se o art. 453, § 2°, se não se dispuser o juiz, nessas circunstâncias, a colher a prova, seguindo-se a prolação da sentença. Assim não pensa Athos Gusmão Carneiro, para quem o juiz determinará aguardem os autos, em cartório, a manifestação das partes, além do que, a inatividade durante mais de um ano poderá acarretar, a teor do art. 267, II e § 1°[288], a extinção do processo[289].

---

[286] Presunção *iuris tantum* (apenas por direito) ou relativa é aquela que admite prova em contrário; presunção *iuris et de iure* (de direito e por direito) ou absoluta é aquela que não admite prova em contrário.

[287] "*Art. 453. (...) § 2° Pode ser dispensada pelo juiz a produção das provas requeridas pela parte cujo advogado não compareceu à audiência*".

[288] "*Art. 267. Extingue-se o processo, sem resolução de mérito: (...) II – quando ficar parado durante mais de 1 (um) ano por negligência das partes; (...) § 1° O juiz ordenará, nos*

Severino Muniz[290], antes da reforma, já afirmava que as normas dos arts. 329 e 330 tinham inteira aplicação no procedimento sumaríssimo (atual sumário), em determinadas circunstâncias. Tal julgamento, dizia, não implica, necessariamente, para sua concretização, a não realização da audiência, mas sim a desnecessidade da instrução[291].

O julgamento conforme o estado do processo pode ter lugar em qualquer momento processual, *antes* da realização da audiência de instrução e julgamento, pois, nos termos do art. 278, § 2º[292], só se não ocorrerem as hipóteses previstas nos arts. 329 e 330, I e II, a segunda audiência será designada, havendo prova oral a ser nela produzida.

Esse era também o entendimento de Severino Muniz[293], para quem, mesmo que iniciada a audiência, podia o juiz, ocorrendo qualquer caso previsto nos arts. 267[294] e 269, II a V[295], extinguir o processo na fase em que se encontrava, ou seja, na fase da audiência, até antes de iniciada a conciliação ou a instrução conforme o caso.

---

casos dos ns. II e III, o arquivamento dos autos, declarando a extinção do processo, se a parte, intimada pessoalmente, não suprir a falta em 48 (quarenta e oito) horas. (...)".

[289] Nas causas de natureza previdenciária, relativas a correção de renda mensal inicial, tive oportunidade de julgar causas sumárias em que nenhuma das partes, nem seus advogados (no caso do INSS, os procuradores) estiveram presentes, solucionando, assim, um sem número de demandas.

[290] MUNIZ, Severino. *Op. cit.*, p. 173.

[291] *Ibidem.*

[292] "*Art. 278.* (...) *§ 2º Havendo necessidade de produção de prova oral e não ocorrendo qualquer das hipóteses previstas nos arts. 329 e 330, I e II, será designada audiência de instrução e julgamento para data próxima, não excedente de trinta dias, salvo se houver determinação de perícia".*

[293] MUNIZ, Severino. *Op. cit.*, p. 175.

[294] "*Art. 267. Extingue-se o processo, sem resolução de mérito: I – quando o juiz indeferir a petição inicial; II – quando ficar parado durante mais de 1 (um) ano por negligência das partes; III – quando, por não promover os atos e diligências que lhe competir, o autor abandonar a causa por mais de 30 (trinta) dias; IV – quando se verificar a ausência de pressupostos de constituição e de desenvolvimento válido e regular do processo; V – quando o juiz acolher a alegação de peremptção, litispendência ou de coisa julgada; VI – quando não concorrer qualquer das condições da ação, como a possibilidade jurídica, a legitimidade das partes e o interesse processual; VII – pela convenção de arbitragem; VIII – quando o autor desistir da ação; IX – quando a ação for considerada intransmissível por disposição legal; X – quando ocorrer confusão entre autor e réu; XI – nos demais casos prescritos neste Código".*

[295] "*Art. 269. Haverá resolução de mérito: (...) II – quando o réu reconhecer a procedência do pedido; III – quando as partes transigirem; IV – quando o juiz pronunciar a decadência ou a prescrição; V – quando o autor renunciar ao direito sobre que se funda a ação".*

O julgamento antecipado da lide ocorrerá quando, aberta a audiência preliminar, frustrada a conciliação, e apresentada a defesa, verificar o juiz que a questão a ser decidida é unicamente de direito, ou, sendo de direito e de fato, não houver necessidade da produção de prova na (segunda) audiência (art. 330, I). Ocorrerá também quando, aberta a audiência, constatar o juiz a revelia (art. 330, II).

A única diferença entre o julgamento antecipado da lide, no procedimento ordinário e no *sumário*, é que no primeiro pode ocorrer fora da audiência, e no segundo, terá que aguardar a audiência[296]. O julgamento conforme o estado do processo, ao contrário, pode ocorrer *initio litis*, como quando ocorre o indeferimento da petição inicial (art. 267, I).

Lembra Athos Gusmão Carneiro[297] que, em atenção ao princípio da celeridade, ao juiz impende manter pauta preferencial para os procedimentos sob o rito sumário, e deverá designar a audiência para data próxima não excedente de trinta dias. Mas se houver deferido prova pericial, este prazo poderá ser majorado, máxime se a natureza dos fatos controvertidos e sujeitos à perícia exigir a produção de laudo pelo perito e de pareceres escritos dos assistentes técnicos (arts. 433 e 434).

---

[296] MUNIZ, Severino. *Op. cit.*, p. 176.
[297] CARNEIRO, Athos Gusmão. *Op. cit.*, p. 145.

CAPÍTULO X

Sumário: 10.1. Segunda audiência – Instrução e julgamento. 10.2. Documentação dos atos processuais. 10.3. Estenotipia – Conceito. 10.4. Novos métodos de documentação. 10.5. Atos estenotipados – Formalização. 10.6. Sentença estenotipada. 10.7. Estenotipia e recurso. 10.8. Contagem do prazo recursal. 10.9. Sentença verbal em audiência – Intimação. 10.10. Gravação do ato processual – Segredo de justiça.

10.1 SEGUNDA AUDIÊNCIA – INSTRUÇÃO E JULGAMENTO

Estabelece o § 2º do art. 278 que, havendo necessidade de produção de prova oral e não ocorrendo qualquer das hipóteses previstas nos arts. 329 e 330, n. I e II, será designada audiência de instrução e julgamento para data próxima, não excedente de trinta dias, salvo se houver determinação de perícia. Trata-se mais uma vez de prazo impróprio (ou recomendatório), que estará na dependência da pauta de audiências, quase sempre sobrecarregada.

Essa disposição pode fazer supor que o Código impõe, necessariamente, a designação de duas audiências: **a)** uma de conciliação (art. 277, *caput*)[298], que é também a de defesa; **b)** outra de instrução e julgamento, se houver necessidade de produção de prova oral (art. 278, § 2º)[299].

---

[298] "*Art. 277. O juiz designará a audiência de conciliação a ser realizada no prazo de trinta dias, citando-se o réu com a antecedência mínima de dez dias e sob advertência prevista no § 2º deste artigo, determinando o comparecimento das partes. Sendo ré a Fazenda Pública, os prazos contar-se-ão em dobro. (...)*".

[299] "*Art. 278. (...) § 2º Havendo necessidade de produção de prova oral e não ocorrendo qualquer das hipóteses previstas nos arts. 329 e 330, I e II, será designada audiência de instrução e julgamento para data próxima, não excedente de trinta dias, salvo se houver determinação de perícia. (...)*".

No entanto, o que resulta da lei é que o juiz deve designar a audiência de conciliação (e defesa) para um mesmo dia (audiência prévia), marcando para outra data a de instrução e julgamento (segunda audiência), na esperança de que esse esforço concentrado na conciliação resolva, na base do acordo, o maior número de litígios possível. O que não significa que, nas pequenas comarcas, com pequeno movimento forense, não possa o juiz, numa única audiência, conciliar, instruir e julgar, sendo até aconselhável que o faça, resolvendo de vez a lide.

A segunda audiência só será normalmente necessária em duas hipóteses: **a)** se houver necessidade de prova oral; e **b)** se, tendo havido prova pericial, houver necessidade de esclarecimentos (orais) sobre o laudo.

Nas comarcas em que as pautas o permitirem, nada impede seja designada uma única audiência, que será de conciliação, instrução e julgamento.

10.2 DOCUMENTAÇÃO DOS ATOS PROCESSUAIS

Dispõe o art. 279 que os atos probatórios realizados em audiência poderão ser documentados mediante taquigrafia, estenotipia ou outro método hábil de documentação, fazendo-se a respectiva transcrição, se assim o determinar o juiz.

O parágrafo único do art. 279 reza que nas comarcas ou varas em que não for possível a taquigrafia, a estenotipia ou outro método de documentação, os depoimentos serão reduzidos a termo, do qual constará apenas o essencial.

Como o que é essencial para o juiz pode não ser o que o advogado da parte considere essencial, e vice-versa, deve o juiz determinar a transcrição se a parte o requerer, aplicando-se por analogia o § 2º do art. 416.

A transcrição a que se refere o art. 279 é a versão para a datilografia, através de caracteres latinos. O parágrafo único desse artigo teve em vista uma realidade nacional, pois muitas comarcas não possuem sequer um razoável serviço de datilografia; nessa hipótese, os depoimentos serão reduzidos a termo, constando apenas o essencial[300].

---

[300] Essa regra é repetição do que se continha no art. 279 na versão anterior.

10.3 ESTENOTIPIA – CONCEITO

A *estenotipia* nada mais é do que a "taquigrafia mecânica", que permite o registro dos atos judiciais orais com as palavras proferidas, dispensando o tradicional ditado das declarações pelo juiz ao datilógrafo, técnica já implantada em Varas do Estado de São Paulo e de Porto Alegre[301].

O uso da estenotipia, afirma Sidnei Beneti[302], poderá resolver um dos grandes problemas com que se debate o aparelhamento judiciário: o da demora dos atos de documentação, motivada pela reduzida velocidade do sistema de ditado a datilógrafos, ou de escrito em rascunhos manuscritos ou datilografados.

10.4 NOVOS MÉTODOS DE DOCUMENTAÇÃO

O art. 279 ajusta-se à orientação das minirreformas que, nos arts. 170[303] e 417[304], consagraram a estenotipia, ao lado da datilografia e da taquigrafia, como método de documentação dos atos processuais, buscando assim imprimir maior agilidade na prestação jurisdicional[305].

O art. 170 estabelece que: "*É lícito o uso da taquigrafia, da estenotipia, ou de outro método idôneo, em qualquer juízo ou tribunal*".

Mesmo sem expressa disposição legal, a estenotipia já vinha sendo admitida pela jurisprudência, como espécie do gênero "taquigrafia", versada no art. 170[306]. Sempre se admitiu, também, que a conveniência de sua adoção ficasse a critério do juiz, independentemente de consulta às partes[307], mesmo porque se trata de documentação de ato processual, praticado pelo juiz ou sob sua direção, e, portanto, de atividade estreitamente ligada ao exercício da própria jurisdição.

---

[301] BENETI, Sidnei Agostinho. "O prazo para recurso de sentença registrada em audiência por estenotipia", *RTACrim*. SP, *Lex* n. 95-7.

[302] *Ibidem*, p. 29.

[303] "*Art. 170. É lícito o uso da taquigrafia, da estenotipia, ou de outro método idôneo, em qualquer juízo ou tribunal*".

[304] "*Art. 417. O depoimento, datilografado ou registrado por taquigrafia, estenotipia ou outro método idôneo de documentação, será assinado pelo juiz, pelo depoente e pelos procuradores, facultando-se às partes a sua gravação. (...)*".

[305] Ao lado dessas técnicas, os tribunais vêm usando, também, com sucesso, a gravação sonora, que, pela degravação, permite esclarecer eventuais divergências entre o conteúdo dos votos e o do acórdão.

[306] *JTA* 98/282.

[307] *RT* 596/163.

Com a alteração do art. 170, e como reflexo dela, modificou-se também o art. 417, estabelecendo este:

> *Art. 417. O depoimento, datilografado ou registrado por taquigrafia, estenotipia ou outro método idôneo de documentação, será assinado pelo juiz, pelo depoente e pelos procuradores, facultando-se às partes a sua gravação.*
>
> *§ 1º O depoimento será passado para a versão datilográfica quando houver recurso da sentença ou noutros casos, quando o juiz o determinar, de ofício ou a requerimento da parte.*
>
> *§ 2º Tratando-se de processo eletrônico, observar-se-á o disposto nos §§ 2º e 3º do art. 169 desta Lei*[308].

A possibilidade da gravação, pela parte, apesar de somente agora vir contemplada pela lei, não era incompatível com o sistema anterior, dado o caráter público da audiência e do processo.

Uma vez registrado o depoimento por método diverso da datilografia (como a taquigrafia, a estenotipia etc.), deve ser assinado pelo juiz, pelo depoente e pelos procuradores, não tendo estes últimos o direito de exigir que, *para assiná-lo*, primeiro seja *vertido* para a datilografia, com o que se neutralizaria o principal objetivo da reforma, que foi agilizar a prática desse ato processual. Daí, facultar a lei que a parte grave o depoimento, para eventual conferência e impugnação, se necessário.

Assim não pensa Cândido Dinamarco, para quem, sentindo necessidade, a parte requererá a transcrição e o juiz *deve* deferi-la[309].

Sergio Bermudes sustenta que, se o recorrente entender que a sentença distorceu o depoimento e quiser demonstrar a deturpação dele nas razões do seu recurso, poderá pedir ao juiz que ordene a transcrição, antes de impugnar a sentença[310].

---

[308] "*Art. 169. (...) § 2º Quando se tratar de processo total ou parcialmente eletrônico, os atos processuais praticados na presença do juiz poderão ser produzidos e armazenados de modo integralmente digital em arquivo eletrônico inviolável, na forma da lei, mediante registro em termo que será assinado digitalmente pelo juiz e pelo escrivão ou chefe de secretaria, bem como pelos advogados das partes. § 3º No caso do § 2º deste artigo, eventuais contradições na transcrição deverão ser suscitadas oralmente no momento da realização do ato, sob pena de preclusão, devendo o juiz decidir de plano, registrando-se a alegação e a decisão no termo*".

[309] DINAMARCO, Cândido Rangel. **A reforma do Código de Processo Civil**. São Paulo: Malheiros, 1995. p. 82.

[310] BERMUDES, Sergio. **A reforma do Código de Processo Civil**. Rio de Janeiro: Freitas Bastos, 1995. p. 48.

A gravação tanto pode ser em qualquer sistema eletrônico, conforme a disciplina imposta pela Lei 11.419/06, que dispõe sobre a informatização do processo judicial.

10.5 ATOS ESTENOTIPADOS – FORMALIZAÇÃO

A meu ver, o uso da taquigrafia ou estenotipia não deve ser sacrificado, porque pretendam as partes ou seus patronos certificar-se da *substância* do depoimento, para, só então, assiná-lo, pois, com a sua assinatura, mais não fazem do que autenticar *formalmente* o documento; o *conteúdo* do depoimento poderá ser comprovado com a gravação, inclusive para fins de correção, quando houver discrepância entre o conteúdo dela e o do texto taquigrafado, estenotipado ou datilografado, ou entre estes, cabendo à parte interessada suscitar e ao juiz resolver o incidente processual.

10.6 SENTENÇA ESTENOTIPADA

Encerrada a instrução, com a tomada dos depoimentos e alegações da partes – com os atos registrados por taquigrafia ou estenotipia –, pode o juiz, desde logo, proferir a sentença, na audiência[311], valendo-se, para documentá-la, da mesma técnica, o que se justifica em virtude de estarem os fatos presentes na sua memória. Nessa hipótese, desnecessária se torna a prévia versão datilográfica, que só serviria para atrasar a resolução da lide.

A transcrição só terá lugar se o juiz *entendê-la necessária para sua própria compreensão da causa e, nesse caso, de ofício fará transcrever os depoimentos*[312], ou, então, se as partes a requererem, para fins de recurso, caso em que, além dos depoimentos, poderão também ser vertidas as alegações das partes e a sentença.

Nessa hipótese, ainda que proferida a sentença em audiência, o prazo para recurso ficará suspenso, até que se conclua a transcrição, intimadas as partes.

---

[311] No mesmo sentido, Theotonio Negrão, para quem, se os depoimentos forem tomados em audiência, por taquigrafia, estenotipia ou outro método idôneo, *o juiz pode proferir sentença desde logo*, independentemente de sua transcrição datilográfica. Nesse sentido também a jurisprudência. *RT* 624/130 – NEGRÃO, Theotonio. *Op. cit.*, p. 336.

[312] DINAMARCO, Cândido Rangel. *Op. cit.*, p. 82.

10.7 ESTENOTIPIA E RECURSO

Nos termos do § 1º do art. 417, o depoimento será passado para a versão datilográfica *quando houver recurso da sentença*, podendo esta expressão ser tomada num duplo sentido: **a)** "*quando a lei prever* (em tese) *recurso da sentença*", o que excluiria, por exemplo, as causas de alçada; ou **b)** "*quando a parte recorrer da sentença*".

A primeira hipótese deve ser afastada porque tornaria obrigatória a datilografia de, praticamente, todos os depoimentos, porquanto a regra é a recorribilidade da sentença. Aliás, se se tratar de causas de alçada, apenas excepcionalmente caberá recurso extraordinário, quando será necessária a versão para caracteres latinos.

Resta, assim, a segunda hipótese, cumprindo distinguir se a parte tem condições de fundamentar o seu recurso independentemente da transcrição, ou se, ao contrário, necessita desta para recorrer. No primeiro caso, pode fazê-lo, servindo-se da sua própria memória ou da gravação que tenha feito dos atos processuais; no segundo, deve requerer ao juiz a transcrição, para fins de interposição do recurso. Esse requerimento deve ser formulado pelo recorrente *no prazo de que dispõe para recorrer*, ficando, a partir de então, *suspenso* o prazo recursal. Se vier a fazê-lo no *último dia* do prazo, já não disporá de tempo para a interposição do recurso, com base na transcrição.

Diferentemente pensa Sergio Bermudes[313], para quem a parte deve formular o pedido de transcrição em cinco dias da intimação da sentença (art. 185)[314], constituindo ele justa causa (art. 183, 1º)[315], o que faz o prazo recursal correr somente depois de decidido, cumprindo ao juiz devolvê-lo ao recorrente (e não dar a ele um prazo menor, pretextando aplicar o § 2º do art. 183), sob pena de não lhe garantir a ampla defesa, constitucionalmente assegurada (CF, art. 5º, LV)[316].

---

[313] BERMUDES, Sergio. *Op. cit.*, p. 48-49.

[314] "*Art. 185. Não havendo preceito legal nem assinação pelo juiz, será de 5 (cinco) dias o prazo para a prática de ato processual a cargo da parte*".

[315] "*Art. 183. (...) § 1º Reputa-se justa causa o evento imprevisto, alheio à vontade da parte, e que a impediu de praticar o ato por si ou por mandatário*".

[316] "*Art. 5º. (...) LV – aos litigantes, em processo judicial ou administrativo, e aos acusados em geral são assegurados o contraditório e ampla defesa, com os meios e recursos a ela inerentes; (...)*".

Comentando o § 1º do art. 417, entende Theotonio Negrão[317] que essa disposição é, no mínimo, absurda, porque como poderá a parte recorrer se os depoimentos não estiverem datilografados nos autos? Terá de citá--los de memória, será obrigada a saber lê-los ainda em taquigrafia ou em estenotipia, ou deverá, para garantir-se, levar um gravador à audiência? Como disse acima, não estando os atos datilografados, pode o recorrente valer-se da própria memória, da taquigrafia ou estenotipia, se entender a linguagem, valer-se de eventual gravação ou – hipótese não considerada por Theotonio Negrão – *requerer a transcrição* para caracteres latinos, para fins de recurso. Portanto, não se pode acoimar de absurda uma norma que faculta tantas possibilidades ao recorrente. A expressão "quando houver recurso da sentença" significa, consoante a melhor exegese, "quando a parte pretender recorrer da sentença", e não, quando já tiver recorrido.

10.8 CONTAGEM DO PRAZO RECURSAL

Questão das mais controvertidas é a relativa à contagem do prazo para recurso de sentença registrada em audiência por estenotipia[318], não havendo uniformidade sobre o tema na jurisprudência.

Anota Sidnei Beneti que, em São Paulo, o extinto Tribunal de Alçada Criminal[319] entendeu dever o prazo recursal contar-se a partir *da data do ditado da sentença por estenotipia*. No cível, a jurisprudência firmou-se no sentido contrário[320], assentando que a contagem se dá a partir da *publicação da transcrição datilográfica da sentença*, corrigida, datada e assinada pelo juiz.

10.9 SENTENÇA VERBAL EM AUDIÊNCIA – INTIMAÇÃO

A intimação da sentença, no procedimento sumário, em nada difere da intimação da sentença no ordinário.

---

[317] NEGRÃO, Theotonio. **Código de Processo Civil**. 26. ed. São Paulo: Saraiva, 1995. p. 327. No original, o comentário é ao parágrafo único do art. 417, que corresponde ao § 1º desse mesmo artigo.
[318] BENETI, Sidnei Agostinho. *Op. cit.*, p. 7-10.
[319] Apelação 353.663-4 e Apelação 466.437-1.
[320] *RJTJESP*, Lex 98/378; *RT* 603/147; *RT* v. 607/112; *JTACSP* 91/320; *JTACSP* 93/380.

A sentença *verbalmente* proferida em audiência considera-se publicada na própria audiência, *ex vi* do disposto no art. 463[321], não estando sujeita à formalidade de que trata o art. 164[322] (revisão e assinatura), própria dos acórdãos. É que, no caso de atos emanados de juízes singulares, não há intervalo entre o julgamento e sua redução a escrito; pois tudo ocorre *numa mesma assentada*, de forma que, ao terminar de ditar a sentença, tem-se por julgado o feito, cumprindo ao juiz, apenas, autenticar de imediato o termo com a sua assinatura. O termo de audiência documenta, no caso, a publicação.

Publicada a sentença na audiência para a qual foram as partes regularmente convocadas, consideram-se, igualmente, as partes dela intimadas, nessa oportunidade, caso em que a publicação e intimação ocorrem *uno actu* (sem intervalo).

Essa a razão que me leva a divergir de Sidnei Beneti quando entende estar a sentença, tanto quanto os acórdãos, sujeita à formalidade do art. 164 – revisão e assinatura posteriores – porque não está. Ainda que taquigrafada ou estenotipada, a sentença, tanto quanto o depoimento registrado pelo mesmo método, retrata um ato processual, pelo que, se este, uma vez concluído, "*será assinado pelo juiz, pelo depoente e pelos procuradores*" (art. 417, *caput*)[323], não há por que ser diferente com aquela, apenas por ser o ato que consubstancia a decisão da causa.

Se a sentença contiver inexatidões materiais ou erros de cálculo, poderá o juiz corrigi-la de ofício (art. 463, I), sem que precise, para segurança do ato, revisar a versão datilográfica do texto taquigrafado ou estenotipado[324].

A técnica adotada pelo Código, no entanto, só terá êxito na medida em que o juízo dispuser de pessoal qualificado em todas essas áreas

---

[321] "*Art. 463. Publicada a sentença, o juiz só poderá alterá-la: I – para lhe corrigir, de ofício ou a requerimento da parte, inexatidões materiais, ou lhe retificar erros de cálculo; II – por meio de embargos de declaração*".

[322] "*Art. 164. Os despachos, decisões, sentenças e acórdãos serão redigidos, datados e assinados pelos juízes. Quando forem proferidos, verbalmente, o taquígrafo ou o datilógrafo os registrará, submetendo-os aos juízes para revisão e assinatura.* **Parágrafo único.** *A assinatura dos juízes, em todos os graus de jurisdição, pode ser feita eletronicamente, na forma da lei*".

[323] "*Art. 417. O depoimento, datilografado ou registrado por taquigrafia, estenotipia ou outro método idôneo de documentação, será assinado pelo juiz, pelo depoente e pelos procuradores, facultando-se às partes a sua gravação. (...)*".

[324] Registrei, anteriormente, que esse método alcançaria o máximo de aprimoramento, quando fosse possível o registro dos atos processuais (notadamente depoimentos) através da estenotipia, com versão simultânea para caracteres latinos.

(taquigrafia, estenotipia, datilografia), pois, de nada adiantará concluir rapidamente as audiências, com centenas de autos entulhando o serviço datilográfico.

10.10 GRAVAÇÃO DO ATO PROCESSUAL – SEGREDO DE JUSTIÇA

Quando o processo correr em segredo de justiça, entende Sergio Bermudes que continua proibida a gravação dos depoimentos, porque admiti-la seria condescender com a sua exibição fora do processo[325].

Ora, se as partes e seus procuradores podem pedir certidões de inteiro teor dos atos constantes do processo, inclusive depoimentos pessoais, não vejo porque não poderiam ter acesso a eles através da gravação.

Se alguma das partes se opuser à documentação por esse método, cabe ao juiz resolver a respeito, através de decisão sujeita a recurso. Portanto, repito, não se pode acoimar de absurda uma norma que faculta tantas possibilidades ao recorrente.

---

[325] BERMUDES, Sergio. *Op. cit.*, p. 48.

CAPÍTULO XI

Sumário: 11.1. *Incidentes processuais e intervenção de terceiros.* 11.2. *Assistência – Litisconsórcio.* 11.3. *Recurso de terceiro prejudicado.* 11.4. *Intervenção fundada em contrato de seguro.* 11.5. *Procedimento sumário – Perícia – Inspeção judicial.* 11.6. *Recursos no procedimento sumário.*

11.1 INCIDENTES PROCESSUAIS E INTERVENÇÃO DE TERCEIROS

O fundamento básico da intervenção de terceiros no processo de outrem é, basicamente, a economia processual no sentido mais amplo (de tempo e dinheiro).

Terceiros são pessoas estranhas à relação jurídica de direito material deduzida em juízo e estranhas à relação processual já constituída, mas que, sujeitos de uma relação de direito material que àquela se liga intimamente, intervêm no processo sobre a mesma relação, a fim de defender interesse próprio[326].

São modalidades de intervenção de terceiros como tal tratadas pelo Código: **a)** oposição (arts. 56 a 61); **b)** nomeação à autoria (arts. 62 a 69); **c)** denunciação da lide (arts. 70 a 76); e **d)** chamamento ao processo (arts. 77 a 80).

Nenhuma dessas intervenções, qualquer que seja a relação do direito do terceiro com o da parte, encontra amparo no procedimento sumário.

Embora tratados em capítulo próprio, a assistência (arts. 50 a 65) é modalidade de intervenção (voluntária) de terceiros.

---
[326] SANTOS, Moacyr Amaral. *Op. cit.*, v. 2, p. 15.

O art. 280 estabelece que, no procedimento sumário, não são admissíveis ação declaratória incidental, e a intervenção de terceiro, salvo a assistência, o recurso de terceiro prejudicado e a intervenção fundada em contrato de seguro.

O propósito primordial do procedimento sumário é a celeridade, mas, *na prática*, a intervenção de terceiros conspira contra esse objetivo.

A *mens legislatoris*, ao consagrar a *intervenção*, foi sem dúvida a de facilitar as coisas, permitindo, a quem tenha nisso interesse, *pegar carona* no processo alheio, tornando-se parte e resolvendo desde logo o *seu litígio* com uma ou ambas as partes.

Como quem tem a capacidade de prever tem o dever de prevenir-se, cuidou o Código de proibir a intervenção de terceiros no procedimento sumário, para não obstaculizar a celeridade, que é (ou deveria ser) sua principal característica. E, animado pelo propósito acelerador, foi além, proibindo também a ação declaratória incidental, embora a doutrina já se manifestasse contrária a ela, entendendo Barbosa Moreira[327] que a sua propositura daria ensejo a complicações procedimentais incompatíveis com a estrutura do procedimento sumário.

A grande vantagem da nova regra foi excluir a possibilidade de denunciação da lide no procedimento sumário, que, antes da reforma, vinha sendo admitida, não sem divergência, tanto pela doutrina quanto pela jurisprudência, excetuada a intervenção fundada em contrato de seguro (art. 280).

Wellington Pimentel[328] entendia obrigatória a denunciação da lide, nos casos do art. 70, III[329], que, no procedimento sumário (antigo sumaríssimo), devia ocorrer na própria audiência, que seria suspensa, procedendo-se na forma dos arts. 72 a 76. Do mesmo entendimento, era Severino Muniz[330].

Em sede jurisprudencial, era mais ou menos pacífico o cabimento da denunciação da lide no procedimento sumário[331], havendo porém entendimento distoante, considerando incabível a denunciação (*RT* 502/102,

---

[327] BARBOSA MOREIRA, José Carlos. *Op. cit.*, p. 125.
[328] PIMENTEL, Wellington Moreira. *Op. cit.*, p. 77.
[329] "*Art. 70. A denunciação da lide é obrigatória: (...) III – àquele que estiver obrigado, pela lei ou pelo contrato, a indenizar, em ação regressiva, o prejuízo do que perder a demanda*".
[330] MUNIZ, Severino. *Op. cit.*, p. 128-131.
[331] *RSTJ* 37/496, 48/213; *RT* 481/98, 505/95, 537/163, *RJTJESP* 44/56, 50/54, *RF* 251/250. Estas decisões ainda falam em "sumaríssimo".

RJTJESP 36/54, 49/201, 50/157, 119/267)³³², sendo essa a razão de haver o art. 280 excetuado *a intervenção fundada em contrato de seguro*.

Não andou bem a lei ao excluir a ação declaratória incidental, porquanto esta não apresenta os inconvenientes da intervenção de terceiros, sendo ação (incidental) de quem já é parte, apenas com o objetivo de ampliar os efeitos da coisa julgada.

Dispõe o art. 325 do Código que, contestando o réu o direito que constitui fundamento do pedido, o autor poderá requerer, no prazo de dez dias, que sobre ele o juiz profira sentença incidente, se da declaração da existência ou inexistência do direito depender, no todo ou em parte, o julgamento da lide.

Anota Severino Muniz que autores de nomeada³³³ têm repelido a ação declaratória incidental em tal procedimento, sob a fundamentação de que esse pedido é incompatível com ele, porquanto a cumulação sucessiva de pedidos perturbaria o caráter célere e condensado deste rito, em virtude do sistema da oralidade predominante na audiência de instrução e julgamento, ou, ainda, por considerá-la, quando requerida pelo réu, com características idênticas à da reconvenção, então vedada nas ações sumárias³³⁴.

O Simpósio de Processo Civil, de Curitiba, de outubro de 1975, resolveu, na conclusão XXIX, pela admissibilidade da declaratória incidente, nas ações sumaríssimas (atuais sumárias), com o apoio doutrinário de Celso Barbi³³⁵ e Ernane Fidélis dos Santos.

---

³³² NEGRÃO, Theotonio. **Código de Processo Civil**. 26. ed. São Paulo: Saraiva, 1995, nota 8 ao art. 275, p. 261.

³³³ Desse pensamento é Adroaldo Furtado Fabrício, para quem a ação declaratória incidental do réu reconvenção é, e como a reconvenção estava vedada, via de consequência excluída ficava também a declaração incidente por parte do autor, em atenção ao princípio da igualdade das partes. FABRÍCIO, Adroaldo Furtado. **Doutrina e prática do procedimento sumaríssimo**, p. 57; **Ação declaratória incidental**. Rio de Janeiro: Forense, p. 140-141. *Apud* MUNIZ, Severino. *Op. cit.*, p. 162. Nessa mesma linha, com algumas restrições, Barbosa Moreira, Athos Gusmão Carneiro, Alfredo Buzaid, Jorge de Miranda Magalhães, Humberto Theodoro Junior e Frederico Marques. MUNIZ, Severino. *Op. cit.*, nota 116, p. 162.

³³⁴ *Idem*, p. 161. No original, ainda se fala em "sumaríssimo".

³³⁵ Advertia Celso Barbi que "a declaratória incidental não representa cúmulo sucessivo de pedidos na ação, pretendendo a parte que a propõe, apenas e tão somente, obter, também, sobre a questão prejudicial nela contida, a imutabilidade resultante da coisa julgada, uma vez declarada em sentença, que, obrigatoriamente, teria que solucioná-la *incidenter tantum*". BARBI, Celso Agrícola. **Ação declaratória e incidente**, p. 217. *Apud* MUNIZ, Severino. *Op. cit.*, p. 163.

A meio termo dessa divergência situa-se Calmon de Passos[336].

Apesar de haver o art. 280 vedado expressamente a possibilidade de ação declaratória incidental no antigo procedimento sumaríssimo (atual sumário), bem que poderia tê-la admitido, porquanto desapareceram os principais fundamentos que se oponham à sua admissibilidade. Primeiro, porque o antigo § 2° do art. 315, que vedava a reconvenção, principal arma de Adroaldo Furtado Fabrício[337], perdeu seu poder de fogo, pois *foi revogado*. Segundo, porque o Código admite expressamente ser lícito ao réu, na contestação, formular pedido em seu favor, desde que fundados nos mesmos fatos referidos na inicial (art. 278, § 1°)[338], verdadeira *endorreconvenção*[339], que permite ao réu, além de se opor à pretensão material do autor, pedir tutela para o seu próprio direito. Tendo seguido essa trilha, realmente não teria sentido a reconvenção, porquanto, o *pedido contraposto* faz-lhe as vezes.

E, se pode o réu formular pedido em seu favor, *contraposto* ao formulado pelo autor, poderia também ajuizar ação declaratória incidental, cujo fundamento é uma questão prejudicial[340], elevada ao nível de questão principal incidente, ampliando a extensão da sentença e da coisa julgada. Idêntico direito teria o autor, nos termos do art. 325[341].

Se o juiz, na ação sumária, terá que *conhecer, incidenter tantum*, da questão prejudicial, aproveitaria a oportunidade para julgá-la. Mataria dois coelhos com uma cajadada só.

---

[336] CALMON DE PASSOS, J. J. **Comentários ao Código de Processo Civil**. 3. ed. Rio de Janeiro: Forense. p. 197. *Apud* MUNIZ, Severino. *Op. cit.*, p. 163.

[337] FABRÍCIO, Adroaldo Furtado. *Op. cit.*, p. 57.

[338] "*Art. 278. (...) § 1° É lícito ao réu, na contestação, formular pedido em seu favor, desde que fundado nos mesmos fatos referidos na inicial. (...)*".

[339] Digo "endorreconvenção" porque a lei diz que ele pode formular pedido em seu favor, desde que fundado nos mesmos fatos referidos na inicial (art. 278, § 1°), o que, no fundo, é uma reconvenção embutida, só que em menor escala, e que corresponde a um pedido contraposto.

[340] Questão prejudicial "é toda questão jurídica de direito material ou substantivo (civil ou penal), surgida no curso do processo e cuja solução condiciona, necessariamente, a decisão do mérito da causa", ou, conforme Eugenio Florian, "*é a questão de direito, cuja solução se apresenta como antecedente lógico e jurídico da questão principal, objeto do processo, e versa sobre uma relação jurídica particular e controvertida*". FLORIAN, Eugenio. **Elementos de Derecho Procesal**. Barcelona: BOSCH, 1933. p. 201.

[341] "*Art. 325. Contestando o réu o direito que constitui fundamento do pedido, o autor poderá requerer, no prazo de 10 (dez) dias, que sobre ele o juiz profira sentença incidente, se da declaração da existência ou da inexistência do direito depender, no todo ou em parte, o julgamento da lide (art. 5°)*".

Apenas não poderia ser ajuizada ação declaratória incidental se a questão prejudicial fosse relativa ao estado ou à capacidade das pessoas, porque, então, encontraria óbice no parágrafo único do art. 275[342].

No *ius positum*, porém, *tollitur quaestio*, o Código veda expressamente a ação declaratória incidental.

11.2 ASSISTÊNCIA – LITISCONSÓRCIO

A assistência[343] vem expressamente permitida pelo art. 280[344], que, no entanto, silencia sobre a admissibilidade do litisconsórcio.

Instituto de procedência germânica, a assistência, embora seja uma modalidade de intervenção de terceiro[345] no processo, foi tratada pelo Código ao lado do litisconsórcio. Segundo vários doutrinadores, sobejam razões que justificam esse tratamento.

Modalidade de intervenção voluntária num processo alheio, a assistência é caracterizada pelo interesse que um terceiro tem na vitória de uma das partes, intervindo com o objetivo de ajudá-la. Pode ingressar como assistente do autor ou do réu.

Enquanto a doutrina considera a assistência como intervenção de terceiro, o Código regulou-a juntamente com o litisconsórcio.

Assim procedeu o legislador por se haver impressionado com a assistência do tipo qualificado, pelo que equiparou a assistência ao litisconsórcio, englobando-os num único capítulo.

Existem duas modalidades de assistência: I – simples; e II – qualificada.

A assistência *simples* ocorre quando o direito do terceiro não está sendo discutido em juízo, podendo, no entanto, ser afetado pela sentença, pelo relacionamento que mantém com o direito que está sendo objeto de apreciação judicial. Assim, o interesse do fiador na vitória do

---
[342] "*Art. 275. (...) Parágrafo único. Este procedimento não será observado nas ações relativas ao estado e à capacidade das pessoas*".
[343] A Lei 9.099/95 foi mais radical, não admitindo nos Juizados Especiais Cíveis a assistência; mas admitiu expressamente o litisconsórcio (art. 10).
[344] "*Art. 280. No procedimento sumário não são admissíveis a ação declaratória incidental e a intervenção de terceiros, salvo a assistência, o recurso de terceiro prejudicado e a intervenção fundada em contrato de seguro*".
[345] No direito italiano, a assistência é tratada também como intervenção adesiva (*ad adjuvandum*), cujo objetivo é o de auxiliar uma das partes.

afiançado o legitima a intervir no processo de cobrança da dívida, cuja ação é movida apenas contra o devedor principal.

A assistência *qualificada* ocorre quando o direito que está sendo objeto de discussão em juízo pertence *também* ao terceiro, sendo, por isso, denominada *litisconsorcial*, dado que esse terceiro se equipara ao litisconsorte. Assim, o interesse de um condômino, na ação em que outro condômino reivindica a coisa comum.

As consequências nas duas espécies de assistência são também diversas.

Tratando-se de assistência *simples*, se o assistido desistir da ação, cessa automaticamente a assistência; se o assistido não recorre, o assistente não pode recorrer; se o assistido desiste da prova, o assistente não pode produzi-la. Tudo por uma questão muito simples: não é direito seu que está sendo discutido no processo, mas do assistido. É a assistência *ad adjuvandum*.

Na assistência *qualificada*, embora o assistente *não seja* litisconsorte, ele se *equipara* ao litisconsorte. Considera-se litisconsorte da parte principal o assistente, toda vez que a sentença houver de influir na relação jurídica entre ele e o adversário do assistido (art. 54). Neste caso, a assistência se diz *ad coadjuvandum*.

O litisconsórcio nada mais é do que uma pluralidade de partes no processo, que Gabriel de Rezende Filho[346] define como sendo "*o laço que prende dois ou mais litigantes, no processo, na qualidade de coautores ou de corréus*".

Tem perfeito cabimento o *litisconsórcio* no procedimento *sumário*, nos mesmos moldes como ocorre no ordinário, em qualquer de suas modalidades: ativo (vários autores), passivo (vários réus) e misto (vários autores e vários réus).

Poder-se-ia supor, com base no aforismo *inclusio unius, exclusio alterius*[347], que, tendo a lei ressalvado a assistência e silenciando sobre o litisconsórcio, o teria excluído.

Sucede, porém, que o que a lei vedou foi a intervenção de terceiros, daí a necessidade de ressalvar, como ressalvou, a assistência, que é modalidade de intervenção de terceiros, o mesmo fazendo relativamente ao recurso de terceiro prejudicado.

---

[346] REZENDE FILHO, Gabriel de. **Curso de Direito Processual Civil**. 2. ed. São Paulo: Saraiva, 1965. v. 1, p. 242.
[347] A inclusão de um importa na exclusão do outro.

O litisconsórcio, porém, não é modalidade de intervenção de terceiro, pelo que nenhuma pertinência tem com as proibições constantes do art. 280[348]; mesmo porque, tratando-se de litisconsórcio necessário, o processo *tem que ser integrado por todos os interessados*, nos termos do art. 47 do Código[349], mormente no caso de litisconsórcio necessário do tipo unitário.

Adverte Severino Muniz que, ocorrendo a possibilidade da formação do litisconsórcio passivo, convém que haja cautela na designação da audiência. De bom alvitre que a citação se faça com antecedência de vinte dias (art. 277, *caput*)[350] da audiência, para que, em caso de litisconsortes com diferentes procuradores, o prazo em dobro lhes seja concedido[351] (art. 191)[352].

O único problema que poderia existir, no caso de litisconsórcio, seria a citação, porquanto, consoante o art. 241, III[353], o prazo só começa a correr, quando houver vários réus, da data de juntada aos autos do último aviso de recebimento ou mandado citatório cumprido. Essa determinação, poder-se-ia supor, comprometeria a celeridade do procedimento.

Mas, o prazo de trinta dias para a realização da audiência (art. 277, *caput*)[354] permitirá a citação de todos os litisconsortes, dentro do

---

[348] "*Art. 280. No procedimento sumário não são admissíveis a ação declaratória incidental e a intervenção de terceiros, salvo a assistência, o recurso de terceiro prejudicado e a intervenção fundada em contrato de seguro*".

[349] "***Art. 47***. *Há litisconsórcio necessário, quando, por disposição de lei ou pela natureza da relação jurídica, o juiz tiver de decidir a lide de modo uniforme para todas as partes; caso em que a eficácia da sentença dependerá da citação de todos os litisconsortes no processo.* **Parágrafo único.** *O juiz ordenará ao autor que promova a citação de todos os litisconsortes necessários, dentro do prazo que assinar, sob pena de declarar extinto o processo*".

[350] "***Art. 277***. *O juiz designará a audiência de conciliação a ser realizada no prazo de trinta dias, citando-se o réu com a antecedência mínima de dez dias e sob advertência prevista no § 2º deste artigo, determinando o comparecimento das partes. Sendo ré a Fazenda Pública, os prazos contar-se-ão em dobro. (...)*".

[351] MUNIZ, Severino. *Op. cit.*, p. 128.

[352] "***Art. 191***. *Quando os litisconsortes tiverem diferentes procuradores, ser-lhes-ão contados em dobro os prazos para contestar, para recorrer e, de modo geral, para falar nos autos*".

[353] "***Art. 241***. *Começa a correr o prazo: (...) III – quando houver vários réus, da data de juntada aos autos do último aviso de recebimento ou mandado citatório cumprido; (...)*".

[354] "***Art. 277***. *O juiz designará a audiência de conciliação a ser realizada no prazo de trinta dias, citando-se o réu com a antecedência mínima de dez dias e sob advertência*

prazo e com a antecedência necessária (dez dias); como sempre foi feito à luz das normas anteriores.

Aliás, não teria sentido que, admitindo a assistência litisconsorcial, não admitisse também o litisconsórcio.

Por fim, um argumento que, apesar de frágil, é convincente: no procedimento sumaríssimo dos Juizados Especiais Cíveis estaduais, o litisconsórcio vem admitido expressamente (art. 10, última parte)[355]; pelo que não teria sentido não pudesse sê-lo no sumário, a não ser que o Código o excluísse.

11.3 RECURSO DE TERCEIRO PREJUDICADO

Mesmo antes da Lei 10.444/02, o art. 280 na sua antiga redação[356] já ressalvava ao terceiro o direito de intervir no procedimento sumário, mediante o *recurso de terceiro prejudicado* (art. 499, *caput*)[357], cumprindo ao terceiro demonstrar o nexo de interdependência entre o seu interesse em intervir e a relação jurídica submetida à apreciação judicial (art. 499, § 1º)[358].

Ao contrário do que se poderia supor, esse recurso é uma denominação genérica, que compreende todos os recursos elencados no art. 496, I a VIII[359], bem assim o mandado de segurança quando funcione como sucedâneo recursal, de modo que o terceiro interporá apelação, agravo, embargos de declaração etc., na condição de prejudicado (daí, recurso de terceiro prejudicado). Jamais se concebeu que alguém pudesse recorrer de

---

prevista no § 2º deste artigo, determinando o comparecimento das partes. Sendo ré a Fazenda Pública, os prazos contar-se-ão em dobro. (...)".

[355] "*Art. 10. Não se admitirá, no processo, qualquer forma de intervenção de terceiro nem de assistência. Admitir-se-á o litisconsórcio*".

[356] "*Art. 280. No procedimento sumário: I – não será admissível ação declaratória incidental, nem a intervenção de terceiro, salvo a assistência e recurso de terceiro prejudicado (...)*".

[357] "*Art. 499. O recurso pode ser interposto pela parte vencida, pelo terceiro prejudicado e pelo Ministério Público. (...)*".

[358] "*Art. 499. (...) § 1º Cumpre ao terceiro demonstrar o nexo de interdependência entre o seu interesse de intervir e a relação jurídica submetida à apreciação judicial. (...)*".

[359] "*Art. 496. São cabíveis os seguintes recursos: I – apelação; II – agravo; III – embargos infringentes; IV – embargos de declaração; V – recurso ordinário; VI – recurso especial; VII – recurso extraordinário; VIII – embargos de divergência em recurso especial e em recurso extraordinário*".

uma sentença mediante *recurso de terceiro prejudicado*, porque o recurso adequado para impugná-la é a *apelação de terceiro prejudicado*.

O conceito de terceiro, doutrina Barbosa Moreira[360], determina-se por exclusão em confronto com o de parte: é terceiro quem não seja partes, quer *nunca* o tenha sido, quer haja *deixado* de sê-lo em momento posterior àquele em que se profira a decisão.

Considera-se também terceiro quem, embora figure na relação jurídica a um determinado título, pretende defender, nessa mesma relação, a outro (diverso) título, como, por exemplo, quem figura no processo na qualidade de representante legal da pessoa jurídica e pretenda defender direitos seus na qualidade de sócio.

Não tem sido fácil a exegese do § 1º do art. 499, que, como observa Barbosa Moreira[361], está longe de ser um modelo de clareza e precisão: alude ao "nexo de interdependência" entre o interesse do terceiro em intervir "e a relação jurídica submetida à apreciação judicial", quando a rigor o interesse em intervir é que resulta do "nexo de interdependência" entre a relação jurídica de que seja titular o terceiro e a relação jurídica deduzida no processo, por força do qual, precisamente, a decisão se torna capaz de causar prejuízo àquele. Não há nem pode haver *nexo de interdependência*, em sentido próprio, entre coisas por natureza tão heterogêneas como um *interesse* e uma *relação jurídica*, mas entre *duas relações jurídicas*: uma, entre as partes do processo; outra, entre alguma delas e o terceiro. É justo por se tratar de relações *conexas*, que se explica a possibilidade de que a decisão influa na situação do terceiro e, portanto, do prejuízo que o habilita a recorrer[362].

Entende Barbosa Moreira[363] que a legitimação do terceiro para recorrer postula a titularidade de *direito* (*rectius*: de *suposto direito*), em cuja defesa ele acorra, não sendo necessário, entretanto, que tal direito haja de ser defendido de maneira *direta* pelo terceiro recorrente, bastando que a sua esfera jurídica seja atingida pela decisão, embora por via *reflexa*.

---

[360] BARBOSA MOREIRA, José Carlos. **Comentários ao Código de Processo Civil**. 10. ed. Rio de Janeiro: Forense, 2002. v. 5, p. 293.

[361] *Idem*, p. 293.

[362] Pelo equívoco da fórmula, em vão propôs a Comissão Revisora que se dissesse com melhor técnica a realidade do fenômeno jurídico: "*O terceiro só poderá recorrer se for titular de relação jurídica suscetível de sofrer a influência da decisão*". BARBOSA MOREIRA, José Carlos. *Op. cit.*, p. 293.

[363] *Idem*, p. 295.

Assim, todos os recursos que o procedimento sumário comporta, no interesse da parte, podem ser interpostos também pelo terceiro prejudicado.

11.4 INTERVENÇÃO FUNDADA EM CONTRATO DE SEGURO

O procedimento sumário é caracterizado pela concentração de atos processuais na audiência, sendo esta a mais forte razão de não se admitir, como no procedimento ordinário, a intervenção de terceiros, mesmo porque, sendo esses incidentes processuais concebidos para simplificar, acabam complicando de tal forma que o processo não acabam nunca.

No entanto, não se pode desconhecer que, nos casos previstos na alínea **d** do inc. II do art. 275 – de ressarcimento por danos causados em acidente de veículo de via terrestre – muitas vezes a seguradora do veículo causador do acidente apresenta melhores condições de arcar com a reparação do dano do que o próprio réu, mas, em face do rito sumário, não era possível denunciá-la à lide; embora o Código de Defesa do Consumidor (art. 101, II)[364] admita o chamamento ao processo do segurador em circunstâncias análogas, na ação de responsabilidade civil do fornecedor de produtos e serviços.

Essa foi razão pela qual, na alteração do art. 280, foi excepcionada também a *intervenção fundada em contrato de seguro*, justo para permitir que o segurado denuncie à lide a seguradora, possibilitando ao autor receber dela o valor do prejuízo.

Agora, fica possibilitada também a denunciação da lide (art. 70, III)[365], não sendo mais vedada essa modalidade de intervenção.

---

[364] "*Art. 101. Na ação de responsabilidade civil do fornecedor de produtos e serviços, sem prejuízo do disposto nos Capítulos I e II deste Título, serão observadas as seguintes normas: (...) II – o réu que houver contratado seguro de responsabilidade poderá chamar ao processo o segurador, vedada a integração do contraditório pelo Instituto de Resseguros do Brasil. Nesta hipótese, a sentença que julgar procedente o pedido condenará o réu nos termos do art. 80 do Código de Processo Civil. Se o réu houver sido declarado falido, o síndico será intimado a informar a existência de seguro de responsabilidade, facultando-se, em caso afirmativo, o ajuizamento de ação de indenização diretamente contra o segurador, vedada a denunciação da lide ao Instituto de Resseguros do Brasil e dispensando o litisconsórcio obrigatório com este*".

[365] "*Art. 70. A denunciação da lide é obrigatória: (...) III – àquele que estiver obrigado pela lei ou pelo contrato, a indenizar, em ação regressiva, o prejuízo do que perder a demanda*".

11.5 PROCEDIMENTO SUMÁRIO – PERÍCIA – INSPEÇÃO JUDICIAL

No procedimento sumário, inexiste um momento próprio para a produção da prova pericial, como sucede no ordinário, pelo que a reforma impôs ao autor e ao réu o ônus de requerer a perícia, formular quesitos e indicar assistente técnico na petição inicial (art. 276)[366] e na defesa (art. 278, *caput*, última parte)[367].

Cumprido esse encargo, a perícia se realiza segundo as normas estabelecidas para o procedimento ordinário (arts. 420 a 439).

Se a prova técnica revelar-se de maior complexidade, deve o juiz determinar a conversão do rito sumário em ordinário (art. 277, § 5º)[368].

A inspeção judicial cabe igualmente no procedimento sumário, por ser perfeitamente compatível com ele[369].

11.6 RECURSOS NO PROCEDIMENTO SUMÁRIO

Os recursos no procedimento sumário são os comuns ao procedimento ordinário, cabendo apelação da sentença (art. 513)[370], terminativa ou definitiva, e agravo oral das decisões interlocutórias (art. 522, *caput*)[371]. Tem cabimento também os embargos de declaração (art. 535, I e II)[372].

---

[366] "*Art. 276. Na petição inicial, o autor apresentará o rol de testemunhas e, se requerer perícia, formulará quesitos, podendo indicar assistente técnico*".

[367] "*Art. 278. Não obtida a conciliação, oferecerá o réu, na própria audiência, resposta escrita ou oral, acompanhada de documentos e rol de testemunhas e, se requerer perícia, formulará seus quesitos desde logo, podendo indicar assistente técnico. (...)*".

[368] "*Art. 277. (...) § 5º A conversão também ocorrerá quando houver necessidade de prova técnica de maior complexidade*".

[369] MUNIZ, Severino. *Op. cit.*, p. 126.

[370] "*Art. 513. Da sentença caberá apelação (arts. 267 e 269)*".

[371] "*Art. 522. Das decisões interlocutórias caberá agravo, no prazo de 10 (dez) dias, na forma retida, salvo quando se tratar de decisão suscetível de causar à parte lesão grave e de difícil reparação, bem como nos casos de inadmissão da apelação e nos relativos aos efeitos em que a apelação é recebida, quando será admitida a sua interposição por instrumento. (...)*".

[372] "*Art. 535. Cabem embargos de declaração quando: I – houver, na sentença ou no acórdão, obscuridade ou contradição; II – for omitido ponto sobre o qual devia pronunciar-se o juiz ou tribunal*".

Com a reforma, o agravo constitui agora o recurso *gênero* do qual são *espécies* o agravo retido (art. 523, *caput*)[373] e o agravo de instrumento (art. 524)[374], conforme seja interposto perante o juiz ou diretamente no tribunal.

Prescreve § 3º do art. 523[375] que das decisões interlocutórias proferidas em audiência, admitir-se-á interposição oral do agravo retido; mesmo porque havendo concentração dos atos processuais na audiência, nela pode vir a ser proferida a sentença (art. 277, § 2º)[376].

Quando esse preceito elege o agravo retido como meio de impugnação das decisões proferidas na audiência, o faz no pressuposto de que não haverá outra oportunidade para fazê-lo, pela superveniência da sentença, esta apelável.

A previsão, no entanto, não é absoluta.

A hipótese não ocorrerá, por exemplo, no caso de perícia de maior complexidade (art. 277, § 5º)[377], porque, reconhecida a sua necessidade, o juiz, operando a conversão do rito, de sumário em ordinário, adiará necessariamente a audiência para outra oportunidade, até que se produza essa prova. Se a parte não se conformar com a decisão – *v.g.*, porque não se trata, na verdade, de prova técnica complexa –, poderá recorrer através de agravo de instrumento, diretamente no tribunal.

O agravo, portanto, nem sempre será retido, como soa o § 3º do art. 523.

---

[373] "*Art. 523. Na modalidade de agravo retido o agravante requererá que o tribunal dele conheça, preliminarmente, por ocasião do julgamento da apelação. (...)*".

[374] "*Art. 524. O agravo de instrumento será dirigido diretamente ao tribunal competente, através de petição com os seguintes requisitos: I – a exposição do fato e do direito; II – as razões do pedido de reforma da decisão; III – o nome e o endereço completo dos advogados, constantes do processo*".

[375] "*Art. 523. (...) § 3º Das decisões interlocutórias proferidas na audiência de instrução e julgamento caberá agravo na forma retida, devendo ser interposto oral e imediatamente, bem como constar do respectivo termo (art. 457), nele expostas sucintamente as razões do agravante*".

[376] "*Art. 277 (...) § 2º Deixando injustificadamente o réu de comparecer à audiência, reputar-se-ão verdadeiros os fatos alegados na petição inicial (art. 319), salvo se o contrário resultar da prova dos autos, proferindo o juiz, desde logo, a sentença*".

[377] "*Art. 277. (...) § 5º A conversão também ocorrerá quando houver necessidade de prova técnica de maior complexidade*".

CAPÍTULO XII

Sumário: 12.1. *Saneamento progressivo no procedimento sumário.* **12.2.** *Audiência de instrução e julgamento – Sentença.* **12.3.** *Disposições revogadas – Harmonização necessária.*

12.1 SANEAMENTO PROGRESSIVO NO PROCEDIMENTO SUMÁRIO

O saneamento do processo não constitui mais uma fase do procedimento, nem mesmo no ordinário, porquanto, desde o primeiro despacho aposto na petição inicial, o juiz já inicia uma atividade saneadora que só termina com a efetiva entrega da prestação jurisdicional na sentença.

Relativamente ao procedimento *sumário* – aplicando subsidiariamente as disposições do procedimento ordinário (art. 272, parágrafo único) – o juiz:

a) examina o pedido; verifica se a petição inicial preenche os requisitos legais (art. 282)[378]; se é caso de emenda ou complementação da inicial (art. 284)[379]; se vem acompanhada dos documentos indispensáveis à propositura da ação (art.

---

[378] *"Art. 282. A petição inicial indicará: I – o juiz ou tribunal, a que é dirigida; II – os nomes, prenomes, estado civil, profissão, domicílio e residência do autor e do réu; III – o fato e os fundamentos jurídicos do pedido; IV – o pedido, com as suas especificações; V – o valor da causa; VI – as provas com que o autor pretende demonstrar a verdade dos fatos alegados; VII – o requerimento para a citação do réu".*

[379] *"Art. 284. Verificando o juiz que a petição inicial não preenche os requisitos exigidos nos arts. 282 e 283, ou que apresenta defeitos e irregularidades capazes de dificultar o julgamento de mérito, determinará que o autor a emende, ou a complete, no prazo de 10 (dez) dias".*

283)[380]; se contém o rol de testemunhas, sendo o caso (art. 276)[381]; se, requerida perícia, formulou quesitos, indicando assistente técnico (art. 276); designa a audiência de conciliação, certifica-se da regularidade da citação etc.;

b) na data designada para a audiência, constata se ocorreu a revelia; examina a resposta; verifica os requisitos da contestação, exceção ou pedido contraposto; documentos indispensáveis à defesa; prova pericial etc.; isso se não for caso de julgamento conforme o estado do processo, com extinção do processo ou julgamento antecipado da lide, sempre assegurando à parte a oportunidade de corrigir eventuais falhas que possam comprometer o processo.

O saneamento do processo é uma atividade que deságua primeiramente na audiência de conciliação (art. 277, *caput*)[382], e, posteriormente, na audiência de instrução e julgamento (art. 278, § 2º)[383]. Durante todo o *iter procedimental*, a atividade de saneamento é uma constante no processo.

No procedimento ordinário, existe ou pode existir uma audiência de saneamento, que é a audiência preliminar (art. 331)[384], em que a concentração dá a tônica da atividade processual.

No procedimento *sumário*, tem também o juiz, nas audiências de conciliação e de instrução e julgamento), excelente oportunidade para exercer a atividade saneadora.

---

[380] "*Art. 283. A petição inicial será instruída com os documentos indispensáveis à propositura da ação*".

[381] "*Art. 276. Na petição inicial, o autor apresentará o rol de testemunhas e, se requerer perícia, formulará quesitos, podendo indicar assistente técnico*".

[382] "*Art. 277. O juiz designará a audiência de conciliação a ser realizada no prazo de trinta dias, citando-se o réu com a antecedência mínima de dez dias e sob advertência prevista no § 2º deste artigo, determinando o comparecimento das partes. Sendo ré a Fazenda Pública, os prazos contar-se-ão em dobro. (...)*".

[383] "*Art. 278. (...) § 2º Havendo necessidade de produção de prova oral e não ocorrendo qualquer das hipóteses previstas nos arts. 329 e 330, I e II, será designada audiência de instrução e julgamento para data próxima, não excedente de trinta dias, salvo se houver determinação de perícia*".

[384] "*Art. 331. Se não ocorrer qualquer das hipóteses previstas nas seções precedentes, e versar a causa sobre direitos que admitam transação, o juiz designará audiência preliminar, a realizar-se no prazo de 30 (trinta) dias, para a qual serão as partes intimadas a comparecer, podendo fazer-se representar por procurador ou preposto, com poderes para transigir. (...)*".

12.2 AUDIÊNCIA DE INSTRUÇÃO E JULGAMENTO – SENTENÇA

No procedimento sumário, a *instrução e julgamento* da causa é feita ao longo do *iter procedimental*. O autor instrui a petição inicial com documentos e com o rol de testemunhas e, se requerer perícia, formula quesitos podendo indicar assistente técnico (art. 276). O réu oferece a sua defesa na primeira audiência (ou audiência prévia), acompanhada também de documentos e rol de testemunhas e, se requerer perícia, formula seus quesitos desde logo, podendo indicar assistente técnico.

A petição inicial será instruída com os documentos indispensáveis à propositura da ação (art. 283) e a resposta com os documentos indispensáveis à prova dos fatos em que se apoiam a contestação, a exceção ou o pedido contraposto[385] (art. 297).

Repete o art. 396[386] que compete à parte instruir a petição inicial (art. 283) ou a resposta (art. 297)[387] com os documentos destinados a provar-lhe as alegações, sendo-lhes lícito, em qualquer tempo, juntar aos autos documentos novos, quando destinados a fazer prova de fatos ocorridos depois dos articulados, ou para contrapô-los aos que foram produzidos nos autos (art. 397)[388].

Sempre que uma das partes requerer a juntada de documento aos autos, o juiz ouvirá, a seu respeito, a outra parte (art. 398), podendo requisitar às repartições públicas, em qualquer tempo ou grau de jurisdição, certidões necessárias à prova das alegações das partes; procedimentos administrativos, nas causas em que forem interessados a União, o Estado, o Município ou as respectivas entidades da administração indireta (art. 399, *caput*)[389] etc.

---

[385] O procedimento sumário não admite reconvenção, mas admite que o réu, na contestação, formule pedido (contraposto) em seu favor, desde que fundado nos mesmos fatos referidos na inicial (art. 278, § 1°).

[386] "*Art. 396. Compete à parte instruir a petição inicial (art. 283), ou a resposta (art. 297), com os documentos destinados a provar-lhe as alegações*".

[387] "*Art. 297. O réu poderá oferecer, no prazo de 15 (quinze) dias, em petição escrita, dirigida ao juiz da causa, contestação, exceção e reconvenção*".

[388] "*Art. 397. É lícito às partes, em qualquer tempo, juntar aos autos documentos novos, quando destinados a fazer prova de fatos ocorridos depois dos articulados, ou para contrapô-los aos que foram produzidos nos autos*".

[389] "*Art. 399. O juiz requisitará às repartições públicas em qualquer tempo ou grau de jurisdição: I – as certidões necessárias à prova das alegações das partes; II – os procedimentos administrativos nas causas em que forem interessados a União, o Estado, o Município, ou as respectivas entidades da administração indireta. (...)*".

Todas essas disposições aplicam-se, *subsidiariamente*, ao procedimento sumário (art. 272, parágrafo único)[390].

Como nesse procedimento têm lugar, *ex vi legis*, duas audiências – uma de conciliação (art. 277, *caput*)[391] e outra de instrução e julgamento (art. 278, § 2º)[392] –, pode ser que a parte não tenha juntado algum documento à inicial ou à resposta, podendo fazê-lo a qualquer tempo, antes de encerrada a instrução.

Somente os documentos tidos como pressupostos da causa é que devem acompanhar a inicial e a defesa, podendo os demais ser oferecidos em outros momentos do processo, até mesmo na via recursal, desde que ouvida a parte contrária e inexistentes o espírito de ocultação premeditada e o propósito de surpreender o juízo[393]. Apenas os documentos *substanciais*, assim considerados aqueles que servem de prova do fato alegado como fundamento da pretensão das partes, devem, necessariamente, acompanhar a petição inicial ou a defesa. Por exemplo: para cobrar o prêmio de seguro, relativamente aos danos causados em acidente de veículo (art. 275, II, **e**), deve o autor instruir a petição inicial com a apólice do seguro; se pretender reivindicar um imóvel, deve apresentar a prova do domínio. Sem estes documentos, a ação não terá condições de prosperar. Quaisquer outros documentos, não juntados antes, podem sê-lo no curso do procedimento, desde que haja tempo suficiente para que a parte contrária seja ouvida e possa, eventualmente, contraditá-lo.

A prova oral se produz geralmente na audiência, sendo esta a sua residência natural. Daí por que determina o § 2º do art. 278 que, havendo necessidade de produção de prova oral, será designada audiência de *instrução e julgamento*.

Nessa audiência, são tomados os depoimentos pessoais das partes (se não o tiverem sido na audiência preliminar), os depoimentos das

---

[390] *"**Art. 272.** (...) **Parágrafo único.** O procedimento especial e o procedimento sumário regem-se pelas disposições que lhes são próprias, aplicando-se-lhes, subsidiariamente, as disposições gerais do procedimento ordinário".*

[391] *"**Art. 277.** O juiz designará a audiência de conciliação a ser realizada no prazo de trinta dias, citando-se o réu com a antecedência mínima de dez dias e sob advertência prevista no § 2º deste artigo, determinando o comparecimento das partes. Sendo ré a Fazenda Pública, os prazos contar-se-ão em dobro. (...)".*

[392] *"**Art. 278.** (...) § 2º Havendo necessidade de produção de prova oral e não ocorrendo qualquer das hipóteses previstas nos arts. 329 e 330, I e II, será designada audiência de instrução e julgamento para data próxima, não excedente de trinta dias, salvo se houver determinação de perícia".*

[393] *RSTJ* 14/359.

testemunhas e esclarecimentos dos peritos e assistentes técnicos. Nada de especial existe que a diferencie da audiência de instrução no procedimento ordinário.

Finda a instrução e os debates orais, o juiz proferirá sentença na própria audiência ou no prazo de dez dias (art. 281)[394].

A natureza do rito sumário aconselha a prolação da sentença na própria audiência, logo após o encerramento da instrução e os debates orais, quando será ditada pelo juiz e reduzida a termo, preferencialmente pelo método de documentação referido no art. 279, *caput*[395] (taquigrafia, estenotipia ou qualquer outro método hábil).

Como nem sempre terá o juiz condições de proferir a sentença na audiência, fixou-lhe o Código o prazo de dez dias para fazê-lo, prazo também dito recomendatório (ou impróprio), sem nenhuma sanção prevista para o inadimplemento.

O prazo legal é fixado para ser cumprido, pelo que, na impossibilidade de sê-lo, nem deveria ser fixado; mas pior que não fixá-lo, é deixar a parte ao desamparo, sem saber a partir de que momento poderá reclamar contra a omissão judicial.

12.3 DISPOSIÇÕES REVOGADAS – HARMONIZAÇÃO NECESSÁRIA

A Lei 9.245/95 revogou o § 2º do art. 315 – que proibia a reconvenção nas causas de procedimento sumaríssimo –, o que é justificado pela adoção *pedido contraposto* admitido pelo novo § 1º do art. 278, passando o § 1º do art. 315 a parágrafo único.

Dispôs ainda essa lei que a expressão "procedimento sumaríssimo", constante de dispositivos do Código de Processo Civil, é substituída pela expressão "procedimento sumário", com o que todos os preceitos se harmonizaram com o disposto no art. 272, *caput*[396].

---

[394] "*Art. 281. Findos a instrução e os debates orais, o juiz proferirá sentença na própria audiência ou no prazo de dez dias*".

[395] "*Art. 279. Os atos probatórios realizados em audiência poderão ser documentados mediante taquigrafia, estenotipia ou outro método hábil de documentação, fazendo-se a respectiva transcrição se a determinar o juiz. (...)*".

[396] "*Art. 272. O procedimento comum é ordinário ou sumário. (...)*".

CAPÍTULO XIII

Sumário: *13.1. Procedimento sumário – Exceções. 13.2. Exceção de incompetência do juízo. 13.3. Exceção de impedimento do juiz. 13.4. Exceção de suspeição do juiz. 13.5. Exceção de impedimento e suspeição do Ministério Público, dos serventuários e oficiais de justiça.*

13.1 PROCEDIMENTO SUMÁRIO – EXCEÇÕES

Exceção, em sentido amplo, é sinônimo de defesa, pelo que se afirma que ao direito de ação corresponde o direito de exceção. Qualquer resistência oposta pelo réu, no processo, é uma exceção *lato sensu*, ou seja, comporta-se no âmbito de uma exceção.

O réu, uma vez citado, tem o ônus de responder à demanda, ou seja, contestar a própria pretensão material do autor (defesa de mérito) ou levantar questões (pontos duvidosos) acerca do processo ou da ação.

Quando a defesa do réu versa uma questão sobre o processo, acerca da existência ou validade da relação processual, recebe a denominação de "exceção", podendo, quanto aos seus efeitos, ser de duas espécies: dilatória e peremptória.

Diz-se dilatória a exceção, quando distende (ou procrastina) o curso do processo, sem pôr-lhe fim; e diz-se peremptória, quando o seu escopo é trancar o processo, pondo termo à relação processual, que se extingue prematuramente.

Dessas exceções, algumas podem ser objeto de conhecimento *ex officio* do juiz, independentemente de alegação das partes; outras, para serem conhecidas e resolvidas, dependem de provocação expressa dos interessados.

São exemplos de exceções dilatórias: a suspeição, o impedimento e a incompetência; e exemplos de exceções peremptórias: a litispendência e a coisa julgada.

As exceções dilatórias devem ser alegadas com o observância de rito próprio, estabelecido por lei; as peremptórias devem ser alegadas na contestação, como matéria de defesa. Por obedecerem as primeiras a forma processual predeterminada, recebem também a denominação de exceções instrumentais.

Os limites da competência nem sempre são intransponíveis, podendo, em algumas circunstâncias, ser alterados pela lei ou pelas próprias partes. A incompetência se diz absoluta quando não pode ser modificada pela vontade das partes, e relativa, quando pode.

O Código não deu tratamento de exceção à incompetência absoluta, determinando que ela deve ser alegada como preliminar na própria contestação (art. 301, III)[397], como sucede com as exceções de litispendência (art. 301, V)[398] e de coisa julgada (art. 301, VI)[399].

A incompetência absoluta constitui uma autêntica *objeção processual* (Renzo Bolaffi)[400], pois independe de arguição da parte para ser conhecida (e decidida) pelo juiz. Nos termos do art. 113, *caput*[401] a incompetência absoluta deve ser declarada de ofício e pode ser alegada em qualquer tempo e grau de jurisdição, independentemente de exceção.

Não dispondo o Capítulo III, do Título VII, do Livro I, sobre a matéria, aplicam-se subsidiariamente ao procedimento sumário os arts. 307 a 314 do Código, relativos às exceções.

No mesmo sentido, Barbosa Moreira[402], para quem, não contendo o Código regras especiais atinentes à arguição, no procedimento sumário, da incompetência relativa, do impedimento ou da suspeição do juiz, a oportunidade adequada é a audiência, quando o réu há de apresentar toda a defesa que tiver. Não se exigirá, contudo, petição escrita, ao contrário

---

[397] "*Art. 301. Compete-lhe, porém, antes de discutir o mérito, alegar: (...) III – inépcia da petição inicial; (...)*".

[398] "*Art. 301. Compete-lhe, porém, antes de discutir o mérito, alegar: (...) V – litispendência; (...)*".

[399] "*Art. 301. Compete-lhe, porém, antes de discutir o mérito, alegar: (...) VI – coisa julgada; (...)*".

[400] Em sede doutrinária, ensina Renzo Bolaffi *(L'eccezioni del diritto sostanziale*, 1936, p. 37) que, quando as exceções podem ser conhecidas de ofício pelo juiz, devem chamar-se objeções processuais, enquanto a expressão "exceção processual" deve ser reservada para indicar a defesa para a qual é necessária a provocação da parte interessada, TOURINHO FILHO, Fernando da Costa. **Processo penal**. São Paulo: Saraiva. v. 2, p. 455.

[401] "*Art. 113. A incompetência absoluta deve ser declarada de ofício e pode ser alegada, em qualquer tempo e grau de jurisdição, independentemente de exceção. (...)*".

[402] BARBOSA MOREIRA, José Carlos. *Op. cit.*, p. 125.

do que ocorre no procedimento ordinário (arts. 297[403], 307[404], 312, segunda parte)[405]. Inexistindo, quanto ao mais, disciplina própria, é forçoso, *de lege lata*, reconhecer como aplicável o rito previsto, em relação ao procedimento ordinário, para as exceções, adaptando-se às peculiaridades do sumário tudo que, de outro modo, com este não se compadeceria[406].

13.2 EXCEÇÃO DE INCOMPETÊNCIA DO JUÍZO

À luz do Código, é *absoluta* a incompetência em razão da matéria e da hierarquia, e, portanto, inderrogável por convenção das partes (art. 111, primeira parte)[407], mas podem as partes modificar a competência em razão do valor e do território, elegendo foro onde serão propostas as ações oriundas de direitos e obrigações (art. 111, segunda parte)[408]. Relativa[409] é apenas a incompetência territorial (ou de foro), devendo ser alegada por meio de exceção, como reza o art. 112[410].

Enquanto, na via ordinária, a exceção deve ser proposta por escrito, na via sumária, pode sê-lo por escrito ou oralmente, cabendo ao réu fazê-lo por ocasião da resposta, na audiência prévia (art. 277, *caput*)[411].

Apresentada a exceção, através de petição ou por termo nos autos, e regularmente autuada, deve ser ouvida *incontinenti* a parte con-

---

[403] "*Art. 297. O réu poderá oferecer, no prazo de 15 (quinze) dias, em petição escrita, dirigida ao juiz da causa, contestação, exceção e reconvenção*".

[404] "*Art. 307. O excipiente arguirá a incompetência em petição fundamentada e devidamente instruída, indicando o juízo para o qual declina*".

[405] "*Art. 312. A parte oferecerá a exceção de impedimento ou de suspeição, especificando o motivo da recusa (arts. 134 e 135). A petição, dirigida ao juiz da causa, poderá ser instruída com documentos em que o excipiente fundar a alegação e conterá o rol de testemunhas*".

[406] BARBOSA MOREIRA, José Carlos. *Op. cit.*, p. 125.

[407] "*Art. 111. A competência em razão da matéria e da hierarquia é inderrogável por convenção das partes; (...)*".

[408] "*Art. 111. (...); mas estas podem modificar a competência em razão do valor e do território, elegendo foro onde serão propostas as ações oriundas de direitos e obrigações*".

[409] A Súmula 33 do Superior Tribunal de Justiça estatui que: "*A incompetência relativa não pode ser declarada de ofício*". Não pode o juiz declarar a incompetência nem mesmo se o fizer em sua primeira intervenção no feito.

[410] "*Art. 112. Argui-se, por meio de exceção, a incompetência relativa*".

[411] "*Art. 277. O juiz designará a audiência de conciliação a ser realizada no prazo de trinta dias, citando-se o réu com a antecedência mínima de dez dias e sob advertência prevista no § 2º deste artigo, determinando o comparecimento das partes. Sendo ré a Fazenda Pública, os prazos contar-se-ão em dobro. (...)*".

trária, na própria assentada, seguindo-se a instrução do incidente e decisão. Caso o *excepto* não tenha condições de manifestar-se sobre a exceção – por depender, por exemplo, de prova (documental ou testemunhal) de que não disponha na audiência –, a solução será a suspensão do processo principal até que seja decidida a exceção (art. 306)[412].

Se a exceção for *manifestamente* improcedente, deve ser liminarmente indeferida a petição ou o requerimento oral (art. 310)[413], cabendo dessa decisão agravo oral e retido.

13.3 EXCEÇÃO DE IMPEDIMENTO DO JUIZ

A exceção de incompetência atinge o *juízo*, enquanto órgão jurisdicional, ou célula do Poder Judiciário dentro do foro, que, por alguma razão, legal ou contratual, não dispõe de jurisdição para processar e julgar a causa.

A exceção de impedimento, ao contrário, atinge diretamente o *juiz*, pessoa física que se coloca dentro do juízo.

Um dos pressupostos de validade do processo reside exatamente na *imparcialidade* do juiz, que resulta de circunstâncias negativas (deverão estar ausentes), quais sejam, o desimpedimento (ausência de impedimentos) e a insuspeição (ausência de suspeição)[414].

O impedimento resulta da lei, estando os seus motivos elencados no art. 134[415]. Essa enumeração não é exaustiva, porque de impedimento será toda e qualquer situação em que haja uma incompatibilidade

---

[412] "*Art. 306. Recebida a exceção, o processo ficará suspenso (art. 265, III), até que seja definitivamente julgada*".

[413] "*Art. 310. O juiz indeferirá a petição inicial da exceção, quando manifestamente improcedente*".

[414] CARREIRA ALVIM, J. E. **Elementos de teoria geral do processo**. 2. ed. Rio de Janeiro: Forense, 1993. p. 221.

[415] "*Art. 134. É defeso ao juiz exercer as suas funções no processo contencioso ou voluntário: I – de que for parte; II – em que interveio como mandatário da parte, oficiou como perito, funcionou como órgão do Ministério Público, ou prestou depoimento como testemunha; III – que conheceu em primeiro grau de jurisdição, tendo-lhe proferido sentença ou decisão; IV – quando nele estiver postulando, como advogado da parte, o seu cônjuge ou qualquer parente seu, consanguíneo ou afim, em linha reta; ou na linha colateral até o segundo grau; V – quando cônjuge, parente, consanguíneo ou afim, de alguma das partes, em linha reta ou, na colateral, até o terceiro grau; VI – quando for órgão de direção ou de administração de pessoa jurídica, parte na causa.* **Parágrafo único.** *No caso do inc. IV, o impedimento só se verifica quando o advogado já estava exercendo o patrocínio da causa; é, porém, vedado ao advogado pleitear no processo, a fim de criar o impedimento do juiz*".

lógica entre a função de julgar e o papel que o juiz desempenha ou desempenhará no processo[416].

A tutela jurídica a cargo de um juiz impedido (*iudex inhabilis*) não se compadece com a garantias da justa aplicação da lei.

Ao contrário da exceção de incompetência, cuja arguição é ato privativo do réu, a exceção de impedimento é ato também do autor[417], devendo, neste caso, ser deduzida em peça separada da petição da ação.

O impedimento do juiz, tanto quanto a incompetência absoluta, é, no fundo, verdadeira *objeção processual*[418], porquanto independe de arguição da parte e deve ser declarada *ex officio*, embora o Código não contenha imposição expressa nesse sentido, aplicando-se, por analogia, o art. 113[419]. Tais vícios comprometem de tal forma a validade da sentença de mérito, que a torna passível de ação rescisória (art. 485, II)[420]. O impedimento, doutrina Calmon de Passos, é obstáculo de natureza objetiva, posto à imparcialidade do juiz, revestido de caráter absoluto, por criar incompatibilidade lógica entre o impedido e a função de julgar[421]. Por força disso, o impedimento pode ser arguido em qualquer tempo[422] ou grau de jurisdição (art. 305)[423].

---

[416] CALMON DE PASSOS, J. J. *Op. cit.*, p. 289.

[417] Assim, se o autor, domiciliado numa comarca, ajuizou a ação noutra, não tem legitimidade para pedir ao juiz que decline da sua competência, por se tratar de competência relativa. O deslocamento só ocorrerá se houver exceção oposta pelo réu.

[418] O Código não foi muito técnico ao disciplinar as objeções processuais, mesmo porque não teve por relevante a distinção doutrinária entre "exceção" e "objeção". Ao tratar, por exemplo, da incompetência absoluta, determinou que fosse alegada na contestação (art. 301, II), dando o tratamento de exceção apenas à incompetência relativa (art. 304); ao tratar do impedimento, apesar de constituir também uma objeção, deu-lhe o tratamento de exceção (art. 304), impondo à parte a sua alegação através de rito próprio (art. 312).

[419] "*Art. 113. A incompetência absoluta deve ser declarada de ofício e pode ser alegada, em qualquer tempo e grau de jurisdição, independentemente de exceção*".
Ensina Frederico Marques que se aplica a disposição do art. 113, "*visto que o impedimento e a incompetência absoluta ferem, com igual intensidade, a capacidade do juiz, tanto que podem servir de fundamento à propositura da ação rescisória*". MARQUES, José Frederico; *apud* SANTOS, Moacyr Amaral. **Primeiras linhas de direito processual civil**. 3. ed. São Paulo: Saraiva, 1977. v. 2, p. 171.

[420] "*Art. 485. A sentença de mérito, transitada em julgado, pode ser rescindida quando: II – proferida por juiz impedido ou absolutamente incompetente; (...)*".

[421] CALMON DE PASSOS, J. J. *Op. cit.*, p. 288.

[422] *Ibidem*, p. 288.

[423] "*Art. 305. Este direito pode ser exercido em qualquer tempo, ou grau de jurisdição, cabendo à parte oferecer exceção, no prazo de 15 (quinze) dias, contado do fato que ocasionou a incompetência, o impedimento ou a suspeição*".

No procedimento sumário, a exceção de impedimento, quando alegada pelo autor, deve sê-lo por ocasião do ajuizamento da ação. Nessa hipótese, petição inicial e petição de exceção devem ser protocoladas *concomitantemente*[424], devendo esta última ser autuada em apenso. Se for alegada pelo réu, deve a exceção ser oposta na audiência de conciliação, por ocasião da resposta, como sucede com a exceção de incompetência. Mas isto se se tratar de motivo *preexistente*, porquanto, tratando-se de motivo *superveniente*, aplica-se o art. 305, contando-se o prazo da ciência do fato pela parte[425], pena de preclusão[426].

Nessa modalidade de exceção[427], e como se busca afastar da relação processual a pessoa *física* do juiz, para que outro lhe tome o lugar, o procedimento é *sui generis*, sendo *arguente* a parte que arguir a exceção (autor ou réu) e *arguido* o juiz, que poderá assumir duas posições: **a)** se reconhecer o impedimento, ordenará a remessa dos autos ao seu substituto legal; **b)** em caso contrário, dará as suas razões (acompanhadas de documentos e rol de testemunhas, se houver), ordenando a remessa dos autos ao tribunal (art. 313)[428]. Dificilmente o juiz se contrapõe às partes no processo, dado que participa da relação processual na sua qualidade de órgão estatal investido de jurisdição. Sendo a sua posição de proeminência no processo, atua como sujeito processual, numa posição equidistante da pretensão das partes, submetida à apreciação judicial. Enquanto o interesse destas é um interesse em lide, o interesse estatal, que o juiz encarna, é um interesse na composição da lide. As hipóteses versadas no art. 312[429] do Código são daquelas em que raramente juiz e partes se defrontam.

Se o tribunal verificar que a exceção de impedimento não tem fundamento legal, determina o seu arquivamento; caso contrário, condenará o juiz nas custas; mandando os autos ao seu substituto (art. 314)[430].

---

[424] CALMON DE PASSOS, J. J. *Op. cit.*, p. 298.
[425] *RTFR* 126/27; *RJTJESP* 61/286; NEGRÃO, Theotonio. *Op. cit.*, p. 282.
[426] *RTFR* 159/237; *RF* 315/210; NEGRÃO, Theotonio. *Op. cit.*, p. 282.
[427] Inexistem aí as figuras do *excipiente* e *excepto*, nomes técnicos com que se designam as partes no incidente de exceção.
[428] "***Art. 313.*** *Despachando a petição, o juiz, se reconhecer o impedimento ou a suspeição, ordenará a remessa dos autos ao seu substituto legal; em caso contrário, dentro de 10 (dez) dias, dará as suas razões, acompanhadas de documentos e de rol de testemunhas, se houver, ordenando a remessa dos autos ao tribunal*".
[429] "***Art. 312.*** *A parte oferecerá a exceção de impedimento ou de suspeição, especificando o motivo da recusa (arts. 134 e 135). A petição, dirigida ao juiz da causa, poderá ser instruída com documentos em que o excipiente fundar a alegação e conterá o rol de testemunhas*".
[430] "***Art. 314.*** *Verificando que a exceção não tem fundamento legal, o tribunal determinará o seu arquivamento; no caso contrário condenará o juiz nas custas, mandando remeter os autos ao seu substituto legal*".

13.4 EXCEÇÃO DE SUSPEIÇÃO DO JUIZ

Grande parte do que se disse da exceção de impedimento, aplica-se à de suspeição, sendo inclusive o procedimento de ambas disciplinando num mesmo dispositivo (art. 312).

Os motivos da suspeição vêm elencados no art. 135 do Código[431].

Para preservar a validade da relação processual, o juiz deve ser "insuspeito", com o que se preserva a imparcialidade do julgador, garantindo a justa solução da lide.

Diversamente do impedimento, a suspeição é vício sanável, que desaparece se não oposta a exceção no momento oportuno, ocorrendo a seu respeito a preclusão.

No procedimento sumário, a faculdade de excepcionar deve ser exercitada pelo réu por ocasião da resposta, tratando-se de motivo conhecido a esse tempo (arts. 278[432] c.c. 297[433]); relativamente ao autor, fica preclusa essa faculdade se não for exercida no prazo legal, assim que intimado da distribuição da petição inicial. Se se tratar de motivo superveniente, aplica-se o disposto no art. 305[434], podendo ser oposta em qualquer tempo ou grau de jurisdição, no prazo de quinze dias, contado da ciência do fato que a ocasionou.

13.5 EXCEÇÃO DE IMPEDIMENTO E SUSPEIÇÃO DO MINISTÉRIO PÚBLICO, DOS SERVENTUÁRIOS E OFICIAIS DE JUSTIÇA

Pelos mesmos motivos por que o são os juízes, podem também ser arguidos o impedimento e a suspeição do órgão do Ministério Público,

---

[431] "*Art. 135. Reputa-se fundada a suspeição de parcialidade do juiz, quando: I – amigo íntimo ou inimigo capital de qualquer das partes; II – alguma das partes for credora ou devedora do juiz, de seu cônjuge ou de parentes destes, em linha reta ou na colateral, até terceiro grau; III – herdeiro presuntivo, donatário ou empregador de alguma das partes; IV – receber dádivas antes ou depois de iniciado o processo; aconselhar alguma das partes acerca do objeto da causa, ou subministrar meios para atender às despesas do litígio; V – interessado no julgamento da causa em favor de uma das partes. **Parágrafo único.** Poderá ainda o juiz declarar-se suspeito por motivo íntimo*".

[432] "*Art. 278. Não obtida a conciliação, oferecerá o réu, na própria audiência, resposta escrita ou oral, acompanhada de documentos e rol de testemunhas e, se requerer perícia, formulará seus quesitos desde logo, podendo indicar assistente técnico. (...)*".

[433] "*Art. 297. O réu poderá oferecer, no prazo de 15 (quinze) dias, em petição escrita, dirigida ao juiz da causa, contestação, exceção e reconvenção*".

[434] "*Art. 305. Este direito pode ser exercido em qualquer tempo, ou grau de jurisdição, cabendo à parte oferecer exceção, no prazo de 15 (quinze) dias, contado do fato que ocasionou a incompetência, o impedimento ou a suspeição*".

quando não for parte[435], e, sendo parte, nos casos previstos nos incs. I a IV do art. 135, ao serventuário da justiça[436], ao perito e ao intérprete (art. 138)[437].

Da mesma forma que o impedimento e a suspeição alcançam o *juiz*, pessoa física, e não o *juízo*, órgão da Jurisdição, também alcançam o *membro*, pessoa física, e não o *órgão* do Ministério Público, como soa o inc. I do art. 138.

Por analogia com o parágrafo único do art. 135[438], pode o membro do Ministério Público dar-se por suspeito por motivo íntimo.

Nessas hipóteses, a exceção deve ser arguida na primeira oportunidade em que couber ao excipiente (autor ou réu) falar nos autos, processando-se o incidente em apartado e *sem suspensão* da causa, ouvindo-se o arguido, facultando-se a prova e julgando-se o pedido (art. 138, § 1º)[439].

No procedimento sumário, a exceção contra o membro do Ministério Público, se conhecida a pessoa, deve ser arguida juntamente com a propositura da ação, concomitantemente, em peças distintas, da mesma forma como se argúi a do juiz. No caso dos serventuários da justiça, deve também ser alegada no prazo legal, assim que distribuído o feito, se conhecida a pessoa que exerce o ofício.

Observa Celso Barbi[440] que na Seção I do Capítulo V do Livro I, sob o título "Do Serventuário e do Oficial de Justiça", o Código cuida apenas do escrivão e do oficial de justiça, parecendo com isto estabelecer sino-

---

[435] Quando age como fiscal da lei ou na defesa de interesses de incapazes.

[436] Existe precedente jurisprudencial, de que não se aplicam ao contador do juízo os motivos de impedimento e suspeição, no caso de simples elaboração de conta de liquidação (*RT* 695/115). Com a instituição da liquidação por cálculo da parte (art. 475-B) a discussão perdeu força, mas continua atual à medida que se admite a liquidação da sentença por cálculo, quando o vencedor seja beneficiário da justiça gratuita, sem condições de proceder, ele próprio ou seu advogado, à elaboração dos cálculos.

[437] "*Art. 138. Aplicam-se também os motivos de impedimento e de suspeição: I – ao órgão do Ministério Público, quando não for parte, e, sendo parte, nos casos previstos nos números I a IV do art. 135; II – ao serventuário de justiça; III – ao perito; IV – ao intérprete. (...)*".

[438] "*Art. 135. (...) Parágrafo único. Poderá ainda o juiz declarar-se suspeito por motivo íntimo*".

[439] "*Art. 138. (...) § 1º A parte interessada deverá arguir o impedimento ou a suspeição, em petição fundamentada e devidamente instruída, na primeira oportunidade em que lhe couber falar nos autos; o juiz mandará processar o incidente em separado e sem suspensão da causa, ouvindo ao arguido no prazo de 5 (cinco) dias, facultando a prova quando necessária e julgando o pedido*".

[440] BARBI, Celso Agrícola. *Op. cit.*, p. 351.

nímia entre serventuário da justiça e escrivão[441]. Se se admitir essa interpretação literal, chegar-se-á à conclusão de que a suspeição e o impedimento não existirão quanto ao oficial de justiça[442], o depositário, o administrador, assim como os ocupantes de outros cargos usuais na justiça, como o avaliador, o distribuidor, o contador, o partidor etc., porque eles não seriam serventuários, mas sim *auxiliares*; e entre os desta última categoria somente o perito e o intérprete seriam passíveis de suspeição e impedimento, porque expressamente mencionados nos incs. III e IV do art. 138[443].

Para o citado jurista, essa interpretação não pode prevalecer, porque será inadmissível que o contador –[444] cônjuge ou parente próximo de uma das parte – faça a liquidação de sentença prevista no art. 475-B[445]; ou que o partidor faça o esboço de partilha previsto no art. 1.023[446], em inventário em que ele, seu cônjuge, ou algum parente próximo seja herdeiro; que o oficial de justiça penhore bens do seu irmão. E conclui:

> *Como os mesmos motivos que levam à suspeição ou impedimento do perito, do intérprete, aconselham o afastamento dos demais auxiliares*

---

[441] *Ibidem.*

[442] Existe precedente jurisprudencial de que não cabe exceção de suspeição contra oficial de justiça. *Boletim AASP* 1.648/173.

[443] "*Art. 138. Aplicam-se também os motivos de impedimento e de suspeição: (...) III – ao perito; IV – ao intérprete*".

[444] Há precedente jurisprudencial contrário à aplicação ao contador do juízo dos motivos de impedimento e suspeição, no caso de simples elaboração de conta de liquidação (*RT* 695/115).

[445] "*Art. 475-B. Quando a determinação do valor da condenação depender apenas de cálculo aritmético, o credor requererá o cumprimento da sentença, na forma do art. 475-J desta Lei, instruindo o pedido com a memória discriminada e atualizada do cálculo. § 1º Quando a elaboração da memória do cálculo depender de dados existentes em poder do devedor ou de terceiro, o juiz, a requerimento do credor, poderá requisitá-los, fixando prazo de até trinta dias para o cumprimento da diligência. § 2º Se os dados não forem, injustificadamente, apresentados pelo devedor, reputar-se-ão corretos os cálculos apresentados pelo credor, e, se não o forem pelo terceiro, configurar-se-á a situação prevista no art. 362. § 3º Poderá o juiz valer-se do contador do juízo, quando a memória apresentada pelo credor aparentemente exceder os limites da decisão exequenda e, ainda, nos casos de assistência judiciária. § 4º Se o credor não concordar com os cálculos feitos nos termos do § 3º deste artigo, far-se-á a execução pelo valor originariamente pretendido, mas a penhora terá por base o valor encontrado pelo contador*".

[446] "*Art. 1.023. O partidor organizará o esboço da partilha de acordo com a decisão, observando nos pagamentos a seguinte ordem: I – dívidas atendidas; II – meação do cônjuge; III – meação disponível; IV – quinhões hereditários, a começar pelo coerdeiro mais velho*".

da justiça, deve-se interpretar a expressão "serventuário da justiça" constante do art. 138, II[447], como abrangente dos auxiliares da justiça mencionados no art. 139[448], inclusive dos que constarem das organizações judiciárias[449].

Tratando-se do perito e do intérprete, deve a exceção (de impedimento ou de suspeição) ser alegada após a ciência da nomeação, ou do conhecimento do fato que a determinar.

Com a reforma do art. 138, desapareceu a suspeição e impedimento do assistente técnico.

Os princípios que regem essas exceções são os mesmos relativos ao impedimento e à suspeição do juiz, cabendo à pessoa impedida ou suspeita afastar-se do processo, podendo, se não o fizer, ser recusada.

Se a hipótese for de impedimento, poderá a recusa ter lugar a qualquer tempo.

---

[447] "*Art. 138. Aplicam-se também os motivos de impedimento e de suspeição: II – ao serventuário de justiça; (...)*".
[448] "*Art. 139. São auxiliares do juízo, além de outros, cujas atribuições são determinadas pelas normas de organização judiciária, o escrivão, o oficial de justiça, o perito, o depositário, o administrador e o intérprete*".
[449] BARBI, Celso Agrícola. *Op. cit.*, p. 351.

CAPÍTULO XIV

*Sumário: **14.1.** Código de Processo Civil e Lei dos Juizados Especiais. **14.2.** Causas de reduzido valor econômico e causas cíveis de menor complexidade. **14.3.** Procedimento sumário e Juizado Especial Cível – Competência. **14.4.** Ainda a competência – Direito de opção do autor – Alçada. **14.5.** Procedimento sumário e especial – Semelhanças e diferenças.*

14.1 CÓDIGO DE PROCESSO CIVIL E LEI DOS JUIZADOS ESPECIAIS

Estabelece o art. 3° da Lei 9.099/95, que o Juizado Especial Cível tem *competência para conciliação, processo e julgamento das causas cíveis de menor complexidade, assim consideradas* as causas cujo valor não exceda a quarenta vezes o salário mínimo (inc. I); *as enumeradas no art. 275, II, do Código de Processo Civil* (inc. II); a ação de despejo para uso próprio (inc. III); e as ações possessórias sobre bens imóveis de valor não excedente ao fixado no inc. I deste artigo (inc. IV).

Dispõe por seu turno o art. 275, com a redação dada pela Lei 10.444/02, que se observará o *procedimento sumário* nas causas cujo valor não exceder sessenta vezes o valor do salário mínimo (inc. I); tendo a Lei 9.245/95 estabelecido, anteriormente, o procedimento sumário nas causas, qualquer que seja o valor: **a)** de arrendamento rural e de parceria agrícola; **b)** de cobrança ao condômino de quaisquer quantias devidas ao condomínio; **c)** de ressarcimento por danos em prédio urbano ou rústico; **d)** de ressarcimento por danos causados em acidente de veículo de via terrestre; **e)** de cobrança de seguro, relativamente aos danos causados em acidente de veículo, ressalvados os casos de processo de execução; **f)** de cobrança de honorários dos profissionais liberais, ressalvado o disposto em legislação especial; **g)** que versem sobre revogação de doação; e **h)** nos demais casos previstos em lei (inc. II).

Como o Código se limita a *enumerar* causas sujeitas ao procedimento sumário (art. 275, II), sem nada dispor especificamente sobre competência, e a Lei 9.099/95 estabelece que o Juizado Especial Cível estadual tem competência para conciliação, processo e julgamento das causas cíveis de menor complexidade, assim consideradas, dentre outras, *as enumeradas no art. 275, II*, poder-se-ia supor que, a partir da vigência desta lei, teria sido transferida ao Juizado toda a competência para processar e julgar as causas de rito sumário.

Se a lei posterior revoga a anterior, quando seja com ela incompatível ou quando *regule inteiramente* a matéria de que tratava a lei anterior (art. 2º, § 1º[450], da Lei de Introdução às Normas do Direito Brasileiro), a exegese poderia favorecer a tese da *absorção de competência*, em função da Lei 9.099/95, por ser esta posterior ao Código de Processo Civil, dispondo ambas sobre o procedimento das causas elencadas no art. 275, II. Destarte, o procedimento da Lei dos Juizados Especiais teria absorvido (substituído) o procedimento previsto no Código.

Fosse essa a interpretação correta, a Lei 9.245/95, que, antes da Lei 10.444/02, alterara dispositivos do Código de Processo Civil, viria reverter a exegese em favor do Código, pois, sendo posterior à Lei 9.099/ 95, disciplinara por inteiro o procedimento das causas enumeradas no art. 275, II. Teria ocorrido, novamente, o fenômeno da *absorção de competência*, desta feita em sentido inverso: a Lei dos Juizados Especiais teria sido absorvida (substituída) pelo Código. No particular, aquela lei estaria esvaziada.

Essa não é, no entanto, a exegese correta, devendo entrar em cena outro preceito da Lei de Introdução às Normas do Direito Brasileiro, segundo o qual, "*a lei nova, que estabeleça disposições gerais ou especiais a par das já existentes, não revoga nem modifica a lei anterior*" (art. 2º, § 3º)[451].

Tanto o Código de Processo Civil quanto a Lei dos Juizados Especiais Cíveis continuam vigendo, numa inter-relação sistêmica, cabendo ao intérprete determinar os exatos limites de incidência de cada um.

---

[450] "*Art. 2º. Não se destinando à vigência temporária, a lei terá vigor até que outra a modifique ou revogue. § 1º A lei posterior revoga a anterior quando expressamente o declare, quando seja com ela incompatível ou quando regule inteiramente a matéria de que tratava a lei anterior*".

[451] "*Art. 2º. Não se destinando à vigência temporária, a lei terá vigor até que outra a modifique ou revogue. § 3º Salvo disposição em contrário, a lei revogada não se restaura por ter a lei revogadora perdido a vigência*".

14.2 CAUSAS DE REDUZIDO VALOR ECONÔMICO E CAUSAS CÍVEIS DE MENOR COMPLEXIDADE

Na vigência dos extintos Juizados Especiais de Pequenas Causas (Lei 7.244/84), eram estes competentes para o processo e julgamento das *causas de reduzido valor econômico* (art. 1°), como tais consideradas as que versavam sobre direitos patrimoniais, em pedido não excedente de vinte vezes o salário mínimo vigente no país, ou tivessem por objeto: I – a condenação em dinheiro; II – a condenação à entrega de coisa certa móvel ou ao cumprimento de obrigação de fazer, a cargo de fabricante ou fornecedor de bens e serviços para consumo; III – a desconstituição e a declaração de nulidade de contrato relativo a coisas móveis e semoventes (art. 3°, I a III), exceto as de natureza alimentar, falimentar, fiscal e de interesse da Fazenda Pública, nem as relativas a acidente do trabalho, a resíduos e ao estado e capacidade das pessoas, ainda que de cunho patrimonial (art. 3°, § 1°).

Nos termos da Lei dos Juizados Especiais (Lei 9.099/95), que sucedeu a Lei 7.244/84, seus órgãos têm competência para conciliação, processo e julgamento das *causas cíveis de menor complexidade*, assim consideradas: I – as causas cujo valor não exceda a quarenta vezes o salário mínimo; II – as enumeradas no art. 275, inc. II, do Código de Processo Civil; III – a ação de despejo para uso próprio; IV – as ações possessórias sobre bens imóveis de valor não excedente ao fixado no inc. I deste artigo (art. 3°, I a IV), excluídos igualmente as causas de natureza alimentar, falimentar, fiscal e de interesses da Fazenda Pública, e também as relativas a acidentes de trabalho, a resíduos e ao estado e capacidade das pessoas, ainda que de cunho patrimonial (art. 3°, § 2°).

A lei anterior falava em "causas de reduzido valor econômico" e a atual fala em "causas cíveis de menor complexidade", seguindo os seus respectivos suportes constitucionais, o art. 24, X[452], e o art. 98, I[453], da Constituição.

Em sede doutrinária, entendia-se que "pequena causa" dizia respeito a uma expressão econômica reduzida, ou seja, que não ultrapassasse,

---

[452] "*Art. 24. Compete à União, aos Estados e ao Distrito Federal legislar concorrentemente sobre: (...) X – criação, funcionamento e processo do juizado de pequenas causas;*"

[453] "*Art. 98. A União, no Distrito Federal e nos Territórios, e os Estados criarão: I – juizados especiais, providos por juízes togados, ou togados e leigos, competentes para a conciliação, o julgamento e a execução de causas cíveis de menor complexidade e infrações penais de menor potencial ofensivo, mediante os procedimentos oral e sumaríssimo, permitidos, nas hipóteses previstas em lei, a transação e o julgamento de recursos por turmas de juízes de primeiro grau; (...)*".

à data do ajuizamento, vinte vezes o salário mínimo, enquanto "causa de menor complexidade" referia-se à matéria jurídica em discussão, independentemente do seu valor econômico, isto é, do valor da causa[454].

Escrevendo sobre os Juizados Especiais registrou Waldemar Mariz de Oliveira Júnior.

> *Todavia, no que concerne à causa de menor complexidade, parece-nos ser ela inaplicável, uma vez que o conceito respectivo há de ser buscado fora da competência em razão do valor, mas sim, exclusivamente, dentro do critério material. A causa, segundo o seu valor econômico, será ou não complexa, pelo que não se pode confundir os dois critérios. Ademais, é preciso que seja evitado tal procedimento, a fim de que não haja quaisquer dúvidas a respeito das diferenças fundamentais entre os Juizados Especiais do art. 98, I, da CR[455], e os Especiais de Pequenas Causas[456].*

A nova Lei dos Juizados Especiais, para cortar discussões, considerou *causas cíveis de menor complexidade* tanto em relação ao valor (art. 3º, I) quanto à matéria (incs. II a IV), fazendo compreender, na competência desses órgãos jurisdicionais, as causas de competência dos extintos Juizados Especiais de Pequenas Causas (art. 24, X, da Constituição) e as causas de competência dos Juizados Especiais Cíveis (art. 98, I, da Constituição).

14.3 PROCEDIMENTO SUMÁRIO E JUIZADO ESPECIAL CÍVEL – COMPETÊNCIA

Em sede doutrinária, a competência é a faculdade e o dever de exercício da jurisdição no caso particular (Schönke)[457], sendo, também, corrente o ensinamento que faz coincidir a competência com a quantidade

---

[454] LAZZARINI, Álvaro. *In* "A Constituição Federal de 1988, os Juizados Especiais e os Juizados de Pequenas Causas". **RJTJESP** 124-9. LAZZARINI, Álvaro; *apud* FRIGINI, Ronaldo. **Comentários à Lei de Pequenas Causas**. São Paulo: Livraria de Direito, 1995. p. 47-48.

[455] Constituição da República, ou seja, a Constituição Federal.

[456] OLIVEIRA JÚNIOR, Waldemar Mariz. "A Constituição da República e os procedimentos alternativos". **Revista da Escola Paulista da Magistratura**, n. 0, p. 67-68; *apud* FRIGINI, Ronaldo, *Op. cit.*, p. 48.

[457] SCHÖNKE, Adolph. **Derecho procesal civil**. Barcelona: Bosh, 1950. p. 132.

de jurisdição assinalada (pela lei) ao exercício de cada órgão jurisdicional (Liebman), ou seja, a "medida da jurisdição"[458] (Mortara)[459].

A competência é fixada segundo determinados critérios, sobressaindo dentre eles o critério *objetivo*, segundo o qual a competência se determina em função da matéria em lide, do valor da causa e da condição das pessoas nela envolvidas.

O critério adotado pelos Juizados Especiais Cíveis, *para fins de competência*, foi o valor da causa (não excedente de quarenta vezes o salário mínimo – art. 3º, I), e a natureza da causa (as enumeradas no art. 275, II, do Código de Processo Civil, a de despejo e possessórias de bens imóveis não excedentes a quarenta vezes o salário mínimo) (art. 3º, II a IV). Nesta última hipótese, conjugam-se os critérios por matéria e por valor.

A *qualidade das pessoas*, nos juizados especiais estaduais, que já foi considerada para fins de *exclusão da competência* (Lei 9.099/95, art. 3º, § 2º)[460], atualmente não mais prevalece, em função da criação dos Juizados Especiais da Fazenda Pública (Lei 12.153/09). Esse critério já prevalecia, para determinar a competência dos juizados especiais federais cíveis (Lei 10.259/01, art. 3º, *caput*)[461].

Ao distribuir a jurisdição entre os diversos órgãos do Poder Judiciário, atende a lei ora a um interesse de ordem pública e ora a um interesse de ordem privada. Assim, em atenção ao interesse público, determina-se a competência pelo critério objetivo (e também funcional); atendendo ao interesse das partes, determina-se a competência territorial. Na

---

[458] Atribui-se costumeiramente a Mortara esta definição, mas o próprio Mortara a atribui a Pisanelli, nesta passagem: "*(...) nella relazione Pisanelli si legge, quasi a dimostrare la correlazione dei due nomi, non essere la competenza che la misura della giurisdizione*" (...) no relatório Pisanelli se lê, quase a demonstrar a correlação dos dois nomes, não ser a competência senão a medida da jurisdição). MORTARA, Ludovico. *Op. cit.*, p. 106.

[459] Mortara define a competência dizendo que é "a medida da jurisdição". Tal definição tem sido durante muito tempo acolhida pela doutrina, e aceita unanimemente na linguagem forense. Posto que o conceito de competência expressa uma relação de quantidade, diante da jurisdição, a definição não pode ter-se por errônea, mas, sem embargo, é menos exata que a que formulamos no texto. ROCCO, Ugo. **Tratado de derecho procesal civil**. Buenos Aires: Depalma, 1970. v. 2, p. 43.

[460] "*Art. 3º. (...) § 2º Ficam excluídas da competência do Juizado Especial as causas de natureza alimentar, falimentar, fiscal e de interesse da Fazenda Pública, e também as relativas a acidentes de trabalho, a resíduos e ao estado e capacidade das pessoas, ainda que de cunho patrimonial*".

[461] "*Art. 3º. Compete ao Juizado Especial Federal Cível processar, conciliar e julgar causas de competência da Justiça Federal até o valor de sessenta salários mínimos, bem como executar as suas sentenças. (...)*".

primeira hipótese, o critério legal não admite modificação, pela vontade das partes, pelo que a competência se diz *absoluta*; na segunda, as partes podem modificá-la, pelo que se diz *relativa*[462].

A competência pelo valor apresenta a peculiaridade de ser *absoluta* para o mais e *relativa* para o menos. Em outros termos, o juízo competente para julgar causas de maior valor pode, eventualmente, julgar causas de valor menor; mas o juízo competente para julgar causas de menor valor não pode julgar causas de maior valor. No primeiro caso, o incompetência é *relativa*; no segundo, *absoluta*.

Sendo absoluta a competência fixada pelo critério *objetivo*, questiona-se se, sendo a causa uma daquelas fixadas no art. 275, II, do Código de Processo Civil, poderia o autor optar entre o processo sumário ou o dos Juizados Especiais estaduais.

Na vigência do extinto Juizado Especial de Pequenas Causas, em que a distribuição da competência atendia igualmente ao valor da causa e à sua natureza, entendia-se que, tratando-se de competência objetiva (em face da natureza do litígio, condição das pessoas e valor), *"deve ser entendida como absoluta, não podendo ser afastada por vontade da parte, que sobre a competência de juízo não tem disponibilidade. Não deve ser deixada ao autor a possibilidade de dizer se aceita ou não a competência do Juizado Especial, mesmo que sua causa seja de reduzido valor econômico e não se enquadre nos incisos colocados no art. 3º da Lei 7.244/84"*[463].

À luz dos Juizados Especiais Cíveis, a questão não oferece maiores dificuldades, tendo em vista que, ao facultar a opção a que se refere o § 3º[464] do art. 3º da Lei 9.099/95, quis referir-se à opção entre o procedimento comum (que pode ser *sumário* ou ordinário) e o procedimento do Juizado Especial.

É certo que em nível doutrinário, a competência estabelecida pelo critério objetivo é, de regra, absoluta e, como tal, imodificável, mas nada impede que o próprio direito positivo, em certas circunstâncias, a torne relativa, ou até mesmo concorrente. O mesmo sucede com a competência territorial (ou de foro), que embora seja de regra, relativa, às

---

[462] CARREIRA ALVIM, J. E. **Elementos de teoria geral do processo**. 2. ed. Rio de Janeiro: Forense, 1995. p. 137.

[463] SALVADOR, Antônio Raphael Silva. *In* "O juizado de pequenas causas. Obrigatória sua criação e absoluta sua competência". *RT* 660/251-253. SALVADOR, Antônio Raphael Silva; *apud* FRIGINI, Ronaldo. *Op. cit.*, p. 60.

[464] "*Art. 3º.* (...). *§ 3º A opção pelo procedimento previsto nesta Lei importará em renúncia ao crédito excedente ao limite estabelecido neste artigo, excetuada a hipótese de conciliação*".

vezes é tornada absoluta por disposição legal, quando concorre também o elemento funcional (art. 95[465]).

Portanto, o caráter absoluto ou relativo da competência não resulta da doutrina, mas da lei, só entrando em linha de consideração os postulados doutrinários, quando a legislação não haja expressamente disposto a respeito.

14.4 AINDA A COMPETÊNCIA – DIREITO DE OPÇÃO DO AUTOR – ALÇADA

O extinto Juizado Especial de Pequenas Causas não representava uma justiça especializada, senão órgão da justiça ordinária[466], não passando de um modo especial de distribuir justiça. Ao autor cabia a opção por esse sistema ou pelo comum, de sorte que, escolhido um, não era possível mudar para o outro e vice-versa[467], "*electa una via, non datur regressus ad alteram*"[468].

Da mesma forma, os Juizados Especiais Cíveis não passam de órgãos da justiça ordinária, cabendo ao autor também a opção entre esse rito especial e o sumário, registrando Ronaldo Frigini[469] tratar-se de *competência concorrente* com a justiça comum, a critério do autor.

Ribeiro Lopes[470] aponta igualmente o caráter *facultativo* do procedimento especial, cabendo ao autor optar por aquele que melhor lhe aprouver, nada restando ao réu ou ao juiz acerca dessa opção, posto que os procedimentos terão convivência harmônica no sistema.

A Lei 9.099/95 estabeleceu a alçada dos Juizados Especiais em valor não excedente a *quarenta* vezes o salário mínimo (art. 3º), tendo a

---

[465] "*Art. 95. Nas ações fundadas em direito real sobre imóvel é competente o foro da situação da coisa. Pode o autor, entretanto, optar pelo foro do domicílio ou de eleição, não recaindo o litígio sobre direito de propriedade, vizinhança, servidão, posse, divisão e demarcação de terras e nunciação de obra nova*".

[466] FRIGINI, Ronaldo. *Op. cit.*, p. 49. Para Cândido Rangel Dinamarco, igualmente, os Juizados Especiais de Pequenas Causas, como órgão da Justiça estadual que eram não podia ir além das causas que competiam a esta, excluídas as que por ditame constitucional ou legal pertencessem a uma das Justiças Especiais ou à Federal. **Manual de pequenas causas**. São Paulo: RT, 1986. p. 14.

[467] *Idem*, p. 60.

[468] Eleita uma via, não se pode socorrer da outra.

[469] FRIGINI, Ronaldo. *Op. cit.*, p. 61.

[470] RIBEIRO LOPES, Maurício Antônio. **Lei dos Juizados Especiais Cíveis e Criminais**. São Paulo: Revista dos Tribunais, 1995. p. 19.

Lei 10.444/02 elevado a alçada do processo sumário para valor não excedente a sessenta vezes o valor do salário mínimo (art. 275, I) resultando daí que o limite de alçada do Juizado Especial deixou de ser superior ao do processo sumário. Desapareceu, assim, a anomalia, antes verificada, em que o valor de alçada do procedimento sumário era inferior ao dos Juizados Especiais (que era sumaríssimo).

Atualmente, as causas de valor não excedente a quarenta vezes o valor do salário mínimo poderão ser ajuizadas perante o Juizado Especial ou perante a justiça comum, pelo procedimento sumário, por se conter na alçada de ambos. Se o valor da causa for superior a quarenta salários mínimos, deverá ser ajuizada perante a justiça comum, pelo procedimento ordinário.

Se, no entanto, for processada pelo procedimento sumário causa em princípio sujeita ao procedimento ordinário, *em razão do valor*, não haverá nulidade pela inobservância do rito próprio, se não comprovado prejuízo das partes[471].

Em determinadas hipóteses, a opção do autor será entre o procedimento sumário (justiça comum) e o procedimento especial (Juizado Especial), se a causa for de valor não excedente a quarenta vezes o salário mínimo, caso em que o autor por certo preferirá o rito do juizado especial, enquanto o réu, o ordinário.

Registrando que a competência por valor é modificável, admite Celso Barbi que as partes convencionem até acerca do *juízo* competente para as ações referidas na segunda parte do art. 95[472], desde que isto não implique mudança do *foro*, isto é, levar a demanda para outra comarca. Como exemplo, teremos o caso de a organização judiciária de um Estado regular a competência pelo valor, criando juízos diversos, na mesma comarca, com competência diferenciada apenas pelo valor. Nessa hipótese, as partes podem convencionar a modificação da competência para uma das ações constantes da segunda parte do art. 95, para que ela seja proposta perante o juízo competente para causa de valor superior, ou inferior, ao valor da ação. Só não será possível a convenção afastar o foro *da situa-*

---

[471] Registra Theotonio Negrão que não é possível que o procedimento sumaríssimo (atual sumário), quando previsto em lei, seja escolhido em lugar do ordinário. *RT* 505/142, 506/162, *JTA* 47/112, *Boletim* AASP 990/149; NEGRÃO, Theotonio. **Código de Processo Civil**. 26. ed. São Paulo: Saraiva, 1995. p. 230.

[472] "*Art. 95. Nas ações fundadas em direito real sobre imóveis é competente o foro da situação da coisa. Pode o autor, entretanto, optar pelo foro do domicílio ou de eleição, não recaindo o litígio sobre direito de propriedade, vizinhança, servidão, posse, divisão e demarcação de terras e nunciação de obra nova*".

ção do imóvel[473]. Ora, se as partes podem convencionar expressamente a mudança de juízo (juízo convencional), como admite o citado processualista, por certo podem fazê-lo tacitamente, quando um deles propõe a ação perante juízo incompetente pelo valor e o outro não oferece impugnação.

Aliás, na concorrência entre o Juizado Especial estadual e o procedimento sumário, pode ver-se a diversificação de juízos, cabendo à parte autora, conforme o seu interesse, optar por um ou outro.

14.5 PROCEDIMENTO SUMÁRIO E ESPECIAL – SEMELHANÇAS E DIFERENÇAS

As semelhanças entre o procedimento sumário, disciplinado pelo Código de Processo Civil, e o procedimento especial, disciplinado pela Lei dos Juizados Especiais Cíveis estaduais, são bastante acentuadas, sobretudo porque ambos são informados pelo princípio da *oralidade*.

Em ambos, é exigido o comparecimento das partes à audiência; tem lugar a tentativa de conciliação; o juiz pode ser auxiliado por conciliador; o não comparecimento do réu importa revelia e confissão quanto à matéria de fato; o réu pode formular pedido contraposto, independentemente de reconvenção; a intervenção de terceiros não é admitida, exceto o litisconsórcio (no juizado especial) e a assistência e o litisconsórcio (no juízo sumário); os atos são documentados através de modernos sistemas de documentação; as sentenças são proferidas em audiência etc.

Aliás, muitos dos princípios que informam os Juizados Especiais Cíveis presidem também o procedimento sumário.

A principal diferença fica por conta do recurso, que, no Juizado Especial, é interposto para o próprio Juizado, composto por turma composta por três juízes togados, em exercício no primeiro grau de jurisdição, enquanto no procedimento sumário o recurso é interposto para o tribunal.

---

[473] BARBI, Celso Agrícola. *Op. cit.*, p. 294.

CAPÍTULO XV

Sumário: 15.1. Processo de conhecimento e tutela de urgência. **15.2.** Verossimilhança da alegação. **15.3.** Juízo de delibação e verossimilhança. **15.4.** Probabilidade e verossimilhança na antecipação de tutela. **15.5.** Tutela antecipada no procedimento sumário. **15.6.** Prova inequívoca na tutela antecipada. **15.7.** Momento da antecipação da tutela no procedimento sumário. **15.8.** Outras condições da tutela antecipada. **15.9.** Fundado receio de dano irreparável ou de difícil reparação. **15.10.** Abuso de direito de defesa ou manifesto propósito protelatório do réu. **15.11.** Pressuposto negativo da tutela antecipada – Perigo de irreversibilidade. **15.12.** Efetivação da tutela antecipada – Caução possível e não obrigatória. **15.13.** Natureza da responsabilidade na tutela antecipada. **15.14.** Revogação ou modificação do provimento antecipado. **15.15.** Antecipação de tutela e julgamento do processo. **15.16.** Antecipação parcial da tutela – Pedidos cumulados. **15.17.** Sincretismo processual nas tutelas de urgência. **15.18.** Tutela antecipada **antes** da sentença e tutela antecipada **na** sentença. **15.19.** Limites entre a tutela antecipatória e a tutela cautelar. **15.20.** Tutela antecipada, tutela específica e tutela cautelar no procedimento sumário.

15.1 PROCESSO DE CONHECIMENTO E TUTELA DE URGÊNCIA

O processo de conhecimento é, seguramente, o mais eficaz instrumento de atuação do direito, pela natureza da cognição que persegue, sobretudo quando se desenvolve pelo rito ordinário, proporcionando às partes envolvidas em lide todos os meios adequados à efetiva defesa do seu direito.

Como esse conhecimento se assenta no exame aprofundado das pretensões, com pedido, defesa, réplica, instrução e decisão, em momentos próprios, que configuram verdadeiras fases processuais, ele demanda tempo, o que o torna demorado, mormente quando se desenvolve pelo seu leito natural, que é o procedimento *ordinário*.

Por isso, o Código busca imprimir-lhe celeridade, simplificando termos, compactando fases, concentrando atos processuais, com o que se obtém uma significativa redução do tempo no processo, fazendo-o correr por um leito mais expedito do procedimento *sumário*. Quando deseja uma celeridade ainda mais veloz, com uma total concentração da atividade processual, opta por um procedimento *sumaríssimo*. E assim por diante.

Como segurança e tempo[474], no processo, são noções contrapostas porquanto, *se é seguro não é rápido e se é rápido não é seguro*[475] – obter a sua perfeita harmonia seria como que admitir a "quadratura do círculo" (Carnelutti) –, busca a lei uma forma de garantir o direito material (desvinculado do tempo), até que se componha a lide (que o pressupõe), e aí entra a criatividade do legislador na instituição dos meios hábeis à obtenção desse resultado. Nesse contexto maior, entram as *tutelas de urgência*, os mais eficazes meios de conciliar o que, à primeira vista, parece inconciliável, ou até mesmo um paradoxo: justiça com (boa dose) de segurança.

O primeiro passo foi dado fora do processo de conhecimento, no âmbito do processo cautelar, que ao longo de mais de duas décadas produziu excelentes resultados, mostrando-se o instrumento adequado para dar resposta às prestações jurisdicionais de urgência, fora dos estreitos limites do mandado de segurança. Além disso, revelou-se fecundo de experiências – mormente depois do advento da nova Constituição, com o abuso de leis temporárias, veiculadas por medidas provisórias do Executivo –, o que permitiu aos tribunais traçar-lhe perfil mais ou menos definido, inclusive no campo da tutela cautelar satisfativa[476].

---

[474] Para Carnelutti, o tempo é o inimigo contra o qual o juiz luta sem descanso. Mas o processo é vida. As exigências que se colocam ao juiz na ordem do tempo são três: detê-lo, retroceder e acelerar seu curso. Parecem exigências impossíveis de satisfazer; sem embargo, há experiências físicas que, a respeito, podem abrir os nossos olhos: penso no cinematógrafo ou em suas posições de câmara lenta, de aceleração e de regressão. CARNELUTTI, Francesco. **Derecho procesal civil y penal; Derecho y proceso**. Trad. Santiago Sentis Melendo. Buenos Aires: EJEA, 1971. v. 1, p. 412.

[475] Dizia Carnelutti que o *slogan* da justiça rápida e segura, que se encontra sempre na boca dos políticos inexperientes, contém, desgraçadamente, uma contradição *in adiecto*; se a justiça é segura não é rápida, se é rápida não é segura. CARNELUTTI, Francesco. *Op. cit.*, p. 177.

[476] CARREIRA ALVIM, J. E. **Medidas cautelares satisfativas**. *RF* 327, Rio de Janeiro: Forense, 1994. p. 75-80.

Foram essas experiências, colhidas na prática diuturna do foro, que permitiram o florescimento da ideia de *antecipação de tutela*, fora dos lindes estritamente cautelares, e, afinal, consagrada pela recente reforma processual.

Registre-se, por oportuno, que as inovações introduzidas pela reforma não tiveram o propósito de neutralizar o processo cautelar, senão o de *complementar* o elenco do gênero "tutelas de urgência" – de que é espécie o provimento antecipatório –, destinadas a atender a situações que não possam aguardar o desfecho do processo principal, para obviar ou reparar eventual lesão de direito. O provimento antecipatório, que antes só era possível no âmbito do processo cautelar, espraia-se agora para todo o processo de conhecimento – de rito ordinário, ou *sumário* –, numa indiscutível consagração do *poder geral de cautela do juiz*.

15.2 VEROSSIMILHANÇA DA ALEGAÇÃO

Quem buscar, pela primeira vez, o sentido desta expressão – *verossimilhança* – formará sobre ela um juízo equivalente ao de "aparência de verdade" e não estará errado porque, no vernáculo, verossimilhança é o mesmo que verossímil (do latim *verisimilis*), que significa semelhante à verdade; que tem a aparência de verdade; que não repugna à verdade; ou "provável".

No entanto, não estará inteiramente certo, na medida em que a simples aparência pode corresponder, como pode também não corresponder à *verdade*, traduzida em termos de um *juízo provável*, justificador de um provimento antecipado.

O Código fala em *verossimilhança da alegação* (art. 273)[477], mas também em *prova inequívoca*, embora uma coisa não pressuponha necessa-

---

[477] "*Art. 273. O juiz poderá, a requerimento da parte, antecipar, total ou parcialmente, os efeitos da tutela pretendida no pedido inicial, desde que, existindo prova inequívoca, se convença da verossimilhança da alegação e: I – haja fundado receio de dano irreparável ou de difícil reparação; ou II – fique caracterizado o abuso de direito de defesa ou o manifesto propósito protelatório do réu. § 1º Na decisão que antecipar a tutela, o juiz indicará, de modo claro e preciso, as razões do seu convencimento. § 2º Não se concederá a antecipação da tutela quando houver perigo de irreversibilidade do provimento antecipado. § 3º A efetivação da tutela antecipada observará, no que couber e conforme sua natureza, as normas previstas nos arts. 588, 461, §§ 4º e 5º, e 461-A. § 4º A tutela antecipada poderá ser revogada ou modificada a qualquer tempo, em decisão fundamentada. § 5º Concedida ou não a antecipação da tutela, prosseguirá o processo até final julgamento. § 6º A tutela antecipada também poderá ser

riamente a outra. Para se convencer da verossimilhança da alegação, o juiz não está vinculado à prova, se a pretensão se assenta em fatos incontestes, não carentes de demonstração, caso em que a atividade cognitiva detém-se no simples exame do direito. É o que sucede, por exemplo, na ação declaratória de inexigibilidade de tributo inconstitucional. A prova, quando muito, poderá cingir-se a aspectos formais da relação processual – como a da constituição da empresa, do mandatário judicial etc. – e a outras condições de desenvolvimento válido e regular do processo.

Embora os escritos de Calamandrei e de Malatesta, sobre a verossimilhança, tenham se centrado predominantemente no estudo do fato, podem ser considerados também no tocante à alegação, mesmo porque, na visão de Carnelutti, o objeto da prova não são os fatos, mas a afirmações que deles fazem as partes[478]. Nesse sentido, "afirmação" e "alegação" não passam de uma questão vocabular.

Portanto, convencendo-se o juiz da verossimilhança da alegação ou da afirmação, terá se convencido da verossimilhança dos fatos em que se apoia e vice-versa. Essa observação não passou despercebida a Calamandrei, para quem o juízo de verossimilhança é um juízo emitido não sobre o fato, mas sobre a *afirmação do fato*, quer dizer, sobre a alegação do fato, proveniente da parte que pede seja admitida a prová-lo e que o afirma como historicamente aconteceu"[479].

Também Mandrioli alude à verossimilhança da afirmação[480], enquanto Tommaseo se refere à verossimilhança da alegação[481].

O próprio Calamandrei – corifeu do processo cautelar – considerou árduo estabelecer uma precisa diferença entre as noções de *possibilidade, verossimilhança* e *probabilidade,* frequentemente usadas na prática como sinônimas. Para ele, *possível* é o que pode ser verdadeiro; *verossímil* é o que tem a aparência de ser verdadeiro; *provável* seria,

---

concedida quando um ou mais dos pedidos cumulados, ou parcela deles, mostrar-se incontroverso. § 7º Se o autor, a título de antecipação de tutela, requerer providência de natureza cautelar, poderá o juiz, quando presentes os respectivos pressupostos, deferir a medida cautelar em caráter incidental do processo ajuizado".

[478] CARNELUTTI, Francesco. **La prueba civil**. Buenos Aires: Depalma, 1982. p. 40.

[479] CALAMANDREI, Piero. Verità e verosimiglianza nel processo civile. **Studi in onore de Giuseppe Valeri**. Milano: Giuffrè, v. I, p. 461-492; *Opere giuridiche*. Milano: Morano, 1972. v. V, p. 615-640.

[480] MANDRIOLI, Crisanto. **Corso di diritto processuale civile**. 9. ed. Torino: G. Giappichelli, 1993. p. 280 e 289.

[481] TOMMASEO, Ferruccio. **I provvedimenti d'urgenza**. Padova: Cedam, 1983. p. 171.

etimologicamente, o que se pode provar como verdadeiro; mas, na linguagem filosófica e teológica, a palavra vem sendo usada no sentido de *razoável*, isto é, que se pode crer de acordo com a razão (*"Opinião provável, dizem os teólogos, é aquela que tem por fundamento razões de alguma importância, que está sustentada por algum autor acreditado"* – Manuzzi); e não falta, nos registros dos léxicos, o uso da palavra *provável* como sinônimo de *verossímil*. Mas essas diferenças não têm uma precisa correspondência no vocabulário dos juristas: além do mais, se se toma como termo de referência a comprovação da verdade, pode-se dizer que estas três qualificações (possível, verossímil, provável) constituem, nesta ordem, uma gradual aproximação, uma progressiva acentuação até o reconhecimento do que é verdadeiro. Quem diz que um fato é verossímil está mais próximo em reconhecê-lo verdadeiro do que quem se limita a dizer que é possível; e quem diz que é provável, está ainda mais avançado do que quem diz que é verossímil, porque vai além da aparência e começa a admitir que existem argumentos para fazer crer que esta corresponda à realidade. Mas trata-se de matizes psicológicas, que cada juiz entende a seu modo[482].

Malatesta[483] afirma, por seu turno, que, atendo-se ao sentido etimológico evidente da expressão, verossímil não é o que *pode ser* verdade real, senão o que *tem aparência de sê-lo*, acrescentando que, para que exista aparência de verdade real, não basta a simples condição de possibilidade, sendo mister algo mais, isto é, um motivo que nos induza a crer numa verdade, que, mais que simples possibilidade, há de ter-se como realidade, e é na aparência dessa realidade na qual residem, por assim dizer, o perfil e a perspectiva da verdade real, que se chama *verossimilhança*. Assim, acrescenta, é verossímil não o que se nos apresenta simplesmente como *possível*, mas o que, por razões mais ou menos determinadas, nos inclinamos a crer que é real.

Por isso, fez o citado processualista coincidir a verossimilhança com o primeiro grau da probabilidade e assim temos o verossímil, o provável e o probabilíssimo.

Daí por que Malatesta[484], ao graduar a probabilidade, identificou a probabilidade mínima com o *verossímil*; a probabilidade média com o provável e a probabilidade máxima com o probabilíssimo. No

---
[482] CALAMANDREI, Piero. *Op. cit.*, p. 620-621.
[483] MALATESTA, Nicola Framarino dei. **Lógica de las pruebas en materia criminal**. Bogotá: Temis, 1973. v. 1, p. 70.
[484] *Ibidem*.

entanto, no desenvolver dos seus ensinamentos, prefere não falar de verossimilhança, por lhe parecer mais exato falar de *credibilidade*[485].

Bastam essas posições doutrinárias para se constatar que o conceito de verossimilhança depende do *subjetivismo* de cada autor, e continuará a depender do de cada juiz, no momento de decidir sobre o pedido de antecipação de tutela. O que é verossímil para um, pode não ser para outro, dependendo do grau de percepção individual.

A propósito, observa Calamandrei[486] que:

> *O juízo de verossimilhança ou inverossimilhança deixa logicamente uma margem à indagação: o que aparece semelhante à verdade pode ser só ilusão; e vice-versa, o inverossímil pode ser verdade.*

15.3 JUÍZO DE DELIBAÇÃO E VEROSSIMILHANÇA

A constatação da *verossimilhança* dependerá, sempre, de um *juízo de delibação*, nos moldes análogos ao formulado para fins de verificação dos pressupostos da medida liminar em feitos cautelares ou mandamentais. Esse juízo consiste em valorar os fatos e o direito, certificando-se da *probabilidade* de êxito na causa, no que pode influir a natureza do fato, a espécie de prova (prova preconstituída), e a própria orientação jurisprudencial, notadamente as súmulas.

Destarte, diante da declaração de inconstitucionalidade de uma exigência fiscal pelo Supremo Tribunal Federal, mesmo em processo difuso, nenhum juiz, presentes os demais requisitos, terá dúvida em antecipar os efeitos da tutela jurisdicional; o mesmo se diga da matéria sumulada pelos tribunais, cuja discussão se atenha a matéria de direito, ou também fática, comprovada por prova inequívoca.

Esse juízo de delibação pode, em face da natureza do dano temido, ter lugar *initio litis*, ou num momento posterior, após a contestação. Essa possibilidade vem sendo pacificamente reconhecida pelos tribunais, até mesmo na sentença, inclusive em embargos de declaração.

Nesse ponto, pode-se traçar o perfil da *verossimilhança*, não havendo critério mais seguro do que o da *probabilidade*, numa graduação similar – não idêntica – àquela de Malatesta, mas sem identificá-la com a probabilidade mínima.

---

[485] *Idem*, p. 75.
[486] CALAMANDREI, Piero. *Op. cit.*, p. 626.

Ao examinar um pedido de liminar, deve o julgador trabalhar à luz da lógica maior, material, ou crítica. Deve o juiz considerar as diferentes atitudes que a inteligência pode assumir em face da verdade: a ignorância, a dúvida, a opinião e a certeza. A *ignorância* é a situação de pleno desconhecimento, de absoluta falta de motivos, a favor ou contra, do objeto *cognoscendi*. Nesse caso, a mente está *in albis*; simplesmente, inexiste representação mental em qualquer sentido. A *dúvida* é a situação em que a inteligência oscila entre o *sim* e o *não*, diante de razões favoráveis a cada uma das hipóteses contraditórias. Essa situação pode ser traduzida como *possibilidade*, e é um tormento para o juiz quando se vê diante dela e precisa resolvê-la. Como o juiz não pode pronunciar o *non liquet*, é preciso quebrar a dúvida em prol do *sim* ou do *não*, quando, então, forma-se a opinião. Na *opinião*, o assentimento pende para uma das alternativas consideradas, em que pese alguma "inquietude" que possa restar nessa tomada de posição. Essa situação pode ser traduzida como *probabilidade*. Por fim, a *certeza*, que representa uma firme convicção, fundada na *evidência do objeto*. Para F. Varvello, autor das *Institutiones Philosophiae*, a evidência é precisamente o *"fulgor da verdade que arrebata o assentimento da mente"* (*Fulgor quidam veritatis mentis assensum rapiens*).

Malatesta ensina, a respeito do *conhecimento*, que, diante do fato, o espírito humano pode encontrar-se em estado de ignorância, dúvida ou certeza, sem referir-se expressamente à opinião. Para ele, a *dúvida* existe quando uma proposição apresenta motivos afirmativos, ao mesmo tempo que motivos negativos. Se houver predomínio dos motivos negativos sobre os afirmativos, teremos o *improvável*; pode haver igualdade entre as duas classes de motivos, e tem-se o crível (acreditável) no sentido específico; e, por último, pode suceder que prevaleçam os motivos afirmativos sobre os negativos, e, nesse caso, existe a *probabilidade*. E arremata: o estado de *ignorância* é a ausência de todo conhecimento; a credibilidade é a igualdade de motivos, quanto ao conhecimento afirmativo e negativo; a *probabilidade* é o predomínio do conhecimento afirmativo; e a *certeza* é o conhecimento afirmativo e triunfante[487].

Em sede de antecipação de tutela – tanto no processo de conhecimento ordinário quanto no sumário –, são estes igualmente os estados do intelecto do julgador, diante da verdade: ignorância, dúvida, opinião e certeza. Afora a ignorância (que é o completo desconhecimento), interessa-nos as situações intermédias, residindo numa delas – na *opinião* ou *probabilidade* – aquilo que a lei chama de *verossimilhança*.

---

[487] MALATESTA, Nicola Framarino dei. *Op. cit.*, p. 11-12.

No julgamento de um pedido de antecipação de tutela, muitas vezes o juiz fica entre o *sim* e o *não*, numa verdadeira situação de *dúvida*, sendo necessário que se rompa esse equilíbrio, formando uma opinião. Isto explica como o juízo do juiz singular pode coincidir, mas pode também não coincidir com o do tribunal (por seus órgãos monocráticos ou colegiados), resultando daí que a parte que obtenha uma liminar em seu favor venha a tê-la neutralizada por uma liminar em sentido contrário.

É que o intelecto de cada julgador se posiciona de forma diversa diante da alegação e da prova, fazendo diversa avaliação dos motivos que convergem ou divergem relativamente à pretensão do requerente. Esse juízo, nos tribunais, sequer é a *soma* das vontades individuais, mas o *produto* delas, vindo a prevalecer em certos casos a vontade localizada entre os extremos, através do chamado *voto médio*.

15.4 PROBABILIDADE E VEROSSIMILHANÇA NA ANTECIPAÇÃO DE TUTELA

A esta altura, pode-se concluir que, diante de uma alegação, a *verossimilhança* se assenta num juízo de *probabilidade*, que resulta, por seu turno, da análise dos motivos que lhe são favoráveis (convergentes) e dos que lhe são contrários (divergentes).

Se os motivos convergentes são superiores aos divergentes, o juízo de probabilidade cresce; se os motivos divergentes são superiores aos convergentes, a probabilidade diminui. Um exemplo elucidará melhor a hipótese. Se coloco cinco bolas brancas e cinco vermelhas numa caixa, é difícil prever se vou tirar bola branca ou vermelha, porque o seu número é equivalente (são idênticos os motivos convergentes e divergentes). É possível que eu tire uma bola branca, mas é possível também que tire uma vermelha. A situação é de dúvida. Estaria no âmbito de mera *possibilidade*. Se aumento as bolas brancas e diminuo as vermelhas, começo a adentrar-me no campo da probabilidade. Se coloco seis bolas brancas e quatro vermelhas, é provável que eu tire bola branca, mas é possível que eu tire vermelha. À medida que vou colocando mais bolas brancas e diminuindo as vermelhas (sete brancas e três vermelhas, oito brancas e duas vermelhas etc.), irei elevando o grau de probabilidade, chegando até a uma situação próxima do *probabilíssimo*, já adentrando nos domínios da *certeza*. Destarte, se coloco nove bolas brancas e uma vermelha, é possível que eu tire uma bola vermelha, porque ela está ali (há um motivo convergindo para isso), mas é provável (99%) que eu tire uma bola branca (há nove motivos convergindo para tanto).

A probabilidade é o que fatalmente ocorrerá, se não sobrevier algum motivo divergente; a possibilidade é o que não ocorrerá, salvo se intervier algum motivo convergente.

No exame do pedido de antecipação da tutela, o juiz não foge a esse juízo crítico dos fatos e do direito, do qual resultará, ou não, o convencimento da verossimilhança, para fins de concessão ou denegação do provimento antecipado. É claro que formar *opinião* ou ter como *provável* determinada alegação não é tão simples quanto tirar bolas brancas ou vermelhas de uma caixa, o que é perfeitamente compreensível. Mas, *modus in rebus*, vale a comparação.

Não se perca de vista que a "opinião", uma vez externada no processo, converte-se em "decisão".

15.5 TUTELA ANTECIPADA NO PROCEDIMENTO SUMÁRIO[488]

Muitas vezes, a subsistência do direito subjetivo material depende da antecipação da tutela, não comportando a hipótese um juízo muito rígido de probabilidade, porquanto a sua denegação pode tornar sem objeto o próprio processo ou, no mínimo, imprestável a sentença que vier a ser nele proferida.

É o que sucede, por exemplo, com aquele pai que compra hoje um bolo de noiva, para servir no casamento da filha amanhã; ou recebe o bolo a tempo, ou, recebendo-o a destempo, não atingirá o fim colimado. É também o caso de embarque de mercadoria perecível e tantos outros; ou se antecipa a tutela, *inaudita altera parte*, concedendo-se liminarmente provimento postulado, ou se esvairá o conteúdo mesmo do direito material cuja tutela se busca em sede judicial.

Todas essas demandas podem desaguar no rito ordinário ou no *rito sumário pelo valor*, dependendo da estimativa feita na petição inicial, e não impugnada pelo réu.

O procedimento sumário, qualquer que seja a hipótese nele versada, ou comportará a tutela antecipada do art. 273, como nas obrigações de pagar quantia em dinheiro, ou a tutela específica do art. 461, como nas obrigações de fazer e não fazer, ou a tutela específica do art. 461-A,

---

[488] CARNEIRO, Athos Gusmão. **Possibilidade de antecipação dos efeitos da tutela.** *Op. cit.*, p. 147-148.

como nas obrigações de entregar coisa. Para que tenha cabimento essa especial modalidade de tutela, é preciso apenas que estejam presentes os respectivos pressupostos legais.

Como o procedimento sumário é concentrado na primeira audiência, devendo ser realizada no prazo de trinta dias (art. 277, *caput*), contado da propositura da ação, o direito material do autor pode estar correndo sério perigo de lesão, ou estar sendo já lesionado, a depender, portanto, de um eficaz provimento, *initio litis*, seja para impedir a lesão, seja para fazê-la cessar.

Esse provimento pode ter obtido no âmbito do próprio processo de conhecimento de rito *sumário*, como pode também no de rito ordinário, o que resulta do disposto no art. 272, parágrafo único, c.c. o art. 273 do Código. Aquele reza que o procedimento sumário rege-se pelas disposições que lhe são próprias, *aplicando-se-lhe, subsidiariamente, as disposições gerais do procedimento ordinário*; este estabelece que o juiz poderá antecipar, total ou parcialmente os efeitos da tutela pretendida no pedido inicial; evidentemente, se ocorrerem os pressupostos legais.

O instituto da antecipação da tutela, doutrina Athos Gusmão Carneiro, aplica-se em princípio tanto aos processos sob rito ordinário como àqueles sujeitos aos ritos *sumário* ou especiais, observada sempre a natureza da pretensão de direito material[489].

Sempre que houver uma carga de probabilidade suficiente para convencer o julgador da veracidade da alegação, tem cabimento a antecipação da tutela, na mesma medida em que não tem, se o juiz se convencer do contrário, assegurado sempre ao interessado recurso da decisão[490].

No procedimento sumário pode também ser concedida a tutela na própria sentença, nos termos expostos no capítulo "*Tutela antecipada antes da sentença e tutela antecipada na sentença*"[491].

Mesmo antes das inovações, introduzidas pelas minirreformas processuais e ao largo de qualquer norma permissiva expressa, os juízes já vinham admitindo provimentos cautelares – principalmente os de índole caucionatória – no *bojo do próprio processo de conhecimento*, de rito ordi-

---

[489] *Idem*, p. 147.
[490] Não fica afastada também a hipótese de o juiz exigir, se necessário, eventual garantia (caução) da antecipação, não podendo, no entanto, erigi-la em obstáculo ao fornecimento da prestação jurisdicional. Essa possibilidade de caução vem, igualmente, admitida pelo direito italiano (art. 669-*undecies*), para eventual ressarcimento do dano.
[491] *Vide* Capítulo XV, n. 15.18.

nário. É o que sucedia, v.g., com o pedido de caução em dinheiro para discussão da constitucionalidade de tributos.

Essa tendência, agora consagrada pelo Código, já se transplantara também para o direito positivo, como se vê do art. 59, § 1°, da Lei 8.245/91 (Lei do Inquilinato), onde se estatui que as ações de despejo terão o rito ordinário, tendo cabimento a concessão de liminar. A liminar tem sido admitida, igualmente, no âmbito das ações popular, civil pública e expropriatória, para o que não tem constituído empecilho o rito processual.

Registra Giacomo Oberto[492] que a ideia de se permitir ao juiz, no curso do processo ordinário de conhecimento, proferir provimentos antecipatórios de condenação, constitui uma constante de todas as recentes propostas de reforma do Código de Processo Civil italiano. Os provimentos antecipatórios que, no direito peninsular, podem ser proferidos pelo juiz do processo de cognição, no âmbito deste, são destinados a satisfazer a exigência de economia dos juízos, quando a pretensão, baseada em critério objetivo, seja presumivelmente fundada, ou falte uma séria contestação. Sem dúvida, o objetivo maior desses intentos é a busca de instrumentos idôneos para a realização de uma justiça mais rápida e eficaz[493].

15.6 PROVA INEQUÍVOCA NA TUTELA ANTECIPADA

O conteúdo da expressão *prova inequívoca* (art. 273) emerge como uma "aparente" condicionante do convencimento do juiz, e que, mal interpretada, pode importar numa injustificável restrição ao alcance da tutela antecipada, em contraste com a *mens legis*.

À primeira vista, pode parecer que só caiba a antecipação de tutela quando a pretensão se assente em prova documental, o que, no entanto, não é verdadeiro. É que a alegação pode prescindir de prova documental, quando incontroversos os fatos em que se apoia, e o dissenso resida apenas na questão de direito, objeto de acertamento judicial. Sempre que a deman-

---

[492] OBERTO, Giacomo. **Il nuovo processo cautelare**. Milano: Giuffrè, 1993. p. 243.

[493] Ao contrário do que se supõe, o ordenamento jurídico italiano é rico em provimento antecipatórios de natureza não cautelar no procedimento ordinário (arts. 186-bis, 186-ter e 423 do c.p.c. italiano); nos procedimentos especiais (decreto injuncional), arts. 665 e 708; em leis especiais (Leis 300, de 20.05.1970 e 990, de 24.12.1969; e até na jurisdição voluntária (art. 336 CC, modificado pela Lei 151, de 19.05.1975). Com base no art. 24 da Lei 990/69, o juiz italiano pode fixar ao prejudicado em acidente de trânsito, que se ache em estado de necessidade, uma quantia até quatro quintos do presumível valor do dano ressarcível. MANDRIOLI, Crisanto. *Op. cit.*, p. 282.

da envolver matéria apenas de direito, os fatos geralmente não carecem de prova, como sucede nas ações sobre a inexigibilidade de tributo tido por inconstitucional ou exigência ilegal do Poder Público.

A expressão *prova inequívoca* deve ser entendida em termos, porquanto se "inequívoco" traduz aquilo que não é equívoco, ou o que é claro, ou o que é *evidente*, semelhante qualidade nenhuma prova, absolutamente nenhuma, a reveste, pois, toda ela, qualquer que seja a sua natureza (*iuris tantum* ou *iuris et de iure*) passa pelo crivo do julgador.

E se assim é, a conclusão que se impõe é a de que a prova pode ingressar no processo como "inequívoca" e ser tida, depois de encerrada a instrução, como a mais equívoca e imprestável delas.

Todas as provas, diz Calamandrei, se bem consideradas, não são senão provas de verossimilhança[494], pelo que as considerações tecidas em torno da verossimilhança podem, feitas as devidas adaptações, ser aplicadas à prova inequívoca.

Mesmo porque tanto Calamandrei quanto Malatesta analisaram a verossimilhança com base nos fatos sobre os quais incide a prova, o que permite adaptar algumas de suas conclusões também às alegações. Aliás, levada ao extremo a expressão, poder-se-ia dizer que essa qualidade – ser inequívoca – não deveria recair sobre a prova, mas sobre o fato, uma vez que aquela não é senão o meio de revelá-lo.

Esse trinômio – alegação, fato e prova – está indissoluvelmente ligado, para fins de antecipação de tutela, porquanto, quando se fala em verossimilhança da alegação, tem-se por verossímil também o fato a que se refere e, igualmente, a prova em que se apoia, ainda quando não haja necessidade de ser provado, em face de alguma circunstância externa ao próprio fato (fato incontroverso, notório, coberto por presunção legal absoluta etc.).

Se, no âmbito doutrinário, a noção de *"prova inequívoca não é muito difundida, o mesmo não se pode dizer em sede jurisprudencial, tendo o Supremo Tribunal Federal a ela se referido, em mais de uma oportunidade, nos seus julgados"*[495].

Postas essas premissas, pode-se concluir que *prova inequívoca* deve ser considerada aquela que apresenta um grau de convencimento tal que, a seu respeito, não possa ser oposta qualquer *dúvida razoável*, ou, em outros termos, cuja autenticidade ou veracidade seja *provável*.

---

[494] CALAMANDREI, Piero. *Op. cit.*, v. 3, p. 317.
[495] MS 20.882-1.

Esse exame da prova – que não se confunde com o juízo, porquanto este incide sobre a alegação –, para fins de avaliação do seu potencial gerador de certeza ou veracidade, independe da sua natureza (documental, material etc.).

É bem verdade que uma prova preconstituída, constante de um instrumento público, elaborado com a observância das formalidades legais, em princípio, é "inequívoca" do ato jurídico que representa, podendo constituir excelente meio de convencimento da verossimilhança da alegação, para fins de antecipação de tutela.

Nem sempre, contudo, o fato de se tratar de um instrumento público significa que a prova seja inconteste ou inequívoca. A *contrario sensu*, nem sempre a prova constante de documento particular, pelo só fato de ser particular e não subscrito por testemunhas, traduz uma prova equívoca, de forma a desautorizar a concessão da tutela antecipada.

Pertinentes, a propósito, os ensinamentos de Chiovenda, ao distinguir a "eficácia objetiva" da "atendibilidade" de um meio ou de um motivo de prova. Assim, o instrumento público de que resulta um contrato possui grande eficácia objetiva, mas, se inquinado de falsidade, a sua atendibilidade pode desaparecer. Ao contrário, o documento particular em que funda um contrato tem minguada eficácia objetiva, mas, se se vem a reconhecer esse documento, será grande a sua atendibilidade[496].

Ao que Chiovenda chama de *atendibilidade*, Calamandrei[497] e Malatesta[498] denominam *credibilidade*. No juízo de atendibilidade, esclarece Calamandrei, trata-se de estabelecer, de antemão, se o conteúdo da alegação merece um certo crédito[499].

A ausência de prova documental, instruindo a petição, não constitui motivo para o indeferimento liminar da tutela antecipada, mesmo porque muitos fatos embasadores de pretensões juridicamente persequíveis independem de prova, por disposição expressa de lei (art. 334, I a IV), afora aqueles a respeito dos quais a própria lei inverte o ônus probatório, como nas hipóteses previstas no Código de Defesa do Consumidor (arts. 6º, VIII[500]; 38[501]; e 51, VI[502]), dispensando a parte autora da sua prova.

---

[496] CARREIRA ALVIM, J. E. **Elementos de teoria geral do processo.** 2. ed. Rio de Janeiro: Forense, 1993. p. 335-336.
[497] CALAMANDREI, Piero. *Op. cit.*, p. 624.
[498] MALATESTA, Nicola Framarino dei. *Op. cit.*, p. 75.
[499] CALAMANDREI, Piero. *Op. cit.*, p. 624.
[500] "***Art. 6º.*** *São direitos básicos do consumidor: (...) VIII – a facilitação da defesa de seus direitos, inclusive com a inversão do ônus da prova, a seu favor, no processo ci-*

Desnecessário dizer que, ao se referir à prova inequívoca, alude o Código à prova do *fato constitutivo* do direito do autor, no qual se assenta a pretensão, além do que, à luz da repartição do ônus probatório (art. 333, I)[503], somente a prova deste fato lhe compete.

15.7 MOMENTO DA ANTECIPAÇÃO DA TUTELA NO PROCEDIMENTO SUMÁRIO

Não havendo a lei estabelecido um momento *preclusivo* para a antecipação da tutela, pode ela ser concedida a qualquer tempo, antes da sentença, ou até nela própria, bastando que se tenha tornado necessária, o que pode vir a ocorrer no curso do processo ou depois de produzida determinada prova.

No processo de conhecimento de rito sumário, pode a tutela ser concedida ao despachar o juiz a petição inicial, ou noutro momento, depois da audiência prévia, ou da audiência de instrução e julgamento, desde que necessária para evitar ou fazer cessar eventual lesão a direito material. Assim, se, por ocasião da segunda audiência, surgir a necessidade de diligência de maior complexidade, tendo o juiz razoáveis motivos para entendê-la necessária, nada impede (até aconselha) seja deferida para resguardo dos interesses do autor.

Ocorre, aqui, exatamente o que sucede na concessão de liminares de outra índole (cautelar, mandamental etc.), em que são concedidas *initio litis* ou num momento posterior. Se assim é, além da prova documental, também a prova testemunhal *lato sensu* – inclusive o depoimento pessoal e a confissão – é meio hábil para revelar a *prova inequívoca* para fins de tutela antecipada, desde que colhida no momento próprio e com a observância do princípio do contraditório. O mesmo se diga da prova pericial, prova técnica por excelência, podendo revestir-se de elevado grau de convencimento.

---

vil, quando, a critério do juiz, for verossímil a alegação ou quando for ele hipossuficiente, segundo as regras ordinárias de experiências; (...)".

[501] *"Art. 38. O ônus da prova da veracidade e correção da informação ou comunicação publicitária cabe a quem as patrocina".*

[502] *"Art. 51. São nulas de pleno direito, entre outras, as cláusulas contratuais relativas ao fornecimento de produtos e serviços que: (...) VI – estabeleçam inversão do ônus da prova em prejuízo do consumidor; (...)".*

[503] *"Art. 333. O ônus da prova incumbe: I – ao autor, quanto ao fato constitutivo do seu direito; (...)".*

A antecipação da tutela pode, também, ser concedida na sentença como demonstrado no capítulo "*Tutela antecipada antes da sentença e tutela antecipada na sentença*"[504].

Aludindo o Código a "prova inequívoca" (*in generi*), a prática virá demonstrar as hipóteses em que ocorrerá.

No seu estudo *Verità e verosimiglianza nel processo Civile*[505], Calamandrei, em vez de tratar da prova inequívoca, considera a prova *relevante* ou a "relevância" da prova, e acentua que o juízo sobre ela é um juízo de direito, concernente ao mérito, que contém, em *germen*, a decisão definitiva. Assim, se o juiz considera que os fatos tal como afirmados e representados pelas partes, mesmo que por hipótese fossem verdadeiros, não seriam idôneos para produzir os efeitos jurídicos pretendidos, é inútil perder tempo em verificar se aquela afirmação corresponde ou não à verdade. O juízo sobre a relevância valora, de antemão, a valoração jurídica que se poderia inferir do êxito da prova proposta: tende a evitar, como dissera Galileu, entrar "em uma disputa não muito mais relevante que insignificante. *Frustra probatur quod probatum non relevat* (Em vão se prova o que, uma vez provado, não tem relevância). Salienta, por fim, que, na linguagem forense, em vez de provas relevantes, fala-se, com análogo sentido, em provas "pertinentes", "concernentes", "concludentes", expressões que, em substância, querem significar a mesma coisa, enquanto, *partindo da hipótese de que os fatos deduzidos sejam provados*, tendem a estabelecer, mediante uma antecipada subsunção dos fatos à norma, se há um nexo de causa e efeito entre esses fatos e as consequências jurídicas que a parte pretende extrair deles.

Como se vê, o Código consagra uma qualidade da prova não comumente encontradiça na doutrina – *prova inequívoca* – e que, pela sua íntima relação com o fato que tende a comprovar, faz surgir a categoria do *fato inequívoco*, cabendo à doutrina traçar-lhe os contornos definitivos.

Em princípio, inequívoca a prova, inequívoco também é o fato probando, na direção afirmada pelo autor e, consequentemente, a própria alegação que nele se funda, pelo que, presentes os demais requisitos legais, o juízo de *verossimilhança* revestirá com o seu manto esse trinômio.

---

[504] *Vide* Capítulo XV, n. 15.18.
[505] CALAMANDREI, Piero. *Op. cit.*, p. 623-624.

15.8 OUTRAS CONDIÇÕES DA TUTELA ANTECIPADA

Resta determinar o alcance dos incs. I e II do art. 273 – "fundado receio de dano irreparável ou de difícil reparação" ou "*abuso de direito de defesa ou o manifesto propósito protelatório do réu*" –, verdadeiros critérios de julgamento, na aferição das circunstâncias autorizadoras da antecipação da tutela.

O primeiro não constitui novidade no nosso ordenamento jurídico, encontrando símile no art. 798[506] – que fala em "lesão grave e de difícil reparação" –, nem no direito processual estrangeiro, como o italiano, que alude a "*pregiudizio imminente e irreparabile*" (art. 700), ou o argentino, que alude a "*perjuicio inminente o irreparable*" (art. 232).

Muito se discutiu, à luz dessas disposições do nosso Código, se deveriam ocorrer as duas circunstâncias (lesão grave e de difícil reparação) ou apenas uma, tendo Pontes de Miranda defendido a primeira posição, enquanto Hamilton de Moraes e Barros pôs-se ao lado da segunda[507].

15.9 FUNDADO RECEIO DE DANO IRREPARÁVEL OU DE DIFÍCIL REPARAÇÃO

O requisito de que trata o inc. I do art. 273 – fundado receio de dano irreparável ou de difícil reparação – passa a conviver com a "lesão grave e de difícil reparação" do processo cautelar (art. 798), traduzindo, ambas, no fundo, situações análogas, carentes de uma tutela de urgência.

O *receio* aludido na lei traduz a apreensão por um dano ainda não ocorrido, mas prestes a ocorrer, pelo que deve, para ser *fundado*, vir acompanhado de circunstâncias fáticas objetivas, a demonstrar que a falta da tutela dará ensejo à ocorrência do dano, e que este será irreparável ou, pelo menos, de difícil reparação.

Se o dano já ocorreu, ainda assim pode a tutela antecipada fazer que cesse, como, por exemplo, na hipótese de protesto de título cambial já pago, determinando *in limine litis* a baixa do mesmo.

---

[506] "*Art. 798. Além dos procedimentos cautelares específicos, que este Código regula no Capítulo II deste Livro, poderá o juiz determinar as medidas provisórias que julgar adequadas, quando houver fundado receio de que uma parte, antes do julgamento da lide, cause ao direito da outra lesão grave e de difícil reparação*".

[507] SANCHES, Sydney. **Poder cautelar geral do juiz**. São Paulo: Revista dos Tribunais, 1978. p. 106.

Sendo o receio um sentimento de índole subjetiva, deverá ser analisado, tratando-se de pessoa física, em função de quem o experimenta, considerados a idade, o sexo, a instrução, a condição social etc. É sabido que o velho sente mais temor que o moço, a mulher mais que o homem e a criança mais que a mulher, não podendo tais circunstâncias ser desconsideradas, sob pena de se negar a tutela a quem esteja em condições de merecê-la.

Destarte, o que é temor ou receio para o velho, não o é para o moço; o que é temor para a mulher, não o é para o homem. Tratando-se de pessoa jurídica, o temor de dano irreparável depende, igualmente, das circunstâncias, podendo, por exemplo, existir para uma pequena ou microempresa, sem condições financeiras para recolher um tributo inconstitucional, ou mesmo de discuti-lo em juízo, e não existir para uma grande empresa, em condições de caucionar os respectivos valores para questionar judicialmente a sua constitucionalidade.

No projeto Carnelutti, bastava que, no processo, uma das partes se encontrasse em condições de *grave inferioridade* em face da outra, para autorizar o juiz a adotar provimentos provisórios idôneos, a fim de evitar que o perigo se consumasse[508].

Em sede doutrinária, ensina Sydney Sanches, *fundado receio* significa o temor justificado, que possa ser objetivamente demonstrado com fatos e circunstâncias e não apenas uma preocupação subjetiva[509]. A expressão "lesão grave", constante do art. 798, não traduz, com exatidão, a extensão do perigo configurador da necessidade de tutela urgente, pelo que, além da gravidade, deve, *ex vi legis*, ser também de difícil reparação. Essa disposição sofreu severas críticas de Hamilton de Moraes e Barros[510], para quem "*tolerar-se a ocorrência de lesão grave, apenas porque é de fácil reparação, é descurar o princípio da economia processual e agravar o litígio*".

A referência a "dano irreparável", mesmo que não logre unanimidade da doutrina, por certo diminuirá o alcance da discussão, pelo seu maior color de objetividade. A ele se refere igualmente o art. 266, ao autorizar o juiz a determinar a realização de atos urgentes.

Registra Andrioli que a *iminência do prejuízo* – que guarda equivalência com o nosso *receio de dano* – é noção de caráter relativo, enquanto a *irreparabilidade* pode ser entendida em vários sentidos, isto é, no sentido

---

[508] ANDRIOLI, Virgilio. **Commento al codice di procedura civile**. 3. ed. Napoli: Jovene, 1964. v. IV, p. 247.
[509] SANCHES, Sydney. *Op. cit.*, p. 103.
[510] MORAES E BARROS, Hamilton de. *Apud* SANCHES, Sydney. *Op. cit.*, p. 106.

de ineficácia de direito ou de fato da decisão de mérito, ou, mesmo, da impossibilidade de reintegração da situação lesada, pelo seu equivalente[511].

A circunstância que, no âmbito da tutela cautelar, traduz a presença do *periculum in mora* encontra, na antecipação da tutela, equivalência no *receio de dano*, pois, tanto quanto no processo cautelar, o provimento antecipatório só se faz necessário pela impossibilidade de concluir-se o processo ordinário *uno actu* (sem intervalo), com a subsunção imediata do fato ao direito (norma legal). Da mesma forma, o *fumus boni iuris*, no processo cautelar, encontra "correspondência", em sede de antecipação de tutela, na *verossimilhança da alegação*. Se bem que – e não é demais ressaltar – a "probabilidade" da existência do direito (verossimilhança) seja mais do que a simples "aparência" do bom direito (*fumus boni iuris*).

15.10 ABUSO DE DIREITO DE DEFESA OU MANIFESTO PROPÓSITO PROTELATÓRIO DO RÉU

A hipótese contemplada no inc. II do art. 273 – abuso de direito de defesa ou manifesto propósito protelatório do réu – constitui inovação no ordenamento jurídico, pelo que deverá provocar muita discussão antes de ser pacificada. A sua adoção pelo Código ratifica o princípio de que a boa-fé deve presidir, sempre, a prática dos atos processuais e as relações entre as partes no processo.

Ora, se, nos termos do art. 17 reputa-se litigante de má-fé[512], dentre outros, aquele que deduz defesa contra texto expresso de lei ou fato incontroverso (inc. I), nada mais lógico do que antecipar a tutela se o réu abusa do seu direito de defesa ou se defende com propósito manifestamente protelatório. Aliás, a segunda hipótese, de rigor, contém-se na primeira.

Essa disposição, fruto da experiência do foro, foi a fonte de inspiração do Código, com o objetivo de evitar que o uso das vias judiciais retardasse a prestação jurisdicional, com defesa infundada, contrária, muitas vezes, até à jurisprudência sumulada pelos tribunais. É o caso da Súmula 260[513] do ex-Tribunal Federal de Recursos, ratificada nos julga-

---

[511] ANDRIOLI, Virgílio. *Op. cit.*, p. 250.
[512] Nem sempre má-fé e abuso de direito se identificam.
[513] "*No primeiro reajuste do benefício previdenciário, deve-se aplicar o índice integral do aumento verificado, independentemente do mês da concessão, considerados, nos reajustes subsequentes, o salário mínimo então atualizado*" (Súmula 260).

dos do Superior Tribunal de Justiça, que ensejou injustificável resistência do Instituto Nacional do Seguro Social.

O direito processual, tanto quanto o material, comporta abusos, sendo que o cometido no processo é mais pernicioso que o perpetrado contra o direito mesmo, uma vez que, além das partes, atinge o próprio Estado-juiz na sua tarefa de distribuir justiça, tornando morosa a prestação jurisdicional.

Haverá abuso de direito de defesa ou manifesto propósito protelatório do réu sempre que a jurisprudência se firmar em determinado sentido, nos tribunais, mormente através de orientação sumulada, e o demandado insista em negar, através de contestações estereotipadas (mimeografadas, micrografadas, xerocopiadas etc.), o direito do autor, com o único propósito de retardar a sentença de mérito.

A partir da reforma processual, o processo deixa de servir à parte que *não tem razão*, pondo-se a serviço daquela que *provavelmente tem razão*, proporcionando-lhe a obtenção da tutela jurisdicional por antecipação.

Cumpre-se, assim, o *princípio diretivo*, segundo o qual a duração do processo não deve resultar em prejuízo da parte que tem razão[514].

Parafraseando Giacomo Oberto[515] haverá abuso no exercício da defesa sempre que faltar uma séria contestação.

15.11 PRESSUPOSTO NEGATIVO DA TUTELA ANTECIPADA – PERIGO DE IRREVERSIBILIDADE

Especial atenção merece o disposto no § 2º do art. 273, segundo o qual *"não se concederá a antecipação da tutela quando houver perigo de irreversibilidade do provimento antecipado"*, pois uma errada exegese desse dispositivo poderá neutralizar o preceito inscrito no *caput*.

A lei (processual), advertem Castagnet e Barluenga[516], pode tornar-se letra morta sem uma dinâmica jurisdicional que a interprete e crie cotidianamente novos horizontes. Aliás, a experiência demonstrou que muitos juízes vislumbraram, nessa irreversibilidade – muitas vezes mais aparente que real –, motivo para não outorgar a tutela liminar.

---

[514] ANDRIOLI, Virgílio. *Op. cit.*, p. 264.
[515] OBERTO, Giacomo. *Op. cit.*, p. 243.
[516] CASTAGNET, Jorge; BARLUENGA, Horácio D. **Medidas cautelares**. Buenos Aires: Depalma, 1986.

A gravidade ou irreparabilidade do prejuízo, afirma Tommaseo[517], não depende de um prognóstico sobre a duração do processo e, assim, de uma avaliação em termos de grandeza do tempo necessário para alcançar a sentença, mas só da natureza e características objetivas da situação antijurídica que se pretende remover.

Na Itália, parte da doutrina sugeriu, para se evitar a irreversibilidade do prejuízo, que se desse à antecipação dos efeitos da sentença de mérito um conteúdo tanto quanto possível parcial, evitando, desse modo, a satisfação integral da pretensão, mas a jurisprudência, superada a inicial perplexidade sobre os limites da tutela antecipatória, orientou-se no sentido oposto, sendo hoje constante no sentido de admitir a liceidade de uma antecipação também total dos previsíveis efeitos da sentença de mérito[518].

No fundo, irreversível não é uma qualidade do provimento – na medida em que toda decisão, num determinado sentido, comporta decisão em sentido contrário –, mas da consequência fática que dele resulta, pois esta é que poderá correr o risco de não ser reposta no *statu quo ante*, ou não sê-lo em toda a sua inteireza, ou sê-lo somente a elevadíssimo custo, que a parte por ele beneficiada não teria condições de suportar.

Pense-se na hipótese em que, para salvar a vida do paciente, se peça, contra a sua vontade, autorização judicial para amputar-lhe uma perna. Ninguém porá em dúvida que o provimento será, no caso, irreversível – aliás "irreversibilíssimo" –, admitindo, quando muito, a substituição da perna amputada por uma mecânica. Mas ninguém afirmará também que, para salvar uma vida, não se deva, em vista do § 2º do art. 273, amputar uma perna, pelo simples fato de que essa amputação possa, na sentença, revelar-se precipitada. Igualmente, a *irreversibilidade* da demolição de um prédio (art. 888, VIII,) ou dos alimentos provisionais (art. 852) – já que o alimentando não está obrigado a restituí-los – não impediu fossem inseridos no contexto do processo cautelar (com a redação dada pela Lei 10.444/02).

15.12 EFETIVAÇÃO DA TUTELA ANTECIPADA – CAUÇÃO POSSÍVEL E NÃO OBRIGATÓRIA

Anteriormente, o § 3º do art. 273 rezava que "*A execução da tutela antecipada observará, no que couber, o disposto nos incs. II e III*

---

[517] TOMMASEO, Ferruccio. *Op. cit.*, p.137-138.
[518] *Idem*, p. 153-155.

do art. 475-O^{519} [revogado art. 588]", depois da minirreforma da Lei 10.444/02, passou a dizer que "*A efetivação da tutela antecipada observará, no que couber e conforme sua natureza, as normas previstas nos arts. 475-O^{520} [revogado art. 588], 461, §§ 4º e 5º^{521}, e 461-A*"^{522}.

---

[519] "*Art. 475-O. A execução provisória da sentença far-se-á, no que couber, do mesmo modo que a definitiva, observadas as seguintes normas: (...) II – fica sem efeito, sobrevindo acórdão que modifique ou anule a sentença objeto da execução, restituindo-se as partes ao estado anterior e liquidados eventuais prejuízos nos mesmos autos, por arbitramento; III – o levantamento de depósito em dinheiro e a prática de atos que importem alienação de propriedade ou dos quais possa resultar grave dano ao executado dependem de caução suficiente e idônea, arbitrada de plano pelo juiz e prestada nos próprios autos. (...)*".

[520] "*Art. 475-O. A execução provisória da sentença far-se-á, no que couber, do mesmo modo que a definitiva, observadas as seguintes normas: I – corre por iniciativa, conta e responsabilidade do exequente, que se obriga, se a sentença for reformada, a reparar os danos que o executado haja sofrido; II – fica sem efeito, sobrevindo acórdão que modifique ou anule a sentença objeto da execução, restituindo-se as partes ao estado anterior e liquidados eventuais prejuízos nos mesmos autos, por arbitramento; III – o levantamento de depósito em dinheiro e a prática de atos que importem alienação de propriedade ou dos quais possa resultar grave dano ao executado dependem de caução suficiente e idônea, arbitrada de plano pelo juiz e prestada nos próprios autos. § 1º No caso do inc. II do caput deste artigo, se a sentença provisória for modificada ou anulada apenas em parte, somente nesta ficará sem efeito a execução. § 2º A caução a que se refere o inc. III do caput deste artigo poderá ser dispensada: I – quando, nos casos de crédito de natureza alimentar ou decorrente de ato ilícito, até o limite de sessenta vezes o valor do salário-mínimo, o exequente demonstrar situação de necessidade; II – nos casos de execução provisória em que penda agravo perante o Supremo Tribunal Federal ou o Superior Tribunal de Justiça (art. 544), salvo quando da dispensa possa manifestamente resultar risco de grave dano, de difícil ou incerta reparação. § 3º Ao requerer a execução provisória, o exequente instruirá a petição com cópias autenticadas das seguintes peças do processo, podendo o advogado declarar a autenticidade, sob sua responsabilidade pessoal: I – sentença ou acórdão exequendo; II – certidão de interposição do recurso não dotado de efeito suspensivo; III – procurações outorgadas pelas partes; IV – decisão de habilitação, se for o caso; V – facultativamente, outras peças processuais que o exequente considere necessárias*".

[521] "*Art. 461. Na ação que tenha por objeto o cumprimento de obrigação de fazer ou não fazer, o juiz concederá a tutela específica da obrigação ou, se procedente o pedido, determinará providências que assegurem o resultado prático equivalente ao do adimplemento. § 4º O juiz poderá, na hipótese do parágrafo anterior ou na sentença, impor multa diária ao réu, independentemente de pedido do autor, se for suficiente ou compatível com a obrigação, fixando-lhe prazo razoável para o cumprimento do preceito. § 5º Para a efetivação da tutela específica ou a obtenção do resultado prático equivalente, poderá o juiz, de ofício ou a requerimento, determinar as medidas necessárias, tais como a imposição de multa por tempo de atraso, busca e apreensão, remoção de pessoas e coisas, desfazimento de obras e impedimento de atividade nociva, se necessário com requisição de força policial*".

Sempre distingui, em sede doutrinária, entre "*efetivação*"[523], que é o ato pelo qual se cumpre decisões interlocutórias, e "*execução*", que é o ato pelo qual se cumpre sentenças (provisória ou definitivamente), razão pela qual sempre evitei falar em execução de tutela antecipada.

A reforma orientou-se nessa mesma linha, preferindo dizer que a "efetivação da tutela antecipada" observará, no que couber e conforme sua natureza, as normas previstas nos arts. 475-O [revogado art. 588], 461, §§ 4º e 5º, e 461-A", evitando a expressão "execução da tutela antecipada".

Muitos doutrinadores ainda não perceberam essa postura metodológica do Código, e, mesmo depois da Lei 10.444/02, continuam se referindo à "execução" da tutela antecipada.

A alteração agora introduzida no § 3º do art. 273 alude ao art. 475-O [revogado art. 588], compreendendo as hipóteses contempladas nos seus três incisos (I a III), e não mais apenas dois (II e III), como anteriormente. A hipótese prevista no inc. I do art. 475-O –, a respeito da qual silenciara o preceito anterior –, diz respeito à responsabilidade do credor na execução provisória da sentença, e, consequentemente, na efetivação da tutela antecipada, obrigando-o à prestação de caução, correndo por sua conta e responsabilidade as consequências daí decorrentes.

A aplicação da tutela antecipada, em sede pretoriana, ao longo destes anos, demonstrou que os juízes souberam dosar bem a necessidade da caução, animando o legislador a aplicar em toda a sua extensão, na efetivação da tutela antecipada, os princípios que informam a execução provisória.

No mais, determinou ainda que, na efetivação da tutela antecipada sejam aplicados os preceitos contidos nos §§ 4º e 5º do art. 461 e art. 461-A.

---

[522] "*Art. 461-A. Na ação que tenha por objeto a entrega de coisa, o juiz, ao conceder a tutela específica, fixará o prazo para o cumprimento da obrigação. § 1º Tratando-se de entrega de coisa determinada pelo gênero e quantidade, o credor a individualizará na petição inicial, se lhe couber a escolha; cabendo ao devedor escolher, este a entregará individualizada, no prazo fixado pelo juiz. § 2º Não cumprida a obrigação no prazo estabelecido, expedir-se-á em favor do credor mandado de busca e apreensão ou de imissão na posse, conforme se tratar de coisa móvel ou imóvel. § 3º Aplica-se à ação prevista neste artigo o disposto nos §§ 1º a 6º do art. 461*".

[523] "*Quanto ao § 3º do art. 273, a proposta compatibiliza a 'efetivação' (não se cuida de 'execução', no sentido processual) da tutela antecipada com as alterações sugeridas para o art. 588, relativo à execução provisória da sentença, e com as técnicas de efetivação de tutela específica previstas no art. 461, §§ 4º e 5º, e 461-A*" (Exposição de Motivos ao Projeto de Lei 3.476/00).

O § 4º do art. 461 estabelece que o juiz na decisão antecipatória liminar (literalmente, diz "na hipótese do parágrafo anterior") ou na sentença poderá impor multa diária ao réu, independentemente de pedido de autor, se for suficiente ou compatível com a obrigação, fixando-lhe prazo razoável para o cumprimento do preceito.

O § 5º do art. 461 dispõe que, "*para a efetivação da tutela específica ou a obtenção do resultado prático equivalente, poderá o juiz, de ofício ou a requerimento, determinar as medidas necessárias, tais como a imposição de multa por tempo de atraso, busca e apreensão, remoção de pessoas e coisas, desfazimento de obras e impedimento de atividade nociva, se necessário com requisição de força policial*". Neste ponto, a alteração limitou-se a acrescentar "a imposição de multa por tempo de atraso", entre as medidas necessárias para a efetivação da tutela, que, no mais, sofreu apenas pequena modificação de ordem redacional.

15.13 NATUREZA DA RESPONSABILIDADE NA TUTELA ANTECIPADA

A responsabilidade em tais casos é de índole *objetiva*, no sentido de que todo aquele que promove uma efetivação provisória é responsável pelas suas consequências; sabe que expõe a parte contrária a riscos de eventuais prejuízos, que obrigam à reparação.

O que será objeto de demonstração, portanto, não é a culpa da parte promovente da medida – que se presume *iuris et de iure* –, mas a existência e o alcance do prejuízo, que não se liga ao elemento subjetivo, mas ao fato objetivo de uma efetivação a que não tinha direito.

Observa-se, por outro lado, que, mesmo em relação ao levantamento de depósito e responsabilidade pela efetivação da tutela antecipada, existem exceções não condicionadas por essas limitações, como sucede, por exemplo, nos alimentos provisórios, em que, feito o depósito, pode ser, desde logo, levantado, inexistindo porém responsabilidade já que o alimentando, mesmo que perca a demanda, não está obrigado a restituir o que recebeu.

Ao dispor sobre a efetivação da tutela antecipada, estabelece o § 3º do art. 273 que será observado, "no que couber" e conforme sua natureza as normas previstas no art. 475-O [revogado art. 588], 461, §§ 4º e 5º, e 461-A, do que se deduz que essa aplicação se faz *modus in rebus*.

A reforma segue a vocação do moderno direito processual, de atribuir à sentença de primeiro grau força de título provisoriamente efetivável, independentemente da sua passagem em julgado, de pedido da parte, da prestação de caução ou do perigo de demora, como se vê do novo art. 282 do *Codice di Procedura Civile* italiano alterado pela Lei 353/90, rompendo com as amarras da vetusta legislação.

Sendo a antecipação da tutela consagrada pelo art. 273 do nosso Código uma mera antecipação do provimento de mérito, não causa espanto possa, tanto quanto a própria *sentença*, ser cumprida (efetivada) de forma provisória.

O novo regime, anota Mandrioli, centrado na executoriedade generalizada para todas as sentenças de primeiro grau, eliminou do sistema o instituto da executoriedade por força de uma pronúncia acessória contida na sentença e, correlatamente, a revogação desta pelo juiz do apelo (novo art. 283 do c.p.c. italiano)[524].

Após a reforma italiana, toda sentença de primeiro grau pode ser executada provisoriamente, podendo, ocorrendo graves motivos, a pedido da parte, ser suspensa, no todo ou em parte.

A tendência que, no direito brasileiro – salvo as exceções do art. 520 –, era *inadmitir* o cumprimento, mesmo provisório, desde que houvesse a mínima *possibilidade* de a sentença vir a ser reformada inclina-se para o oposto, no campo da antecipação da tutela, permitindo a efetivação do provimento, na *probabilidade* de que a sentença venha a ser confirmada.

A *probabilidade*, que constitui o *substrato* da verossimilhança, dominando o juízo do juiz para fins de concessão do provimento antecipado, espraia-se agora para o campo da sua efetivação, tornando, com boa margem de segurança, mais ágil a prestação jurisdicional.

15.14 REVOGAÇÃO OU MODIFICAÇÃO DO PROVIMENTO ANTECIPADO

Exatamente porque a antecipação de tutela não constitui, ainda, a decisão da causa, o que só ocorrerá com a sentença de mérito – após regular instrução do feito, com a observância do contraditório –, forçoso é reconhecer que se trata de um provimento precário, no sentido de que é emitido à base de um juízo *provável*, mas, também, provisório; juízo pronunciado *rebus sic stantibus*[525], que pode ou não se confirmar.

No entanto, trata-se de um provimento emitido a requerimento de uma das partes, para valer em face da outra, pelo que a sua revogação ou

---

[524] MANDRIOLI, Crisanto. *Op. cit.*, p. 257.
[525] Estando assim as coisas.

modificação, a qualquer tempo, tal como previsto no § 4° do art. 273, depende, igualmente, de requerimento da parte, não podendo o juiz proceder *ex propria auctoritate*.

Se não pode ser concedido de ofício, não pode também ser modificado ou revogado de ofício. E mais: só se tiver havido mudança nas circunstâncias que o determinaram.

O Código italiano exige, expressamente, *pedido da parte*, para fins de modificação ou revogação de um provimento cautelar (art. 669-*decies*) e, igualmente, só havendo mudança de circunstâncias[526].

15.15 ANTECIPAÇÃO DE TUTELA E JULGAMENTO DO PROCESSO

Estabelece o § 5° do art. 273 que, concedida ou não a antecipação da tutela, prosseguirá o processo até final julgamento.

Como a antecipação da tutela é concedida (positiva) ou negada (negativa) através de decisão de índole interlocutória, tem o preceito o propósito de afirmar a *independência* entre essas duas ordens de decisões: a antecipação liminar e a resolução do mérito.

Quer o juiz conceda, quer negue a antecipação da tutela pretendida na inicial, tudo é provisório e só se resolverá, de forma definitiva, na sentença, que pressupõe um processo em condições de recebê-la.

Tem também o preceito o claro propósito de desestimular sentenças terminativas do tipo "extingo o processo por perda de objeto".

15.16 ANTECIPAÇÃO PARCIAL DA TUTELA – PEDIDOS CUMULADOS

A sugestão que compõe o § 6° do art. 273, que veio a figurar no texto em comento partiu de Marinoni, que, sempre, sustentou essa possibilidade, de *lege ferenda*, e que a vê agora, de *lege lata*, incorporada ao estatuto processual.

Estabelece este preceito que: "*§ 6° A tutela antecipada também poderá ser concedida quando um ou mais dos pedidos cumulados, ou parcela deles, mostrar-se incontroverso*".

---

[526] MANDRIOLI, Crisanto. *Op. cit.*, p. 296.

Aliás, a sugestão poderia ter sido mais ousada, permitindo-se, desde logo, o julgamento antecipado da lide relativamente à questão incontroversa, mesmo porque, se não foi negada pelo réu, não será provavelmente objeto de recurso, e, se viesse a sê-lo, poderia admitir-se a *apelação por traslado* (ou instrumento), nos moldes do permitido pelo art. 601, § 1º, do CPP[527].

A nova norma torna expresso que, se o autor formular, por exemplo, o pedido de cobrança de um mútuo e a cobrança de um crédito proveniente da prestação de serviços (cumulação simples), e o réu, na defesa, contestar apenas um dos pedidos, o outro terá se tornado incontroverso, devendo o juiz conceder a tutela; embora o preceito fale em "poderá", aparentando tratar-se de um *favor rei*[528].

A cumulação de pedidos é um fenômeno menos extenso do que o da cumulação "de ações", pois enquanto nesta se cumulam duas ações (demandas), com seus respectivos pedidos, num mesmo processo: naquela se cumulam dois pedidos numa mesma ação, também num mesmo processo. Exemplo de ações cumuladas é a ação de alimentos com a ação de reconhecimento de paternidade[529].

A disposição em comento compreende não apenas a cumulação de dois ou mais pedidos numa mesma ação, como, também, em ações cumuladas, porque também nestas se formulam mais de um pedido, e desde que um deles tenha se tornado incontroverso, permite a antecipação da tutela quanto a ele.

15.17 SINCRETISMO PROCESSUAL NAS TUTELAS DE URGÊNCIA

Um dos pontos mais importantes da reforma veio através do § 7º do art. 273[530], que é manifestação, de *lege lata*, do fenômeno denominado *sincretismo processual*[531].

---

[527] "*Art. 601.* (...) *§ 1º Se houver mais de um réu, e não houverem todos sido julgados, ou não tiverem todos apelado, caberá ao apelante promover extração do traslado dos autos, o qual deverá ser remetido à instância superior no prazo de 30 (trinta) dias, contado da data da entrega das últimas razões de apelação, ou do vencimento do prazo para a apresentação das do apelado*".

[528] Favor da coisa.

[529] CARREIRA ALVIM, J. E. **Lei dos Juizados Especiais Cíveis e Criminais**. Rio de Janeiro: Lumen Juris, 2000. p. 98.

[530] "*Art. 273.* (...) *§ 7º Se o autor, a título de antecipação de tutela, requerer providência de natureza cautelar, poderá o juiz, quando presentes os respectivos pressupostos, deferir a medida cautelar em caráter incidental do processo ajuizado*".

O *sincretismo* processual traduz uma tendência do direito processual, de combinar fórmulas e procedimentos, de modo a possibilitar a obtenção de mais de uma tutela jurisdicional, *simpliciter et de plano* (simples e de imediato), no bojo de um mesmo processo, com o que, além de evitar a proliferação de processos, simplifica (e humaniza) a prestação jurisdicional.

Desta forma, se o ordenamento jurídico permite a antecipação da pretensão de mérito (prestação material), no próprio processo de conhecimento, não tem sentido, exigir-se que uma pretensão processual (prestação de mera cautela) venha a demandar um novo processo – preparatório ou incidental – para ser concedida. É aplicação da regra do "quem pode o mais, pode o menos", pelo que, podendo o juiz deferir num provimento antecipado os efeitos da própria sentença de mérito, pode também deferir um provimento tendente apenas a garantir a eficácia dessa mesma sentença, a ser proferida no futuro.

Muitas vezes, e para fugir do processo cautelar incidente ou preparatório, e obter o provimento pretendido no bojo do próprio processo de conhecimento, as partes requeriam medida simplesmente cautelar como se fosse tutela antecipada, e os juízes, constatando a simplicidade da providência solicitada[532], deferia o pedido, fazendo "vistas grossas" da sua natureza, tomando gato por lebre. Admitiam, assim, um pedido de medida cautelar como se fosse realmente uma tutela antecipada, para dessa forma, simplificar o procedimento, dispensando o processo cautelar. Manifestação desse fenômeno já soara no antigo Tribunal Federal de Recursos, que admitiu a prestação de caução (tratada pelo Cód. Proc. Civil como medida cautelar: arts. 826-838) no âmbito do próprio processo de conhecimento, dada a simplicidade com que era efetivada.

Esse fenômeno manifesta-se noutro ponto da reforma, como se vê do disposto no inc. III do art. 475-O [revogado art. 588, II], determinando que: "*III – o levantamento de depósito em dinheiro e a prática de atos que importem alienação de propriedade ou dos quais possa resultar*

---

[531] A Exposição de Motivos ao Projeto de Lei 3.476/00 afirma que a redação proposta para o § 6º atende ao princípio da economia processual, com a adoção da "fungibilidade" do procedimento, evitando à parte a necessidade de requerer, em novo processo, medida cautelar adequada ao caso. O que a EM chama de "fungibilidade" insere-se num contexto maior do "sincretismo" processual.

[532] Tais medidas eram consistentes, muitas vezes, num simples provimento ordenatório, como, por exemplo, a requisição de documento comum em poder da outra parte; a suspensão temporária de uma licitação; a reserva de matrícula numa instituição de ensino; a inscrição de um candidato num concurso; a proibição temporária de inscrição de um débito na Dívida Ativa etc.

grave dano ao executado dependem de caução suficiente e idônea, arbitrada de plano pelo juiz e prestada nos próprios autos".

O *sincretismo processual* permitiu que, requerendo o autor, a título de antecipação de tutela, uma providência de natureza cautelar, possa o juiz, se presentes os respectivos pressupostos, deferir a medida cautelar em caráter incidental do processo ajuizado. Em outros termos, significa que, pode o juiz deferir medida cautelar, se for o caso, em lugar da tutela antecipada postulada, no próprio processo de conhecimento, sem remeter as partes para outro processo (que seria o processo cautelar), o que importa numa sensível redução do tempo, que é um dos maiores inimigos do processo.

Essa iniciativa abre caminho para que, no futuro, se admita também que, formulando o autor pedido de medida cautelar, em lugar de uma tutela antecipada, possa o juiz deferir esta última, quando desta se tratar, ampliando o raio de alcance do *sincretismo processual*, de forma a simplificar ainda mais o processo.

O fenômeno *sincrético* não se confunde com a *fungibilidade*, embora mantenha com esta pontos de contato, pois, naquele a parte formula pedido correto na essência, embora incorreto na forma – *v.g.* medida cautelar como tutela antecipada (pede a reserva de matrícula, a título de antecipação de tutela) –, ao passo que nesta, a parte formula pedido errado na essência e na forma – apela de uma decisão que exclui litisconsórcio – pelo que, na primeira, o juiz defere o que o autor pediu, e, na segunda, por transformação, o que deveria ter pedido.

No direito brasileiro, a aplicação do princípio da fungibilidade encontra restrições *implícitas*, decorrentes da má-fé ou erro grosseiro, que, se presentes, inviabilizam a sua aplicação. A respeito, era *expresso* o CPC de 1939 (art. 810)[533].

15.18 TUTELA ANTECIPADA *ANTES* DA SENTENÇA E TUTELA ANTECIPADA *NA* SENTENÇA

Não havendo o Código estabelecido um momento *preclusivo* para a antecipação da tutela, pode ela, em princípio, ser concedida a *qualquer tempo*, bastando que se tenha tornado necessária, o que pode vir a

---

[533] "*Art. 810 (CPC-39). Salvo a hipótese de má-fé ou erro grosseiro, a parte não será prejudicada pela interposição de recurso por outro, devendo os autos ser enviados à Câmara, ou Turma, a que competir o julgamento*".

ocorrer no curso do processo ou depois de produzida determinada prova, mas sempre *antes* da sentença. Ocorre aqui exatamente o que sucede na concessão de liminares de outra índole (cautelar, mandamental etc.), em que são concedidas *initio litis* ou num momento posterior do procedimento.

Quando a doutrina percebeu a *atecnia* existente no ordenamento jurídico, permitindo a "*efetivação*" da decisão antecipatória (fundada na *verossimilhança*) e não permitindo –, salvo as exceções expressas no art. 520[534] –, a "*execução*" da sentença (fundada na *certeza*), apressou-se em buscar fórmula capaz de corrigi-la, sugerindo a concessão da tutela na própria sentença. Essa solução tem sido questionada por parte da doutrina, mas vem sendo acolhida pela jurisprudência, inclusive pelo Superior Tribunal de Justiça (REsp. 279.251-SP)[535].

Embora essa diretriz seja louvável pelo seu aspecto pragmático, não o é sob o prisma dogmático, pois, se a sentença já reconheceu o direito do autor, tal significa que a tutela jurisdicional já lhe foi outorgada *em concreto*, não sendo mais caso de antecipá-la, senão de torná-la efetiva; e isso tem que ver com a eficácia da sentença e os efeitos recursais, e não mais com a tutela antecipada.

É que existe uma diferença, ainda pouco percebida pela doutrina, entre a *antecipação dos efeitos da tutela pretendida na inicial* e a *antecipação dos efeitos da sentença*, estando aquela disciplinada no art. 273, enquanto esta resulta do disposto no art. 518[536]. À primeira, denomina-se, simplesmente, de "*tutela antecipada liminar*", e à segunda, vem-se denominando de "*tutela antecipada na sentença*".

Na esfera recursal, a tutelas antecipada –, quer dizer, concedida *antes* da sentença –, não traz nenhum problema, admitindo, como admite, agravo de instrumento nos termos do art. 522, mas o mesmo não acontece com a tutela concedida na sentença, surgindo a seu respeito a dúvida so-

---

[534] "*Art. 520. A apelação será recebida em seu efeito devolutivo e suspensivo. Será, no entanto, recebida só no efeito devolutivo, quando interposta de sentença que: I – homologar a divisão ou a demarcação; II – condenar à prestação de alimentos; III (revogado); IV – decidir o processo cautelar; V – rejeitar liminarmente embargos à execução ou julgá-los improcedentes; VI – julgar procedente o pedido de instituição de arbitragem; VII – confirmar a antecipação dos efeitos da tutela*".

[535] "*TUTELA ANTECIPADA. Sentença. Embargos de declaração. A tutela antecipada pode ser concedida na sentença, ou, se omitida a questão anteriormente proposta, nos embargos de declaração. Art. 273 do CPC. Recurso conhecido e provido*". (REsp. 279.251-SP).

[536] "*Art. 518. Interposta a apelação, o juiz, declarando os efeitos em que a recebe, mandará dar vista ao apelado para responder. (...)*".

bre se desafiaria duplo recurso (agravo de instrumento e apelação) ou apenas a apelação.

No direito brasileiro, a regra tem sido a de atribuir à apelação duplo efeito (suspensivo e devolutivo), como se vê do teor do art. 520, tendo o efeito apenas devolutivo quando interposta de sentença que se encaixe numa das molduras previstas nos incs. I a VII desse mesmo artigo. Mas não se tem dado a devida atenção ao disposto no art. 518, *caput*, segundo o qual, interposta a apelação, o juiz *declarando os efeitos em que a recebe*, mandará dar vista ao apelado para responder.

Embora a jurisprudência tenha prestigiado a técnica de admitir a tutela antecipada na sentença, como forma de permitir a sua execução imediata, possibilitando à parte, desde então, o gozo do seu direito, penso que existe uma técnica mais adequada a esse desiderato, que é a de permitir que o juiz, com base no art. 518, antecipe os efeitos da própria sentença, possibilitando a sua execução provisória.

No fundo, ambas as técnicas se equivalem, pois, ao conceder a antecipação da tutela na sentença, o juiz está, na verdade, permitindo a sua execução provisória (total ou parcial), antes, portanto, da sua passagem em julgado, para o que não tem constituído obstáculo o art. 520, 1ª parte, prevendo o duplo efeito para a apelação. Mesmo porque o art. 542, § 2º[537], por seu turno, também atribui aos recursos extraordinário e especial apenas um efeito (devolutivo), o que não tem impedido que os tribunais superiores (STF e STJ), via medida cautelar, lhes atribuam também o efeito suspensivo.

A técnica de se dar eficácia imediata ao julgado através dos efeitos recursais me parece mais adequada, porque, tendo sido proferida a sentença, já não cabe mais, nem tem mais sentido, antecipar os efeitos da tutela, sendo caso, agora, de se *antecipar os efeitos da própria sentença*, que, resolvendo o mérito da causa, já faz a entrega da prestação jurisdicional. Se o fundamento da antecipação da tutela reside no risco de dano na demora da prolação da sentença, fica evidente que uma vez proferida esta desaparece qualquer base fática para medidas dessa natureza, passando qualquer risco de dano a derivar da própria sentença.

Aliás, o que vem sendo concedido sob o título de "tutela antecipada na sentença" nada mais é do que a "antecipação dos efeitos da sentença", pois, concedendo-a, o juiz não promove a sua efetivação de ofício – esta é uma das características da tutela antecipada ou específica –, se-

---

[537] *"Art. 542. (...) § 2º Os recursos extraordinário e especial serão recebidos no efeito devolutivo".*

não se limita a concedê-la, aguardando que a parte interessada requeira a sua execução. Mesmo porque, tendo a parte pedido a tutela *liminarmente* (no início do processo), e vindo o juiz a concedê-la na *sentença* (no final do processo), qualquer provimento judicial, sem requerimento da parte, importaria em verdadeira jurisdição de ofício. E, se a sentença viesse a ser reformada pelo tribunal, ficaria a dúvida sobre a responsabilidade pelos prejuízos sofridos pelo réu, no caso de execução provisória: se da parte que pediu mas não obteve a tutela liminarmente, apesar da urgência; ou do Estado-juiz que a concedeu, na sentença, quando a urgência já havia desaparecido.

Segundo essa nova técnica antecipatória, em vez de o juiz dizer, como diz atualmente, que "*concede a tutela antecipada na sentença*", deve dizer apenas que "*antecipa os efeitos da sentença*", com o que estará abrindo espaço à sua execução provisória. Assim, tais efeitos que deveriam se produzir a partir do trânsito em julgado, são antecipados no tempo, produzindo-se a partir da prolação da sentença, ou seja, da entrega da prestação jurisdicional.

Esse entendimento não discrepa muito daquele que sustenta que a antecipação da tutela nada mais é do que uma técnica de se atribuir ao recurso o duplo efeito ou apenas o efeito devolutivo. A diferença fica por conta do caminho percorrido para se alcançar esse objetivo, pois a solução que proponho passa pelo art. 518, quando não se enquadre numa das hipóteses contempladas no art. 520, 2ª parte.

Na *antecipação dos efeitos da sentença* deve o juiz guiar-se pelo princípio da *proporcionalidade*, fazendo prevalecer aquele interesse (material) que seria o mais sacrificado com a falta (suspensão) da eficácia da sentença. Se dessa eficácia resultar maior benefício ao autor do que prejuízo ao réu, o juiz antecipará os efeitos da sentença, o que significa que o eventual recurso só terá o efeito devolutivo; se, ao contrário, dessa eficácia resultar maior prejuízo ao réu do que benefício ao autor, o juiz não antecipará os efeitos da sentença, o que significa que o recurso será recebido no duplo efeito. Suponha-se, por exemplo, que a sentença julgue procedente uma ação ordinária, restabelecendo benefício previdenciário ilegalmente suspenso pela autarquia previdenciária. A suspensão da eficácia da sentença, em tal hipótese, importará em maior prejuízo ao autor –, que depende dos seus proventos para se manter, dado o seu caráter alimentar –, do que benefício ao réu, pois o restabelecimento imediato dos proventos não inviabiliza o sistema previdenciário. Portanto, a sua eficácia deve ser imediata. Ademais, não seria justo que, depois de ter obtido ganho de causa, em primeiro grau, sendo a sentença, como é, fundada num juízo de *certeza*, ainda tivesse o autor que aguardar o esgotamento dos recursos ordinários, ante a mera possibilidade de vir ela a ser reformada pelo tribunal; e correndo ainda o risco de ver, em sede cautelar, eventuais recursos especial e extraordinário serem recebidos também no efeito suspensivo.

No âmbito dos tribunais de apelação, estaduais e federais, a jurisprudência têm-se mostrado tolerante com a antecipação da tutela na sentença, em capítulo próprio, e confirmado tais decisões, como forma de corrigir a atecnia do sistema jurídico, de permitir a *efetivação* de uma simples decisão interlocutória, calcada na *verossimilhança* (probabilidade), e não admitir o cumprimento imediato (e provisório) da sentença, fundada na certeza, fora das exceções contidas no art. 520, 2ª parte, incs. I a VII (homologar a divisão ou a demarcação; condenar à prestação de alimentos; julgar a liquidação de sentença; decidir o processo cautelar; rejeitar liminarmente embargos à execução ou julgá-los improcedentes; julgar procedente o pedido de instituição de arbitragem, confirmar a antecipação dos efeitos da tutela).

O Superior Tribunal de Justiça (REsp. 279.251-SP) seguiu essa diretriz, e ampliou até o alcance dessa possibilidade, assentando que a tutela antecipada pode ser concedida na sentença, ou, se omitida a questão anteriormente proposta, ser admitida até nos embargos de declaração.

15.19 LIMITES ENTRE A TUTELA ANTECIPATÓRIA E A TUTELA CAUTELAR

Uma das grandes dificuldades da doutrina tem sido a fixação dos limites entre a tutela cautelar e a tutela antecipatória, seja no processo de conhecimento de rito ordinário ou no de rito sumário, havendo quem não distinga entre uma e outra, vendo nesta uma simples modalidade daquela.

Existe, no entanto, clara distinção entre ambas as pretensões e os provimentos que as veiculam, podendo-se dizer que a tutela cautelar outorga uma providência de índole distinta da pretensão substancial, com o propósito de garanti-la, enquanto a antecipação da tutela antecipa a própria pretensão substancial, que, devendo normalmente ser reconhecida na sentença, tem os seus efeitos antecipados[538]; além do que a tutela cautelar pode ser deferida de ofício pelo juiz, enquanto a tutela antecipatória só pode ser, como regra, deferida a pedido da parte.

---

[538] Isto não significa que não se possa mais reconhecer às cautelares cunho de satisfatividade, pois a vida é mais rica em exemplos do que a capacidade do legislador de antevê-los.

Meditando sobre os casos concretos, para estabelecer uma linha divisória entre as duas modalidades de tutela jurisdicional, cheguei às seguintes conclusões:

a) a entrega de um bem apreendido pela Alfândega é antecipação da tutela; a suspensão do leilão desse bem é cautela;

b) a anulação de uma assembleia (de sociedade ou condominial) é antecipação; a suspensão da sua eficácia é cautela;

c) a entrega do bem na reivindicatória ou na possessória é antecipação; o mero sequestro é cautela;

d) a entrega de valores confiscados é antecipação; o seu depósito em conta judicial é cautela;

e) a baixa de um título protestado é antecipação; a suspensão do protesto é cautela[539];

f) a anulação de um edital é antecipação; a suspensão da eficácia de alguma de suas cláusulas é cautela;

g) a entrega da guarda de pessoa (ou coisa) é antecipação; a sua apreensão provisória é cautela;

h) a declaração de inexigibilidade do tributo é antecipação; a suspensão da sua exigibilidade é cautela;

i) a anulação de uma penalidade é antecipação; a suspensão da sua eficácia é cautela;

j) a entrega de um quadro ao seu dono é antecipação; o seu depósito para evitar a alienação é cautela.

Em qualquer hipótese, o provimento é provisório, dada a cognição sumária em que se apoia, dependendo a sua eficácia da confirmação através de um provimento definitivo.

---

[539] Nelson Nery Junior afirma que o autor pode pedir, a título de antecipação de tutela, a sustação liminar do protesto da quantia já paga, asseverando que o bem da vida por ele pretendido é a declaração judicial da inexistência da relação jurídica (sentença declaratória), mas o efeito pretendido é o de obstaculizar o protesto e a cobrança do título já pago – execução *lato sensu*. NERY JUNIOR, Nelson. **Atualidades sobre o processo civil**. 2. ed. São Paulo: Saraiva, 1996. p. 74.

A meu ver, porém, se não houver coincidência *substancial* entre o conteúdo do provimento liminar e o da futura sentença, a hipótese não é de antecipação de tutela, mas de tutela cautelar. Assim, a hipótese versada pelo citado jurista enquadra-se, antes, nessa segunda modalidade do que na primeira. Não fica também afastada a hipótese de vir a ser antecipação de tutela, se o pedido de sustação constituir a própria substância da pretensão, ou até, eventualmente, de medida cautelar satisfativa.

15.20 TUTELA ANTECIPADA, TUTELA ESPECÍFICA E TUTELA CAUTELAR NO PROCEDIMENTO SUMÁRIO

No procedimento sumário, os provimentos antecipatórios são mais raros do que no procedimento ordinário, devido, talvez, ao seu rito concentrado, mas não de todo desnecessários, pois, pode ser que o autor tenha necessidade de uma medida judicial urgente, e que não possa esperar pela sentença, sob pena de sofrer um dano irreparável ou de difícil reparação (tutela antecipada) ou torna-se ineficaz o provimento final (tutela específica).

Com a reforma introduzida pela Lei 10.444/02, as obrigações de fazer e não fazer continuaram sob a égide do art. 461; as obrigações de entregar coisa passaram para a esfera do art. 461-A; e restaram na órbita do art. 273, as obrigações de pagar quantia em dinheiro e todas as demais que não se encaixem nos arts. 461 ou 461-A.

No processo de rito sumário, as hipóteses de provimento antecipatório nos casos do inc. I do art. 275 dependerá do caso concreto, mesmo porque o procedimento é imposto em função do valor da causa. Nos casos previstos no inc. II do art. 275, as hipóteses previstas nas alíneas **a** (arrendamento rural e parceria agrícola), **c** (ressarcimento por danos em prédio urbano ou rústico), e **d** (ressarcimento por danos causados em acidente de veículo de via terrestre), pode ter lugar a tutela específica de fazer ou não fazer, ou de entrega de coisa, ou a tutela antecipada, ou até mesmo uma tutela simplesmente cautelar. Assim, por exemplo, se o arrendatário pede que o arrendador conclua a cerca que divide os imóveis como pactuado, é tutela específica de fazer (art. 461); se um parceiro pede que o outro não impeça que as águas fluam do seu imóvel para o imóvel dado em parceria, é tutela específica de não fazer (art. 461); se o arrendatário ou parceiro pede a entrega do produto colhido, com fundamento no contrato de arrendamento ou parceria, é tutela específica para entrega de coisa (art. 461-A); se o arrendatário ou parceiro pede o pagamento da sua parte na venda dos produtos colhidos, e que um deles recebeu e depositou na sua conta bancária, é caso de tutela antecipada (art. 273); se o arrendatário (ou parceiro) pede alguma medida constritiva sobre o produto da colheita (busca e apreensão, depósito, sequestro etc.), até que se resolva sobre o arrendamento (ou parceria), trata-se de tutela cautelar.

Muitos outros exemplos poderiam ser ministrados: se um vizinho, sentindo-se prejudicado, pede que o réu não passe com seus animais pela sua propriedade, é tutela específica de não fazer, se pede apenas que, ao passar, adote providências para que não lhe advenha prejuízos, é tutela específica de fazer. Se a vítima de um acidente de trânsito pede ao transportador que custeie o seu tratamento, é obrigação de fazer; se pede que o transportador repare o dano causado, pagando-lhe cinco salários mínimos mensais a título de alimentos, é tutela antecipada; se pede que sejam adotadas medidas para que o veículo causador do acidente não seja alienado, é tutela cautelar.

Muitas vezes, são tênues e difíceis de identificar os limites entre as hipóteses contempladas no art. 273 e nos arts. 461 e 461-A, mesmo porque, muitas vezes uma obrigação de entregar importa também num fazer, e um fazer importa também num entregar.

Como, em tais casos, nem sempre "o hábito faz o monge", pouco importa o rótulo que envolva o provimento postulado, importando, isso sim, a sua *substância*, pelo que uma medida cautelar concedida a título de tutela antecipada, ou uma tutela antecipada concedida a título de tutela cautelar, cumprirá a finalidade de processo, que é dar a quem tem direito tudo aquilo a que ele tem o direito de obter (princípio da efetividade).

REFERÊNCIAS

ANDRIOLI, Virgilio. **Commento al codice di procedura civile.** 3. ed. Napoli: Jovene, 1964.

ASSIS, Jacy de. **Comentários ao Código de Processo Civil.** Rio de Janeiro: Forense, 1979. v. 2.

BARBI, Celso Agrícola. **Comentários ao Código de Processo Civil.** Rio de Janeiro: Forense, 1994. v. 1.

BARBOSA MOREIRA, José Carlos. **Novos processos civil brasileiro.** 17. ed. Rio de Janeiro: Forense, 1995.

_____. **Comentários ao Código de Processo Civil.** Rio de Janeiro: Forense, 1994. v. 5.

BARLUENGA, Horácio D. et al. **Medidas cautelares.** Buenos Aires: Depalma, 1986.

BENETI, Sidnei Agostinho. **O prazo para recurso de sentença registrada em audiência por estenotipia.** RTACrim-SP, Lex n. 95-97.

BERMUDES, Sergio. **A reforma do Código de Processo Civil.** Rio de Janeiro: Freitas Bastos, 1995.

BEZERRA, J. Miguel et al. **Manual de processo civil.** 2. ed. Coimbra: Coimbra, 1985.

CALAMANDREI, Piero. **Instituciones del derecho procesal civil.** Buenos Aires: EJEA, 1973, v. 1.

_____. **Opere giuridiche.** Milano: Morano, 1972. v. 5.

CALMON DE PASSOS, José Joaquim. **Comentários ao Código de Processo Civil.** Rio de Janeiro: Forense, v. 3.

CARNEIRO, Athos Gusmão. **Audiência de instrução e julgamento e audiências preliminares.** 7. ed. Rio de Janeiro: Forense, 1995.

CARNELUTTI, Francesco. **Sistema del diritto processuale civile.** Padova: Cedam, 1936. v. 1.

_____. **Instituciones del proceso civil.** Buenos Aires: EJEA, 1973. v. 1.

_____. **Derecho procesal civil y penal; Derecho e proceso.** Buenos Aires: EJEA, 1971.

_____. **La prueba civil.** Buenos Aires: Depalma, 1982.

CARREIRA ALVIM, J. E. **Elementos de teoria geral do processo.** 2. ed. Rio de Janeiro: Forense, 1993.

_____. **Procedimento Monitório.** 2. ed. Curitiba: Juruá, 1995.

_____. **Medidas cautelares satisfativas.** *RF* n. 327. Rio de Janeiro: Forense, 1994.

CARRION, Valentin. **Comentários à Consolidação das Leis do Trabalho.** 16. ed. São Paulo: Revista dos Tribunais, 1993.

CASTAGNET, Jorge E. *et al.* **Medidas cautelares.** Buenos Aires: Depalma, 1986.

CHIOVENDA, Giuseppe. **Instituições de direito processual civil.** São Paulo: Saraiva, 1969. v. 1.

_____. **Princípios de derecho procesal civil.** Madrid: Reus, t. 2.

COUTURE, Eduardo J. **Fundamentos de derecho procesal civil.** 3. ed. Buenos Aires: Depalma, 1988.

DINAMARCO, Cândido Rangel. **A reforma do Código de Processo Civil.** São Paulo: Malheiros, 1995.

FABRÍCIO, Adroaldo Furtado. **Ação declaratória incidental.** Rio de Janeiro: Forense, 1976.

_____. **Doutrina e prática do procedimento sumaríssimo.** Porto alegre, 1977.

FRIGINI, Ronaldo. **Comentários à Lei de Pequenas Causas.** São Paulo: Livraria de Direito, 1995.

JOFRE, Tomas. **Manual de Procedimento.** Buenos Aires: La Ley, 1941.

MALATESTA, Nicola Framarino dei. **Lógica de las pruebas en materia criminal.** Bogotá: Temis, 1973.

MANDRIOLI, Crisanto. **Corso di diritto processuale civile.** 9. ed. Torino: G. Giappichelli, 1993.

MENDES DE ALMEIDA JÚNIOR, João. **Direito judiciário brasileiro.** 2. ed. Rio de Janeiro/São Paulo: Livraria Freitas Bastos S/A, 1960.

MILHOMENS, Jônathas. **Do procedimento sumaríssimo.** Rio de Janeiro: Forense, 1986.

MONIZ DE ARAGÃO, E. D. **Comentários ao Código de Processo Civil.** Rio de Janeiro: Forense, v. 2.

MORTARA, Ludovico. **Manuale della procedura civile.** 8. ed. Torino: Torinese, 1915.

MUNIZ, Severino. **Procedimento sumaríssimo**. 2. ed. São Paulo: Leud, 1983.

NEGRÃO, Theotonio. **Código de Processo Civil e legislação processual em vigor**. 21. ed. São Paulo: Saraiva, 1991.

NERY JUNIOR, Nelson. **Atualidades sobre o processo civil**. 2. ed. São Paulo: Saraiva, 1996.

NORA, Sampaio et al. **Manual de processo civil**. 2. ed. Coimbra: Coimbra, 1985.

OBERTO, Giacomo. **Il nuovo processo cautelare**. Milano: Giuffrè, 1993.

PACHECO, José Ernani de Carvalho. **Procedimento sumaríssimo**. Curitiba: Juruá, 1993.

PIMENTEL, Wellington Moreira. **Comentários ao Código de Processo Civil**. São Paulo: Revista dos Tribunais, 1975.

RIBEIRO LOPES, Maurício Antônio. **Leis dos Juizados Especiais Cíveis e Criminais**. São Paulo: Revista dos Tribunais, 1995.

RICCI, Francesco. **Commento al Codice di Procedura Civile Italiano**. 7. ed. Firenze: Frateli Cammelli, 1985.

ROCCO, Ugo. **Tratado de derecho procesal civil**. Buenos Aires: Depalma, 1970.

ROCHA, José de Moura. **Processo de conhecimento**. Rio de Janeiro: Forense, 1989.

SANCHES, Sydney. **Poder cautelar geral do juiz**. São Paulo: Revista dos Tribunais, 1978.

SANTOS, Moacyr Amaral. **Primeiras linhas de direito processual civil**. São Paulo: Saraiva, 1985. v. 2, p. 99.

ÍNDICE ALFABÉTICO

A

- Abuso de direito de defesa ou manifesto propósito protelatório do réu..........168
- Ação contra a Fazenda Pública. Prazo em dobro para defesa........................64
- Acidente de veículo. Cobrança de seguro por danos causados por acidente de veículo de via terrestre..42
- Ações relativas ao estado e à capacidade das pessoas. Derrogação do rito sumário..46
- Ainda a audiência de conciliação. Citação e intimação........................64
- Ainda a competência. Direito de opção do autor. Alçada..........................147
- Ainda a conversão do rito. Complexidade da prova técnica........................90
- Alçada. Ainda a competência. Direito de opção do autor. Alçada..................147
- Alegação. Verossimilhança da alegação..153
- Antecipação de tutela e julgamento do processo.................................175
- Antecipação de tutela. Probabilidade e verossimilhança na antecipação de tutela..158
- Antecipação parcial da tutela. Pedidos cumulados...............................175
- Arrendamento rural e parceria agrícola..35
- Assistência. Litisconsórcio..117
- Ato processual. Concentração máxima de atos processuais. Audiência de conciliação..51
- Ato processual. Documentação dos atos processuais..............................104
- Ato processual. Gravação do ato processual. Segredo de justiça.................111
- Atos estenotipados. Formalização...107
- Audiência de conciliação. Ainda a audiência de conciliação. Citação e intimação..64
- Audiência de conciliação. Concentração máxima de atos processuais..............51
- Audiência de conciliação. Oralidade. Vantagens da audiência de conciliação.... 53
- Audiência de conciliação. Prazo de comparecimento..............................61

- Audiência de instrução e julgamento. Segunda audiência. Instrução e julgamento.. 103
- Audiência de instrução e julgamento. Sentença.. 127
- Audiência. Sentença verbal em audiência. Intimação.. 109

C

- Características do procedimento sumário. Oralidade... 23
- Caução possível e não obrigatória. Efetivação da tutela antecipada................ 170
- Causa. Valor da causa... 73
- Causas de reduzido valor econômico e causas cíveis de menor complexidade.. 143
- Causas sumárias pela matéria 34
- Causas sumárias pelo valor.. 33
- Citação. Ainda a audiência de conciliação. Citação e intimação....................... 64
- Cobrança de honorários de profissionais liberais.. 43
- Cobrança de quantias devidas ao condomínio.. 37
- Código de Processo Civil e Lei dos Juizados Especiais..................................... 141
- Competência. Ainda a competência. Direito de opção do autor. Alçada........ 147
- Competência. Exceção de incompetência do juízo.. 133
- Competência. Procedimento sumário e Juizado Especial Cível........................ 144
- Concentração máxima de atos processuais. Audiência de conciliação............ 51
- Conciliador. Natureza jurídica 67
- Condomínio. Cobrança de quantias devidas ao condomínio............................ 37
- Contagem do prazo recursal... 109
- Contrato de seguro. Intervenção fundada em contrato de seguro 122
- Conversão do rito sumário em ordinário... 84

D

- Dano irreparável. Fundado receio de dano irreparável ou de difícil reparação.. 166
- Danos. Ressarcimento por danos causados por acidente de veículo de via terrestre 41
- Danos. Ressarcimento por danos em prédio urbano ou rústico........................ 39
- Defesa do réu. Fato impeditivo, modificativo e extintivo.................................. 96
- Defesa. Ação contra a Fazenda Pública. Prazo em dobro para defesa............ 64
- Delegado da parte. Preposto... 70

- Delibação. Juízo de delibação e verossimilhança 156
- Difícil reparação. Fundado receio de dano irreparável ou de difícil reparação 166
- Direito de defesa. Abuso de direito de defesa ou manifesto propósito protelatório do réu 168
- Disponibilidade do rito 87
- Disposições revogadas. Harmonização necessária 129
- Doação. Revogação de doação 44
- Documentação dos atos processuais 104
- Documentação. Novos métodos de documentação 105

E

- Efetivação da tutela antecipada. Caução possível e não obrigatória 170
- Estenotipia e recurso 108
- Estenotipia. Atos estenotipados. Formalização 107
- Estenotipia. Conceito 105
- Estenotipia. Sentença estenotipada 107
- Estimativa do valor da causa. Correção de valor da causa *ex officio* 74
- Estrutura do procedimento sumário 31
- Exceção de impedimento do juiz 134
- Exceção de impedimento e suspeição do Ministério Público, dos serventuários e oficiais de justiça 137
- Exceção de incompetência do juízo 133
- Exceção de suspeição do juiz 137

F

- Fato extintivo. Defesa do réu. Fato impeditivo, modificativo e extintivo 96
- Fato impeditivo. Defesa do réu. Fato impeditivo, modificativo e extintivo 96
- Fato modificativo. Defesa do réu. Fato impeditivo, modificativo e extintivo ... 96
- Fazenda Pública. Ação contra a Fazenda Pública. Prazo em dobro para defesa 64
- Fundado receio de dano irreparável ou de difícil reparação 166

G

- Gravação do ato processual. Segredo de justiça 111

H

- Honorários. Cobrança de honorários de profissionais liberais 43

I

- Identidade física do juiz. Ainda a oralidade 26
- Impedimento. Exceção de impedimento do juiz 134
- Impedimento. Exceção de impedimento e suspeição do Ministério Público, dos serventuários e oficiais de justiça 137
- Impugnação ao valor da causa no procedimento sumário 79
- Incidentes processuais e intervenção de terceiros 113
- Interesse do autor. Rito sumário e interesse do autor no ordinário 81
- Interesse do réu. Rito sumário e interesse do réu no ordinário 83
- Intervenção de terceiro. Incidentes processuais e intervenção de terceiros 113
- Intervenção fundada em contrato de seguro 122
- Intimação. Ainda a audiência de conciliação. Citação e intimação 64
- Intimação. Sentença verbal em audiência 109

J

- Juizado Especial Cível. Procedimento sumário e Juizado Especial Cível. Competência 144
- Juízo de delibação e verossimilhança 156
- Julgamento conforme o estado do processo 97
- Julgamento do processo e antecipação de tutela 175

L

- Lei dos Juizados Especiais e Código de Processo Civil 141
- Limites entre a tutela antecipatória e a tutela cautelar 182
- Litisconsórcio. Assistência 117

M

- Mandado de citação. Requisitos 58
- Matéria. Causas sumárias pela matéria 34

- Menor complexidade. Causas de reduzido valor econômico e causas cíveis de menor complexidade 143
- Ministério Público. Exceção de impedimento e suspeição do Ministério Público, dos serventuários e oficiais de justiça 137
- Modificação ou revogação do provimento antecipado 174
- Momento da antecipação da tutela no procedimento sumário 164

N

- Natureza da responsabilidade na tutela antecipada 173
- Novo perfil do procedimento sumário 29

O

- Objetivos da reforma 15
- Oficial de justiça. Exceção de impedimento e suspeição do Ministério Público, dos serventuários e oficiais de justiça 137
- Opção do autor. Ainda a competência. Direito de opção do autor. Alçada 147
- Oralidade. Ainda a oralidade. Identidade física do juiz 26
- Oralidade. Vantagens da audiência de conciliação 53
- Outras condições da tutela antecipada 166

P

- Parceria agrícola. Arrendamento rural e parceria agrícola 35
- Pedido contraposto. Rito sumário 94
- Pedido. Espécies de pedido 57
- Pedidos cumulados. Antecipação parcial da tutela 175
- Perigo de irreversibilidade. Pressuposto negativo da tutela antecipada 169
- Petição inicial. Ainda os requisitos da petição inicial 55
- Petição inicial. Requisitos 54
- Prazo. Contagem do prazo recursal 109
- Prédio urbano ou rústico. Ressarcimento por danos em prédio urbano ou rústico 39
- Preposto. Delegado da parte. Preposto 70
- Pressuposto negativo da tutela antecipada. Perigo de irreversibilidade 169
- Princípios informativos do procedimento sumário 18
- Probabilidade e verossimilhança na antecipação de tutela 158

- Procedimento ordinário. Conversão do rito sumário em ordinário 84
- Procedimento sumário e especial. Semelhanças e diferenças 149
- Procedimento sumário e Juizado Especial Cível. Competência 144
- Procedimento sumário. Características. Oralidade 23
- Procedimento sumário. Conversão do rito sumário em ordinário 84
- Procedimento sumário. Demais casos previstos em lei 46
- Procedimento sumário. Estrutura 31
- Procedimento sumário. Exceções 131
- Procedimento sumário. Impugnação ao valor da causa no procedimento sumário 79
- Procedimento sumário. Momento da antecipação da tutela no procedimento sumário 164
- Procedimento sumário. Novo perfil 29
- Procedimento sumário. Perícia. Inspeção judicial 123
- Procedimento sumário. Princípios informativos 18
- Procedimento sumário. Processo e procedimento 16
- Procedimento sumário. Recursos 123
- Procedimento sumário. Saneamento progressivo 125
- Procedimento sumário. Tutela antecipada no procedimento sumário 159
- Procedimento sumário. Tutela antecipada, tutela específica e tutela cautelar no procedimento sumário 184
- Procedimento. Processo e procedimento. Procedimento sumário 16
- Processo de conhecimento e tutela de urgência 151
- Processo e procedimento. Procedimento sumário 16
- Processo. Julgamento conforme o estado do processo 97
- Propósito protelatório. Abuso de direito de defesa ou manifesto propósito protelatório do réu 168
- Prova inequívoca na tutela antecipada 161
- Prova técnica. Ainda a conversão do rito. Complexidade da prova técnica 90

R

- Recurso de terceiro prejudicado 120
- Recurso. Estenotipia e recurso 108
- Recursos no procedimento sumário 123
- Referências 187
- Reforma processual. Objetivos da reforma 15
- Resposta do réu 93

Procedimento Sumário no Processo Civil   197

- Ressarcimento por danos causados por acidente de veículo de via terrestre 41
- Ressarcimento por danos em prédio urbano ou rústico..............................39
- Réu. Resposta do réu 93
- Revelia. Consequências 68
- Revogação de doação 44
- Revogação ou modificação do provimento antecipado.................................174
- Revogação. Disposições revogadas. Harmonização necessária.........................129
- Rito sumário e interesse do autor no ordinário 81
- Rito sumário e interesse do réu no ordinário 83
- Rito sumário. Pedido contraposto 94
- Rito. Ainda a conversão do rito. Complexidade da prova técnica 90
- Rito. Disponibilidade do rito 87
- Rito. Opção de rito. Jurisprudência..89

S

- Saneamento progressivo no procedimento sumário...................................125
- Segredo de justiça. Gravação do ato processual 111
- Segunda audiência. Instrução e julgamento..103
- Sentença estenotipada 107
- Sentença verbal em audiência. Intimação..109
- Sentença. Audiência de instrução e julgamento....................................127
- Sentença. Tutela antecipada antes da sentença e tutela antecipada na sentença...178
- Serventuário. Exceção de impedimento e suspeição do Ministério Público, dos serventuários e oficiais de justiça..137
- Sincretismo processual nas tutelas de urgência 176
- Suspeição. Exceção de suspeição do juiz..137

T

- Tutela antecipada antes da sentença e tutela antecipada na sentença..............178
- Tutela antecipada no procedimento sumário..159
- Tutela antecipada, tutela específica e tutela cautelar no procedimento sumário...184
- Tutela antecipada. Efetivação da tutela antecipada. Caução possível e não obrigatória..170

- Tutela antecipada. Momento da antecipação da tutela no procedimento sumário 164
- Tutela antecipada. Natureza da responsabilidade 173
- Tutela antecipada. Outras condições 166
- Tutela antecipada. Pressuposto negativo da tutela antecipada. Perigo de irreversibilidade 169
- Tutela antecipada. Prova inequívoca na tutela antecipada 161
- Tutela antecipada. Revogação ou modificação do provimento antecipado 174
- Tutela antecipatória. Limites entre a tutela antecipatória e a tutela cautelar ... 182
- Tutela cautelar. Limites entre a tutela antecipatória e a tutela cautelar 182
- Tutela de urgência. Processo de conhecimento e tutela de urgência 151
- Tutela de urgência. Sincretismo processual 176
- Tutela. Antecipação parcial. Pedidos cumulados 175

V

- Valor da causa 73
- Valor da causa. Estimativa do valor da causa. Correção de valor da causa *ex officio* 74
- Valor da causa. Impugnação ao valor da causa no procedimento sumário 79
- Valor econômico. Causas de reduzido valor econômico e causas cíveis de menor complexidade 143
- Valor. Causas sumárias pelo valor 33
- Verossimilhança da alegação 153
- Verossimilhança. Juízo de delibação e verossimilhança 156
- Verossimilhança. Probabilidade e verossimilhança na antecipação de tutela 158

Lançamentos
Juruá Editora
www.jurua.com.br

DIREITO CIVIL E PROCESSUAL CIVIL

Adjudicação na Execução por Quantia Certa - 3ª ed.
Uma Forma Alternativa de Pagamento
Ricardo Oliveira Pessôa de Souza - 170p
ISBN: 978853622959-1

Apelação Cível
Novas Perspectivas para um Antigo Recurso - Um Estudo Crítico de Direito Nacional e Comparado
Fernanda M. Pantoja - 236p
ISBN: 978853622943-0

Apelação Cível - Vol. 3 - 5ª ed.
PPJ Cível - Prática, Processo e Jurisprudência
Fernando C. F. de Souza - 186p
ISBN: 978853622863-1

A Prova na Investigação de Paternidade
Doutrina e Jurisprudência
Atualizada de Acordo com o Código Civil - 11ª ed.
Fernando Simas Filho - 344p
ISBN: 978853622978-2

Defesa do Executado em Juízo
Marcus V. T. Pereira - 160p
ISBN: 978853622874-7

Comentários à Lei 11.419/06 e as Práticas Processuais por Meio Eletrônico nos Tribunais Brasileiros
Alexandre Atheniense - 342p
ISBN: 978853623015-3

Comentários ao Código de Processo Civil Brasileiro
Artigos 154 ao 269
Vol. 2 - 2ª ed.
J. E. Carreira Alvim - 456p
ISBN: 978853622927-0

Comentários ao Código de Processo Civil Brasileiro
Artigos 270 ao 331
Vol. 3 - 2ª ed.
J. E. Carreira Alvim - 352p
ISBN: 978853622963-8

Comentários ao Código de Processo Civil Brasileiro
Artigos 332 ao 443
Vol. 4 - 2ª ed.
J. E. Carreira Alvim - 544p
ISBN: 978853622970-6

Comentários ao Código de Processo Civil Brasileiro
Artigos 444 ao 475
Vol. 5 - 2ª ed.
J. E. Carreira Alvim - 320p
ISBN: 978853622971-3

Execução no Processo Civil Brasileiro - 3ª ed.
Biblioteca de Estudos em Homenagem ao Professor Arruda Alvim
Daniel Carnio Costa - 320p
ISBN: 978853622938-6

Investigação de Paternidade
Vol. 2 - 7ª ed.
PPJ Cível - Prática, Processo e Jurisprudência
Fernando Simas Filho - 200p
ISBN: 978853622897-6

Juizados Especiais Criminais - 2ª ed.
Suspensão Condicional
à Luz da Lei 9.099/95
Antônio C. L. de Carvalho - 254p
ISBN: 978853622907-2

Lei dos Juizados Especiais Cíveis e Criminais - Lei 9.099, de 26 de setembro de 1995 - Interpretada Jurisprudencialmente (Contendo os Enunciados do FONAJE e Roteiros Práticos de Atuação dos Conciliadores)
Antônio Julião da Silva - 398p
ISBN: 978853623000-9

Locação - 3ª ed.
Questões Atuais e Polêmicas
De Acordo com a Lei 12.112/09
que Altera a Lei 8.245/91
José Fernando Lutz Coelho - 274p
ISBN: 978853622940-9

Locação Predial - 4ª ed.
Aspectos Relevantes
De acordo com a Lei 12.112/09
que altera a Lei 8.245/91
Clyde Werneck Prates - 224p
ISBN: 978853622937-9

DIREITO CIVIL E PROCESSUAL CIVIL

Manual de Processo Civil
Fase Postulatória • Jurisdição-
Processo-Ação • Princípios • Demanda
• Modalidades de Resposta • Julgamento de Causas Repetitivas • Ação Declaratória Incidental
Antonio V. Peleja Junior - 424p
ISBN: 978853623008-5

Manual Prático da Vara de Família
• Roteiros • Procedimentos • Despachos • Sentenças • Audiências
CD-ROM com Sentenças e Modelos de Despachos
Denise Damo Comel - 352p
ISBN: 978853622871-6

Manual Prático de Locação
Teoria e Prática - 4ª ed.
De acordo com a Lei 12.112/09 que altera a Lei 8.245/91
Gabriel José P. Junqueira - 248p
ISBN: 978853622947-8

Ônus da Prova no Código de Defesa do Consumidor - 2ª ed.
Biblioteca de Estudos em Homenagem ao Professor Arruda Alvim
Astrid Maranhão de Carvalho Ruthes - 238p
ISBN: 978853622922-5

Princípio da Congruência no Direito Processual Civil - 2ª ed.
Nilo Ferreira P. Junior - 144p
ISBN: 978853622999-7

DIREITO PENAL E PROCESSUAL PENAL

Células-Tronco Embrionárias Humanas
Utilização Ilegal e Direito Penal
Bianca da S. Alves - 116p
ISBN: 978853622881-5

Código de Processo Penal Militar Anotado - 3ª ed. - Artigos 1º a 169 - Vol. I - Revista e Atualizada em Face da Reforma do Processo Penal Comum, ocorrida em 2008-2009
Jorge César de Assis - 288
ISBN: 978853622954-6

Crime de Poluição
Uma Resposta do Direito Penal aos Novos Riscos - Biblioteca de Estudos Avançados em Direito Penal e Processual Penal Coordenado por
Luiz Regis Prado e Adel El Tasse
Alessandra R. M. Prado - 348p
ISBN: 978853622923-2

Estigma de Pilatos
A Desconstrução do Mito In Dubio Pro Societate da Pronúncia no Rito do Júri e a sua Repercussão Jurisprudencial
Adriano Sérgio N. Bretas - 84p
ISBN: 978853622974-4

Novo Código de Processo Penal
Projeto de Lei - Aprovado pela Comissão de Constituição, Justiça e Cidadania do Senado Federal
Organizadores: Emilio Sabatovski e Iara P. Fontoura - 140p
ISBN: 978853622941-6

Provas Ilícitas e o Sigilo das Comunicações Telefônicas - 2ª ed.
Atualizada de Acordo com as Leis 11.689/08, 11.690/08 e 11.719/08
Raimundo A. de Castro - 184p
ISBN: 978853622962-1

Responsabilidade Penal da Pessoa Jurídica - 2ª ed.
Rodrigo Iennaco - 152p
ISBN: 978853622797-9

Teoria do Direito Penal Econômico - E Fundamentos Constitucionais da Ciência Criminal Secundária
Luciano N. Silva - 372p
ISBN: 978853622875-4

Tribunal do Júri Popular - 3ª ed.
Na Ordem Jurídica Constitucional
Marcus Vinicius Amorim de Oliveira - 246p
ISBN: 978853622890-7
R$ 57,90

Tutela Penal em Decorrência das Atividades Nucleares - Biblioteca de Estudos Avançados em Direito Penal e Processual Penal Coordenada por Luiz Regis Prado e Adel El Tasse
José Renato Martins - 470p
ISBN: 978853622981-2

DIREITO DO TRABALHO

CLT Prática
Interpretações para Departamento Pessoal
Coleção Prática Trabalhista
Gilson Gonçalves - 448p
ISBN: 978853622834-1

Meio Ambiente do Trabalho
Proteção Jurídica à Saúde Mental
Fabio Freitas Minardi - 216p
ISBN: 978853622958-4

Relações de Poder e Trabalho no Brasil Contemporâneo
Coords.: Diogo Henrique Helal, Fernando Coutinho Garcia e Luiz Carlos Honório - 306p
ISBN: 978853622935-5

Trabalho Informal - 2ª ed.
Realidade ou Relação de Emprego Fraudulenta?
Carlos Alberto Bosco - 164p
ISBN: 978853622961-4

Tutela dos Direitos da Personalidade na Atividade Empresarial
Volume II
Coords.: Luiz Eduardo Gunther e Willians F. Lira dos Santos - 544p
ISBN: 978853622770-2

DIREITO CONSTITUCIONAL

Constituição Federal Comentada
Coord.: Célio Armando Janczeski - 768p
ISBN: 978853622996-6

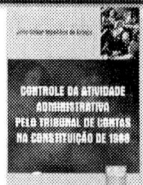

Controle da Atividade Administrativa pelo Tribunal de Contas na Constituição de 1988
Julio Cesar Manhães de Araujo - 528p
ISBN: 978853622877-8

Diálogos Institucionais e Ativismo
Cecília de Almeida Silva, Francisco Moura, José Guilherme Berman, José Ribas Vieira, Rodrigo de Souza Tavares e Vanice Regina Lirio do Valle - 152p
ISBN: 978853622992-8

Direito à Diferença Cultural
A Igualdade e a Diversidade Cultural dos Seres Humanos
O Direito à Diferença Cultural na Atualidade
Maria C. N. Machado - 262p
ISBN: 978853622821-1

Direitos Humanos
Crianças e Adolescentes
Coord.: João Hélio Ferreira Pes - 290p
ISBN: 978853622957-7

Direitos Humanos na Ordem Contemporânea - Proteção Nacional, Regional e Global
Coords.: Flávia Pipvesan, Daniela Ikawa e Melina G. Fachin
Volume III - 608p
ISBN: 978853622949-2
Volume IV - 528p
ISBN: 978853622948-5

Direito, Intimidade e Vida Privada
Paradoxos Jurídicos e Sociais na Sociedade Pós-Moralista e Hipermoderna
Ilton Norberto Robl Filho - 190p
ISBN: 978853622979-9

Fenômeno da Lavagem de Dinheiro e Bem Jurídico Protegido
Romulo Rhemo Palitot Braga - 132p
ISBN: 978853622987-4

Estado & Atividade Econômica
Volume II - O Direito Laboral em Perspectiva - Estudos em Homenagem ao Prof. Dr. Julio Assumpção Malhadas Coordenado por Marco Antônio C. Villatore e Roland Hasson Org.: Ronald S. de Almeida - 640p
ISBN: 978853622860-0

Obsolescência das Estruturas Nacionais de Poder
J. J. Florentino S. Mendonça - 344p
ISBN: 978853622895-2

D. CONSTITUCIONAL

Personalidade Jurídica da Pessoa Humana
Uma Nova Visão do Conceito de Pessoa no Direito Público e Privado
Leonardo Galvani - 136p
ISBN: 978853622841-9

DIREITO AMBIENTAL

Biodiversidade e Repartição de Benefícios
Patrícia de Amorim Rêgo - 196p
ISBN: 978853622964-5

Biopirataria na Amazônia
Uma Proposta Jurídica de Proteção Transnacional da Biodiversidade e dos Conhecimentos Tradicionais Associados
Danilo L. do Nascimento - 158p
ISBN: 978853622840-2

Crime de Poluição
Uma Resposta do Direito Penal aos Novos Riscos - Biblioteca de Estudos Avançados em Direito Penal e Processual Penal Coordenada por Luiz Regis Prado e Adel El Tasse Alessandra R. M. Prado - 348p
ISBN: 978853622923-2

Curso de Direito Ambiental
Prefácio do Professor Arruda Alvim
Francisco José Carvalho - 330p
ISBN: 978853622723-8

Direito Administrativo e Meio Ambiente - 4ª ed.
Vladimir Passos de Freitas - 264p
ISBN: 978853622915-7

Direito, Ambiente e Políticas Públicas
Coord.: Carlos A. Lunelli - 152p
ISBN: 978853622936-2

Licenciamento Ambiental Municipal
Um Instrumento Local de Efetivação de Direitos Fundamentais Brasil 1988-2008
Jeferson N. Fernandes - 254p
ISBN: 978853622920-1

Mediação de Conflitos Ambientais
Um novo caminho para o Governança da ÁGUA no Brasil?
Samira Iasbeck de Oliveira Soares - 198p
ISBN: 978853622859-4

Meio Ambiente - 2ª ed.
Globalização e Vantagem Competitiva das Florestas Nativas Brasileiras
Eder Zanetti - 330p
ISBN: 978853622939-3

DIREITO AMBIENTAL

Meio Ambiente, Direito e Biotecnologia
Estudos em Homenagem ao Prof. Dr. Paulo Affonso Leme Machado
Coords.: Maria Auxiliadora Minahim, Tiago Batista Freitas e Thiago Pires Oliveira - 624p
ISBN: 978853622916-4

DIREITO ELEITORAL - ELEIÇÕES 2010

Ação Rescisória no Direito Eleitoral - *Limites* - 3ª ed.
De acordo com a Lei 11.382/06
Atualizada pela Lei 12.034/09
Rogério Carlos Born - 148p
ISBN: 978853622900-3

Direito Eleitoral - 5ª ed.
Teoria e Prática
Armando A. Sobreiro Neto - 400p
ISBN: 978853623030-6

Elegibilidade e Moralidade
O Direito Fundamental à Moralidade das Candidaturas
José A. Ponte Dias Junior - 264p
ISBN: 978853622899-0

Propaganda Eleitoral - 10ª ed.
De acordo com o Código Eleitoral e com a Lei 9.504/97 - Modificada pelas Leis 9.840/99, 10.408/02, 10.740/03, 11.300/06 e 12.034/09
Olivar Coneglian - 2010 - 432p
ISBN: 978853622972-0

LEGISLAÇÃO

Código de Defesa do Consumidor - CDC - 4ªed.
Mini Book
Orgs.: Emilio Sabatovski e Iara P. Fontoura - 178p
ISBN: 978853622928-7

Código de Organização e Divisão Judiciárias do Estado de Minas Gerais - 4ª ed.
Orgs.: Emilio Sabatovski, Iara P. Fontoura e Karla Knihs - 120p
ISBN: 978853622905-8

Código de Organização e Divisão Judiciárias Do Estado do Paraná - 12ª ed.
Orgs.: Emilio Sabatovski e Iara P. Fontoura - 206p
ISBN: 978853622887-7

Código de Processo Penal - 4ª ed.
CD-Rom com Legislação, Súmulas e Jurisprudência
Orgs.: Emilio Sabatovski e Iara P. Fontoura - 132p
ISBN: 978853622819-8

Constituição do Estado da Bahia - 2ª ed.
Atualizada até a EC 13, de 18/08/2009
Orgs.: Emilio Sabatovski, Iara P. Fontoura e Karla Knihs - 98p
ISBN: 978853622967-6

Constituição do Estado de Mato Grosso - 3ª ed.
Atualizada até a EC 56/2009
Orgs.: Emilio Sabatovski, Iara P. Fontoura e Karla Knihs - 112p
ISBN: 978853622966-9

Constituição do Estado do Rio Grande do Sul - 9ª ed.
Emendas Constitucionais, ADCT
Orgs.: Emilio Sabatovski, Iara P. Fontoura e Karla Knihs - 106p
ISBN: 978853622968-3

Defensoria Pública Rio de Janeiro - 2ª ed.
Orgs.: Emilio Sabatovski, Iara P. Fontoura e Karla Knihs - 104p
ISBN: 978853622904-1

Estatuto da Criança e do Adolescente - ECA - 5ª ed.
Orgs.: Emilio Sabatovski e Iara P. Fontoura - 148p
ISBN: 978853622901-0

Estatuto dos Servidores Públicos Civis do Rio de Janeiro - 6ª ed.
Org.s: Emilio Sabatovski, Iara P. Fontoura e Karla Knihs - 112p
ISBN: 978853622884-6

Lei das Sociedades Anônimas - 9ª ed.
Orgs.: Emilio Sabatovski e Iara P. Fontoura - 194p
ISBN: 978853622902-7

Novo Regimento Interno do Tribunal de Justiça do Estado de São Paulo
Orgs.: Emilio Sabatovski, Iara P. Fontoura e Karla Knihs - 94p
ISBN: 978853622911-9

Regimento Interno do Tribunal de Justiça de Minas Gerais - 3ª ed. 2010
Orgs.: Emilio Sabatovski, Iara P. Fontoura e Karla Knihs - 102p
ISBN: 978853622906-5

Regimento Interno do Tribunal de Justiça do Rio de Janeiro - 5ª ed.
Orgs.: Emilio Sabatovski e Iara P. Fontoura - 96p
ISBN: 978853622883-9

Regimento Interno do Tribunal de Justiça do Estado de Santa Catarina - 3ª ed.
Orgs.: Emilio Sabatovski, Iara P. Fontoura e Karla Knihs - 122p
ISBN: 978853622918-8

Súmulas Trabalhistas De A a Z - 2ª ed.
CD-Rom com Súmulas, Legislação e Jurisprudência
Orgs.: Emilio Sabatovski e Iara P. Fontoura - 294p
ISBN: 978853622852-5

DIREITO TRIBUTÁRIO

DIMOB - Declaração de Informações sobre Atividades Imobiliárias - **DOI** - Declaração sobre Operações Imobiliárias
Lúcia Helena Briski Young - 130p
ISBN: 978853622934-8

Lucro Presumido - 10ª ed.
Coleção Prática Contábil
Lúcia Helena Briski Young - 224p
ISBN: 978853622856-3

Manual do ICMS - 2ª ed.
Comentários à Lei Complementar 87/96
Deonisio Koch - 380p
ISBN: 978853622952-2

Parcelamento de Débitos Tributários das Empresas
Cristina Zanello - 288p
ISBN: 978853623002-3

Planejamento Tributário - 6ª ed.
Fusão, Cisão e Incorporação
Coleção Prática Contábil
Lúcia Helena Briski Young - 194p
ISBN: 978853622998-0

DIREITO PREVIDENCIÁRIO

Economia e Seguridade Social
Análise Econômica do Direito - Seguridade Social
Marco A. Serau Jr. - 136p
ISBN: 978853622914-0

Previdência
Os Direitos Sociais Previdenciários no Cenário Neoliberal
José Ricardo Caetano Costa - 196p
ISBN: 978853622910-2

DIREITO INTERNACIONAL E AUTORES ESTRANGEIROS

Blocos Econômicos - 3ª ed.
Solução de Controvérsias Uma Análise Comparativa a partir da União Europeia e Mercosul
Eduardo Biacchi Gomes - 336p
ISBN: 978853622917-1

Contratos Públicos
Adaptación del Derecho Español a la Normativa Comunitaria
Juan J.Rastrollo - 286p
ISBN: 978853622857-0

El Nuevo Derecho Agrario
Publicación conjunta con la Academis Brasileña de Letras Agrarias
Coords.: Lucas A. Barroso, Elisabete Maniglia e Alcir G. De Miranda - 318p
ISBN: 978853622989-8

Federalismo en Teoría y Práctica - El Caso Español como Proceso Judicial - Estudio de la Autonomía Regional y Local en los Sistemas Federales
Vanessa Suelt Cock - 474p
ISBN: 978853622988-1

Inovação no Brasil e na Coreia do Sul - Os Efeitos do Novo Regime Internacional de Patentes sobre as Estratégias de Desenvolvimento Econômico
Rafael Ramalho Dubeux - 224p
ISBN: 978853623007-8

La Detección del Abuso Sexual Infantil
Criterios, Dificultades y Retos
Eva González Ortega - 212P
ISBN: 978853623024-5

La Dimensión de la Soberanía en el Mercosur
Marcio M. Pinto - 144p
ISBN: 978853622892-1

La Mediación Familiar desde el Ámbito Jurídico
Inmaculada García Presas - 200p
ISBN: 978853622500-5

DIREITO INTERNACIONAL E AUTORES ESTRANGEIROS

La Tutela Reparadora de los Riesgos Psicosociales
Henar Álvarez Cuesta, Javier Fernández-Costales Muñiz, José Gustavo Quirós Hidalgo, María de los Reyes Martínez Barroso, Roberto Fernández Fernández y Rodrigo Tascón López - 288p
ISBN: 978853623013-9

Proteção Internacional dos Direitos Humanos na Realidade Latino-Americana
Reflexão Filosófica sob a Perspectiva da Ética da Libertação
Mércia M. Vasconcellos - 174p
ISBN: 978853622953-9

Regulación de la Biotecnología y Derecho Sancionador
Bruno Tanus Job e Meira - 368P
ISBN: 978853623006-1

DIREITO ADMINISTRATIVO

Direito Processual Administrativo
Waldir de Pinho Veloso - 382p
ISBN: 978853622955-3

Gestão Estratégica do Departamento Jurídico Moderno - Caminhos para a Excelência e Formas de Inseri-lo nas Decisões Empresariais
Coords.: Lara Selem e Leonardo B. Leite - 498p
ISBN: 978853622878-5

EXAME DA OAB E CONCURSOS

Exame de Ordem e Concursos
Prova Objetiva - 2ª ed.
Antonio Devechi - 216p
ISBN: 978853622925-6

Questões de Concursos - *Área Federal* - *Nível I* - *Advogado da União, Procurador da Fazenda, Procurador Federal, Defensor da União, Delegado Federal, Juiz Federal, Procurador da República*
Orgs.: Fernanda T. Costa e Marcos Fabricio Welge Gonçalves - 736p
ISBN: 978853622913-3

Da Favela ao Bairro Novo
Rafael Greca - 82p
ISBN: 978853622908-9

LITERATURA

Justiça!
João Marcos A. y Castro - 116p
ISBN: 978853622975-1

O Trabalhismo de Pedro Ernesto
Limites e Possibilidades no Rio de Janeiro dos Anos 1930
Thiago Cavaliere Mourelle - 278p
ISBN: 978853622976-8

CONTABILIDADE / ADMINISTRAÇÃO / PERÍCIA E AUDITORIA

Análise das Demonstrações Financeiras
Teoria e Prática - Atualizada de Acordo com a Lei 11.941/09
June A. W. Cruz, Emir G. Andrich e Alexandre Mugnaini - 220p
ISBN: 978853622919-5

Corrupção, Fraude e Contabilidade - 3ª ed.
Antônio Lopes de Sá e Wilson Alberto Zappa Hoog - 214p
ISBN: 978853623003-0

Fundo de Comércio *Goodwill* em:
Apuração de Haveres - Balanço Patrimonial - Dano Emergente - Lucro Cessante - Locação Não Residencial - 2ª ed.
Wilson A. Zappa Hoog - 308p
ISBN: 978853622991-1

Gestão de Caixa e Capital de Giro
Hong Yuh Ching - 202p
ISBN: 978853622836-5

Laudo Pericial Contábil na Decisão Judicial - 3ª ed.
Conforme as Normas do Conselho Federal de Contabilidade de 18/12/2009 Com Modelos de Petições
Marco A. Amaral Pires - 296p
ISBN: 978853622956-0

Normas Internacionais e Fraudes em Contabilidade
Análise Crítica Introdutiva Geral e Específica
Antônio Lopes de Sá - 260p
ISBN: 978853622986-7

Perícias na Prática - *Modelos de Laudos, Petições, Diligências e Demais Documentos para Perícias em Contabilidade, Engenharias, Medicina Veterinária e Documentoscopia*
Sergio H. M. de Sousa e Cristiane G. Grande, 286p
ISBN: 978853623009-2

Prova Pericial Contábil - 8ª ed.
Teoria e Prática
Wilson A. Zappa Hoog - 672p
ISBN: 978853623005-4

Quem Roubou o Meu Tempo?
Os Segredos da Alta Eficácia ao seu Alcance - Edição Especial Incluindo: DVD Gestão Eficaz do Tempo
Ernesto Artur Berg - 132p
ISBN: 978853622990-4

Resolução de Sociedade & Avaliação do Patrimônio na Apuração de Haveres - 4ª ed.
De Acordo Com o Código Civil Lei 10.406/2002
Wilson A. Zappa Hoog - 240p
ISBN: 978853623004-7

VARIEDADES

Sentido do Trabalho
Saúde e Qualidade de Vida
Carlos César Ronchi - 156p
ISBN: 978853622921-8

Trabalho de Equipe
Como Revolucionar sua Empresa
Valdivio Begali - 146p
ISBN: 978853623010-8

Direito, Justiça, Virtude Moral e Razão - 3ª ed.
Reflexões
Moacyr Motta da Silva - 266p
ISBN: 978853622873-0

Contraditório e Ampla Defesa
Helena de Toledo Coelho Gonçalves - 200p
ISBN: 978853622924-9

Hermenêutica Jurídica e Derrotabilidade
Fernando A. Vasconcellos - 138p
ISBN: 978853622977-5

VARIEDADES

Metodologia do Ensino Jurídico
Aproximação ao Método e à Formação do Conhecimento Jurídico - 2ª ed.
Isaac Sabbá Guimarães - 210p
ISBN: 978853622761-0

Metodologia do Trabalho Acadêmico - 3ª ed.
Elisabeth P. Tafner/Everaldo Silva/Julianne Fischer/Malcon A. Tafner - 132p
ISBN: 978853622997-3

Reinterpretando o Brasil
Da Revolução Burguesa à Modernização Conservadora
Marcos Vinicius Pansardi - 248p
ISBN: 978853622756-6

Revista da Faculdade de Direito da UERJ - Volumes 11 | 12
Anos 2003 | 2004
Diretor: Professor Ricardo Lobo Torres / Editor Chefe: Carlos Edison do Rego M. Filho - 294p
ISSN: 0104-0367-00012

Tribunal de Ética e Disciplina OAB/PR
Ementário - Volume II
Osmar Alfredo Kohler - 294p
ISBN: 978853622965-2

PSICOLOGIA

Características do Assédio Moral
Taisa Trombetta e José Carlos Zanelli - 152p
ISBN: 978853622728-3

Corpo Ideal, Peso Normal
Transformações na Subjetividade Feminina
Viviane Andrade Pereira - 118p
ISBN: 978853622933-1

Educação Bilingue para Surdos
Concepções e Implicações Práticas
Vilma Geni Slomski - 124p
ISBN: 978853622828-0

Entre o Eu e o Outro
Espaços Fronteiriços
Marta Rezende Cardoso e Claudia Amorim Garcia - 164p
ISBN: 978853622942-3

Entre Linguística & Psicanálise
O Real Como Causalidade da Língua em Saussure - 2ª ed.
Maurício Eugênio Maliska - 118p
ISBN: 978853623001-6

Escola da Coisa Freudiana
Cadernos Nº. 0 - 150p
ISBN: 978853622945-4
Cadernos Nº. 1 - I Congresso - A Psicanálise Hoje - Scilicet - 218p
ISBN: 978853622946-1

A Função Pública da Transmissão da Psicanálise
Isabela Xavier Ferreira de Sá - 174p
ISBN: 978853622951-5

Irmãos, Meio-Irmãos e Coirmãos
A Dinâmica das Relações Fraternas no Recasamento
Adriana Leônidas de Oliveira e Ceneide Maria de Oliveira Cervany - 308p
ISBN: 978853622950-8

A Ironia
Considerações Filosóficas e Psicológicas
Adriano Facioli - 196p
ISBN: 978853622983-6

Jovens Mulheres Vitimadas
Abuso Sexual, Sofrimento e Resiliência
Rosimeire de C. Martins - 218p
ISBN: 978853622926-3

Mediação Materna no Desenvolvimento Cognitivo da Criança com Deficiência Visual
Ana Cristina Barros da Cunha e Sônia Regina F. Enumo - 126p
ISBN: 978853622891-4

Trabalho e Dor na Agricultura
Análise Ergonômica do Arranquio de Feijão
Magali Costa Guimarães - 304p
ISBN: 978853622314-8

Transtornos Alimentares na Adolescência
Depoimentos das Adolescentes, Gestalt-terapia e Pesquisa
Arlene Leite Nunes - 238p
ISBN: 978853622995-9

Vida Revirada - O Acontecer Humano Diante da Deficiência Adquirida na Fase Adulta
Angela Maria Teixeira - 98p
ISBN: 978853622842-6

A Visão Saúde-Doença do Estudante de Fisioterapia
Luana Yehia de la Barra - 110p
ISBN: 978853622994-2

www.jurua.com.br

JURUÁ EDITORA

Esta obra foi impressa em oficinas próprias, utilizando moderno sistema de impressão digital. Ela é fruto do trabalho das seguintes pessoas:

Editoração:
Elisabeth Padilha
Elizete Sizanoski

Índices:
Emilio Sabatovski
Iara P. Fontoura
Tania Saiki

Impressão:
Lucas Fontoura
Marcelo Schwb
Willian A. Rodrigues

Acabamento:
Afonso P. T. Neto
Anderson A. Marques
Bibiane A. Rodrigues
Carlos A. P. Teixeira
Lucia H. Rodrigues
Luciana de Melo
Maria José V. Rocha
Marilene de O. Guimarães
Marlon Ribeiro
Nádia Sabatovski
Rosinilda G. Machado
Terezinha F. Oliveira

"Teu dever é lutar pelo Direito, mas se um dia encontrares o Direito em conflito com a Justiça, luta pela Justiça."

Eduardo Juan Couture